SÜDMAROKKO

MIT AGADIR UND KÖNIGSSTÄDTEN

DUMONT REISE-TASCHENBUCH

Vordere Umschlagklappe: Übersichtskarte Südmarokko

Hintere Umschlagklappe: Übersichtskarte Königsstädte

Hartmut Buchholz

SÜDMAROKKO

MIT AGADIR UND KÖNIGSSTÄDTEN

DUMONT

Umschlagvorderseite: Vor dem Bab Boujeloud in Fès
Umschlagklappe vorne: Wasserverkäufer auf der Place Djemaa el Fna in Marrakesch
Umschlagklappe hinten: Kashbah Taourirt bei Ouarzazate
Umschlagrückseite: Kashba Ait Benhaddou *(oben)*; Zu Besuch bei den Nomaden *(Mitte)*; Blick auf den Berber-Marktort Tinerhir *(unten)*
Vignette: Ziseliertes Kunsthandwerk
S. 2/3: Blick auf Fès

Über den Autor: Hartmut Buchholz, geboren 1957, hat in Bonn und Freiburg Germanistik und Geschichte studiert. Von 1985–87 absolvierte er ein Redaktionsvolontariat bei der Badischen Zeitung. Er ist als freier Journalist tätig und bereist seit 1988 regelmäßig Nord- und West-Afrika. Im DuMont Buchverlag veröffentlichte er außerdem den Band ›Richtig Reisen: Marokko‹ und das Reise-Taschenbuch ›Senegal und Gambia‹.

Für Amina

4., aktualisierte Auflage 1999 (Redaktionsschluß November 1998)

Umschlaggestaltung: Groschwitz, Hamburg
Satz und Druck: Rasch, Bramsche
Buchbinderische Verarbeitung: Bramscher Buchbinder Betriebe

Printed in Germany ISBN 3-7701-2584-3

INHALT

LAND & LEUTE

Landschaft, Klima und Wirtschaft

Gesellschaft und Geschichte

Kunst, Kultur und Religion

UNTERWEGS IN SÜDMAROKKO

Die Königsstädte

Reisen von Ouarzazate aus

Dades-Tal und Tafilalet

Atlantikküste und Südwesten

TIPS UND ADRESSEN

LAND & LEUTE

»Ich würde sagen, daß Marokko einer Zimmerflucht gleicht, deren Türen sich öffnen, wenn man durch sie hindurchgeht [...]. Jede Tür eröffnet einen anderen Ausblick: auf einen Raum, ein Gesicht, eine Stimme, ein Geheimnis.«

Tahar Ben Jelloun,
›Wege in den Maghreb‹

Landschaft, Klima und Wirtschaft

Meer, Wüste und Gebirge

Land der Vielfalt: Pfirsiche und Kakteen, Leoparden und einer der reichsten Fischgründe der Welt

Von Khammessat, Phosphat und Berberteppichen

Landschaft bei Tinmal

Im Land der vielen Türen …

Marokko als Zimmerflucht, hinter deren Türen die Besucher die Verschiedenartigkeit selbst erwartet. Das literarische Bild gewinnt seine Wahrheit erst recht vor dem Hintergrund marokkanischer Landschaften. Die Strände der Mittelmeer- und Atlantikküste, die schneebedeckten, zerklüfteten Gebirgspanoramen des Hohen Atlas, die fast vegetationslosen Hochplateaus und Geröllwüsten (*Hammada*) im Osten des Landes, der endlose Horizont der West-Sahara-Gebiete, die Palmenoasen, die Kasbahs, die Dörfer (*Ksour*) im Südosten und nicht zuletzt die Sanddünen des Erg Chebbi: Dies alles bildet ein Ensemble von Landschaften, das seinesgleichen sucht. Eine Marokko-Reise – die Fahrten der Expressionisten um die Jahrhundertwende legen davon Zeugnis ab – kann auch und gerade als Landschaftserlebnis zu einer sinnlichen Sensation werden. Marokko hat, darin Tunesien vergleichbar, in den letzten Jahren einen touristischen Boom erlebt. 1997 besuchten etwa 1,83 Mio. ausländische Touristen das Land; die Abhängigkeit von den Devisen aus der Tourismus-Industrie wird in den nächsten Jahren dazu führen, daß noch mehr Luxushotels und Feriendörfer gebaut werden, daß sowohl Rundreise- als auch Bade-Tourismus sich verstärkt ihre spezifischen Infrastrukturen schaffen. In diese Konzeption paßt auch die Anlage neuer Hotelkomplexe und Animationsbetriebe in den seit 1975/76 besetzten West-Sahara-Regionen, etwa in Laayoune.

Dabei gehört Marokko, alles andere als ein Aussteigerparadies, mit Sicherheit zu den vergleichsweise ›schwierigen‹ Reiseländern. Dem Besucher, der fähig ist, dafür ein Sensorium zu entwickeln, eröffnen sich vor Ort tiefe Einblicke in die kulturellen Traditionen der arabisch-islamischen Zivilisation sowie in die immensen Probleme eines Landes der Dritten Welt.

Geographie und Klima

Marokko, der *Maghreb al Aksa* (äußerste Westen), lediglich durch die 13 km breite Straße von Gibraltar vom europäischen Festland getrennt, erstreckt sich über das Gebiet zwischen 23° und 36° nördlicher Breite sowie zwischen 1° und 16° westlicher Länge. Mit einer Gesamtfläche von 710 850 km² (einschließlich der West-Sahara mit 252 120 km² Fläche) ist der westlichste Maghreb-Staat annähernd dreimal so groß wie Deutschland. Das Land hat im Norden etwa 470 km Anteil an der Mittelmeerküste und grenzt im Westen mit rund 2100 km Küste an den Atlantischen Ozean. Die östliche Grenze zu Algerien ist in ihrem nördlichen Abschnitt durch die na-

Bei Bou Tharar

türliche Landschaft definiert und damit eindeutig festgelegt; im Süden werden die Grenzen zu Algerien und Mauretanien durch die noch aus der französischen Kolonialzeit stammenden, wie mit einem Lineal gezogenen Linien markiert.

Das Meer, die Wüste und die Gebirgsketten des Atlas umschließen das vielgestaltige marokkanische Kernland, die rund 60 000 km² umfassende marokkanische Zentralmeseta. Ihre Küstenregionen gehören zu den fruchtbarsten Ebenen Marokkos. Die auch landwirtschaftlich intensiv genutzten Randgebiete der Zentralmeseta – besonders die Sous-Ebene im Hinterland von Agadir und das Sebou-Becken – sind die am dichtesten besiedelten Gegenden des Landes.

Die Zentralebene wird vom Gebirgskranz des Atlas sowie im Norden vom Rif-Gebirge umschlossen. Das Rif (bis zu 2456 m hoch), nur mit etwa einem Viertel seiner Fläche landwirtschaftlich nutzbar, bildet das unwegsame Hinterland der marokkanischen Mittelmeerküste und ist lediglich durch den schmalen Korridor von Taza vom Mittleren Atlas getrennt. Dieser (bis zu 3440 m hoch, etwa 400 km lang) bildet die nördliche der drei großen Atlas-Ketten, die, gegeneinander versetzt, parallel in nordöstlich-südwestlicher Richtung verlaufen und die Wetterscheide des Landes markieren. Der Hohe Atlas, in seiner Ausdehnung vom Atlantik bis zur algerischen Grenze etwa 800 km lang, ist mit seinen zahlreichen Viertausendern – der höchste Gipfel ist der Djebel Toubkal mit 4165 m – nicht nur das höchste Gebirge Nordafrikas, sondern auch ein lebenswichtiges Wasserreservoir Marokkos – und ein afrikanisches Wintersport-Paradies dazu! Südlich des Hohen Atlas bildet der Anti-Atlas, etwa 300 km lang und bis zu 2531 m hoch, einen fast vegetationslosen Gebirgsriegel, an den sich noch weiter südlich die endlosen Geröllfelder der West-Sahara anschließen.

Östlich dieser Gebirgssysteme bildet die ostmarokkanische Meseta die von kargen Hochplateaus geprägte Grenzlandschaft zu Algerien. Im Südosten und Süden des Landes findet sich eine von Oasenketten (Dra-, Dades- und Ziz-Tal; Tafilalet) durchsetzte Halbwüstenlandschaft, die südlich des Djebel Bani-Massivs (Anti-Atlas) allmählich in Steinwüste übergeht. Marokko ist das am besten bewässerte Land Nordafrikas; die wichtigsten Flüsse sind Moulouya, Sebou, Loukkos, Oum er Rbia, Tensift, Bou Regreg, Sous, Dra, Dades, Gheris und Ziz.

Den überaus vielgestaltigen Landschaftsräumen entsprechend, ist das **Klima** Marokkos durch seinen Übergangscharakter vom mediterranen zum saharisch-kontinentalen geprägt. Die Gebirgsketten des Atlas wirken dabei als Klimascheide, indem die mit den Meeresluftmassen von Westen und Nordwesten herantransportierten Niederschläge an den Westhängen des Atlas niedergehen, während das Hinterland unberegnet bleibt – und entsprechend schwieriger landwirtschaftlich nutzbar ist. An der Nordküste herrscht das gemäßigte mediterrane Klima mit warmen Sommern und milden, regenreichen Wintern; Tanger ist mit einer jährlichen Niederschlagsmenge von durchschnittlich 750 mm die regenreichste Stadt in Marokko. Oberhalb von 1000 m kann es im Winter im Rif-Gebirge schneien.

An der Atlantikküste wechseln extrem milde Winter mit warmen, sonnenreichen, durch die ozeanischen Winde angenehm temperierten Sommern; in Agadir etwa ist ganzjährig Badesaison. Die Ebenen im Landesinneren sind von einem trockenen Kontinentalklima mit geringen Niederschlagsmengen geprägt; heiße Sommer und frostige Winter bestimmen die Jahreszeiten. Die kältesten Temperaturen werden in den Gebirgsmassiven des Hohen und Mittleren Atlas gemessen; im Winter kann die Quecksilbersäule hier auf –20 °C fallen. Zu Frostperioden kann es während acht Monaten im Jahr kommen, oberhalb 1000 m fällt etliche Wochen im Jahr Schnee, und in Höhen ab 4000 m bleibt der Schnee von November bis Mai/Juni liegen; die Sommer sind dagegen auch in den Gebirgsregionen angenehm warm. Der Anti-Atlas, das Sahara-Vorland und der Südosten haben ein Halbwüsten- oder bereits Wüstenklima mit extrem trokkenen, sehr heißen Sommern und klirrenden Nachtfrösten im Winter. Der *Chergui*, ein heißer Wüstenwind, kann die Temperaturen gelegentlich auf weit über 50 °C treiben – die relative Luftfeuchtigkeit beträgt dann kaum noch 30 %.

Im Winter liegen die Temperaturen zwischen 21 °C und 6 °C. Im Sommer schwanken sie zwischen bis zu 39 °C und 17 °C.

Euphorbien und Arganien

Flora und Fauna

Die marokkanische **Flora** ist mit über 4000 Arten außerordentlich vielfältig, wobei die für die Landwirtschaft wichtigsten Kulturpflanzen fast sämtlich von den Phöniziern, Römern und Arabern eingeführt wurden. Etwa 5,2 Mio. ha – ungefähr 19,6 % der Landesfläche – sind von Wäldern bedeckt (höchster Waldanteil in Nordafrika); sie befinden sich fast ausschließlich in Staatsbesitz. Steineichen, Zypressen, Eisenholzbäume und Korkeichen (Marokko gehört zu den weltweit größten Korkproduzenten) sind die am häufigsten vertretenen Bäume. Der jährliche Holzeinschlag kann kaum ein Drittel des Landesbedarfs decken; die marokkanische Regierung ist seit einigen Jahren bemüht, diesem Mangel durch groß angelegte Aufforstungsprogramme zu begegnen.

Im Norden, an der marokkanischen Mittelmeerküste, unterscheidet sich die Vegetation kaum von der anderer Mittelmeer-Anrainer. Mandel-, Zitronen- und Pfirsichbäume bestimmen die Szenerie, hinzu kommen Olivenbäume und Pinien sowie Macchiasträucher. An den Hängen des Rif und an der Westflanke des Mittleren Atlas findet sich Waldbestand aus überwiegend Korkeichen, Zedern, Kiefern, Tannen und Pinien. Die Pflanzenwelt der Zentralmeseta lichtet sich, je weiter man nach Süden vorstößt. Im Norden gibt es noch Korkeichen, Ulmen, Pappeln und Eschen; nach Süden zu geht die Landschaft allmählich in Steppe über, eine mit Kakteen und Agaven durchsetzte

Graslandschaft; in Marrakesch, vom Charakter der Umgebung her bereits eine Oasenstadt, tauchen die ersten Dattelpalmen auf. Arganien finden sich an der südlichen Atlantikküste, Thuja und Buchsbaum an den Nordhängen des Hohen Atlas. Im Süden und in der ostmarokkanischen Meseta dünnt der ohnehin karge Pflanzenbewuchs immer mehr aus, um schließlich der nahezu vegetationslosen Vollwüste zu weichen. Das für die Papierherstellung wichtige Halfagras, Lorbeersträucher, Kakteen und Dornbüsche bestimmen die Vegetation in den vorsaharischen Gebieten sowie den östlichen Hochplateaus. Dattelpalmen, Gemüsekulturen und Obstbäume finden sich hier nur noch in den Oasen.

Störche

Seit der Ära des römischen Imperiums ist die **Fauna** des Landes, vor allem der Wildtierbestand, durch intensive Jagd erbarmungslos dezimiert worden. Elefanten und Löwen sind längst ausgerottet, vereinzelte Leoparden, Mufflons und Paviane haben – bisher – in den Wäldern des Mittleren Atlas überlebt. Selten geworden sind auch die Antilopen, Gazellen, Felseichhörnchen, Fenneks (Wüstenfüchse) und Leguane im Süden und Osten Marokkos, in den Grenzregionen zur Wüste. Eidechsen, Wildschweine, Hasen, Stachelschweine, Wildkaninchen, Schildkröten und Chamäleons bevölkern das Land dagegen in stattlicher Zahl. Europäische Zugvögel (wilde Kanarienvögel, Störche, Schwalben) sowie einheimische Arten (Wachteln, Fasane, Rebhühner, Marabus, Ibisse, Turteltauben, Königsadler, Pelikane und Flamingos) zählen zur marokkanischen Vogelwelt, darunter auch einige – leider – kulinarisch geschätzte Arten. Die giftige Puffotter, Wanderheuschrecken sowie Skorpione gehören zu den vornehmlich im Süden siedelnden Spezies, die aus naheliegenden Gründen weniger geschätzt werden. Makrelen, Sardinen, Seezungen, Thunfisch sowie Krusten- und Schalentiere sind die wichtigsten Vertreter einer überaus artenreichen Unterwasserfauna. Die Küstengewässer vor den West-

Sahara-Provinzen gehören, bedingt durch das kühle, planktonreiche Auftriebswasser des Kanarenstroms, zu den reichsten Fischgründen überhaupt. Fischreich sind auch die marokkanischen Binnengewässer; besonders Forellen und Aale bevölkern etliche Flußläufe.

Wirtschaft

Marokko ist ein Land der Dritten Welt, das vor gewaltigen wirtschaftlichen Problemen steht. Die immensen Militärausgaben (schätzungsweise 1,2 Mrd. US-$ jährlich, davon etwa ein Drittel für den Krieg in der West-Sahara), der seit Jahren anhaltende Verfall der Weltmarktpreise für Rohphosphat und eine rückständige Landwirtschaft sind die wichtigsten Gründe für diese Misere.

Weit verbreitet ist immer noch die Kinderarbeit: Immerhin 10 % der 1990 statistisch erfaßten Erwerbstätigen gehörten in die Altersgruppe zwischen zehn und 15 Jahren. Die Anzahl der Marokkaner, die weniger als das Existenzminimum verdienen, liegt, je nachdem, was der statistische Zugriff als Armut definiert, zwischen acht und 16 Mio. Menschen. Die Kluft zwischen Arm und Reich hat sich dabei in den letzten Jahren stetig vergrößert. Die Anhebung der gesetzlich verankerten Mindestlöhne, wenn sie denn überhaupt vorgenommen wurde, blieb regelmäßig drastisch hinter den jährlich zwischen zehn und 13 % pendelnden Inflationsraten der frühen 90er Jahre zurück.

Die wichtigsten Einnahmequellen des Landes sind, neben den Überweisungen der etwa 600 000 im Ausland, vor allem in Frankreich arbeitenden Marokkaner, die Erträge aus der Phosphatwirtschaft, die Agrarexporte und die Devisen aus dem Tourismus-Geschäft. Die negative Außenhandelsbilanz resultiert vornehmlich aus den gefallenen Phosphatpreisen und den gewaltigen Aufwendungen für Rohölimporte. Eine alle wirtschaftlichen Aktivitäten lähmende Hypothek ist die extrem hohe Auslandsverschuldung, die für 1997 auf 25 Mrd. US-$ beziffert wurde.

Landwirtschaft

Der König und seine Bauern: Der Plan Hassans II., den in der Landwirtschaft beschäftigten Tagelöhnern und Kleinpächtern Steuerbefreiungen bis ins Jahr 2000 zu garantieren, spricht Bände über die tiefe Strukturkrise des traditionellen marokkanischen Agrarsystems. Die Landwirtschaft ist nach wie vor der wichtigste Sektor der gesamten Ökonomie: Etwa 30 % der Ausfuhrerlöse entfallen auf Agrar- und Fischereiprodukte, Ende der 90er Jahre arbeiteten etwa 41 % der Erwerbstätigen in der Landwirtschaft, die freilich nur mit weniger als

Rosenernte bei Taroudannt

20 % an der Entstehung des Bruttoinlandsprodukts beteiligt war. Ohne eigenes Land, oft hoch verschuldet und vor allem ohne jede Zukunftsperspektive, haben die marokkanischen Kleinpächter in den 80er Jahren zu Zehntausenden das Land verlassen und sind in die Bidonvilles an der Peripherie der Großstädte gezogen. Das königliche Edikt für Steuerbefreiungen für den ländlichen Raum ist nicht zuletzt als Versuch zu werten, dieser alarmierenden Entwicklung Einhalt zu gebieten und zugleich jenes in den Bidonvilles konzentrierte Protestpotential zu entschärfen, das sich zuletzt 1981 und 1984 in Brotaufständen und blutig niedergeschlagenen Revolten entlud.

Nur etwa ein Fünftel der Fläche Marokkos (ohne die annektierte West-Sahara) kann landwirtschaftlich genutzt werden; die wichtigsten Anbaugebiete sind das Sebou- und das Sous-Becken, die Bewässerungskulturen um Marrakesch und Fès sowie die Oasen des Sahara-Vorlandes (Tafilalet, Dra- und Dades-Tal). Die Bodenbewirtschaftung erfolgt überwiegend in Kleinbetrieben von unter 5 ha Fläche; nahezu 10 % der gesamten landwirtschaftlichen Nutzfläche entfällt auf die Großerzeuger mit Betriebsgrößen von über 100 ha. Die im Zusammenhang mit den Marokkanisierungsgesetzen von 1973 angekündigte Landreform ist in den Ansätzen steckengeblieben; die Beschlagnahme der riesigen Latifundien der französischen *Colons* – zwischen 750 000 und 1 Mio. ha besten Ackerlandes wurden damals umverteilt – hat am Elend der Kleinbauern nicht das geringste geändert.

Die in der Landwirtschaft Marokkos noch immer verbreitetste Praxis folgt dem traditionellen Khammessat-System, das die landwirtschaftliche Produktion von fünf Faktoren bestimmt sieht: Boden, Wasser, Saatgut, Arbeitsgerät/Zugtiere und die menschliche Arbeitskraft. Im Normalfall stellt der Grundbesitzer die ersten vier Produktionsfaktoren; der Pächter, der *Khammes,* steuert seine Arbeitskraft bei und wird entsprechend mit einem Fünftel (arab.: *Khamsa* = fünf) der Ernteerträge entlohnt. Das Khammessat, eine Art Anteilpachtsystem, verdankt seine Stabilität nicht zuletzt der Kopplung der Interessen von Grundeigentümer und Pächter, je höher der Arbeitseinsatz des *Khammes,* desto größer sein Ernteertrag; die Interessen des Grundherrn blieben so automatisch gewahrt, auch sein Anteil von vier Fünfteln wächst – in absoluten Zahlen –, ohne zusätzliche Investitionen. Das Khammessat fixiert ein oft auswegloses Abhängigkeitsverhältnis; etwa 40 % der Bauern besitzen bis heute kein eigenes Land.

Die Unzulänglichkeiten der traditionellen Agrarverfassung, ein verworrenes Wasser- und Bodenrecht (so gibt es, etwa als Folge von Erbschaftsregelungen, Landbesitzer ohne Wasserrechte und umgekehrt Wasserbesitzer ohne Recht an Grund und Boden), die Aufsplitterung in Klein- und Kleinstparzellen, rückständige Anbaumethoden (noch immer dominieren Hakenpflug und Zugtiere, der Einsatz von Traktoren und Mähdreschern ist die Ausnahme): Dies sind bis heute die Hemmnisse, die eine leistungsfähige Landwirtschaft verhindern.

Die wichtigsten Anbauprodukte sind Getreide (vor allem Weizen und Gerste), Zuckerrüben, Zitrusfrüchte, Zuckerrohr, Kartoffeln, Tomaten, Oliven, Mais und Zwiebeln. Exportiert werden vor allem Orangen, Oliven, Gemüse (Tomaten, Artischocken, Spargel), Datteln und Weintrauben; dazu kommen Aprikosen, Erdbeeren, Nüsse und Mandeln. Als Reaktion auf den EG-Beitritt Spaniens und Portugals und die damit verbundenen Exporteinbußen hat Marokko in den letzten Jahren mehrfach eine Vollmitgliedschaft in der Europäischen Union beantragt.

Fast die Hälfte des auf dem Agrarsektor erwirtschafteten Exportwerts entfällt auf den Fischfang: Marokko ist weltweit der zweitgrößte Produzent von Sardinenkonserven.

Die Viehwirtschaft – professionelle Züchter sind lediglich die Kamelnomaden der Sahara und die Schafe haltenden Nomaden im Nordosten des Landes – hat besonders durch die langen Dürreperioden zwischen 1980 und 1984 sowie zwischen 1991 und 1993 stark gelitten. Erst in den letzten Jahren konnte der Viehbestand wieder deutlich vergrößert werden.

Industrie und Bergbau

Die marokkanische Industrieproduktion, stark auf den Großraum Casablanca/Mohammedia konzentriert, hat zuletzt kontinuierliche Wachstumsraten verzeichnet. Expandieren konnte besonders die Kfz-Branche (Montagewerke für ausländische Fabrikate sowie marokkanische Zulieferfirmen), die chemische Industrie und die Herstellung von Baustoffen (insbesondere Zementproduktion). Marokko wird in den kommenden Jahren verstärkten Bedarf an High-Tech-Komponenten (Chips und integrierte Schaltkreise) sowie Produkten der Informations- und Kommunikationstechnologie (Personalcomputer, Faxgeräte und Mobiltelefone) anmelden. Europäische und japanische Firmen - auch mittelständische Unternehmen - haben längst die Zeichen der Zeit erkannt und im Niedriglohnland Marokko in diese Zukunftsbranche investiert.

Die inzwischen von einem eigenen Ministerium koordinierten Privatisierungsbemühungen galten in den späten 90er Jahren besonders dem industriellen Sektor, und hier vor allem den Bereichen Eisen und Stahl, Raffinerien und Textil. Die mit der EU geplante Zollfreizone für Industriewaren wird die am

Handwerk

Binnenmarkt orientierten marokkanischen Unternehmen in Zukunft vor große Anpassungsprobleme stellen.

Obschon der Bergbau mit nur 5 % zur Entstehung des Bruttoinlandsproduktes beiträgt, ist er einer der wichtigsten Wirtschaftsfaktoren: Etwa die Hälfte der Exporteinnahmen wird aus dem Verkauf von Bergbauerzeugnissen (überwiegend Rohphosphate) und von Produkten der chemischen Industrie erzielt. Etwa zwei Drittel der nachgewiesenen Weltreserven an Phosphat liegen in Marokko, das Land ist weltweit der größte Phosphatexporteur. Etwa 40 000 Menschen arbeiten im Bergbau, überwiegend in der Phosphatbranche. Die Hauptabbaugebiete liegen in der West-Sahara, in Khouribga, Youssoufia und Benguerir.

Neben dem Phosphatabbau nimmt sich die Förderung anderer Bodenschätze bescheiden aus; gefördert werden hauptsächlich Kohle, Blei, Baryt, Eisen, Mangan, Kupfer, Zink, Zinn, Molybdän, Nickel, Antimon und Silber. In der West-Sahara werden große Lager von Erdöl und Erdgas, außerdem Kupfer und Uran vermutet.

Brennofen

Handwerk

Das marokkanische Handwerk, oft genossenschaftlich organisiert, baut auf einer reichen kunstgeschichtlichen Tradition auf. Zweifellos ist es ein bedeutender Wirtschaftsfaktor, wenngleich er sich dem statistischen Zugriff weitgehend entzieht. Die Zahl der in Handwerksbetrieben beschäftigten Marokkaner liegt vermutlich zwischen 750 000 und einer Million. Gerade im Handwerk ist der Anteil der Kinderarbeit nach wie vor extrem hoch. Nach Schätzungen von Menschenrechtsorganisationen arbeiten mindestens 500 000 Kinder in den diversen Branchen des Handwerks – gegen lächerliche Entlohnung, ohne jede Sozialversicherung und unter härtesten Bedingungen. In den großen Teppichmanufakturen sind es oft sieben- bis zehnjährige Mädchen,

›Steckbrief‹

Gesamtfläche:	458 730 km^2 (West-Sahara: 252 120 km^2)
Gesamtbevölkerung:	Ca. 29 Mio. Einwohner (1997); zusätzlich ca. 2 Mio. Marokkaner leben im Ausland.
Bevölkerungswachstum:	Ca. 1,7 % p. a.
Regierungsform:	Konstitutionelle Monarchie (Staatsoberhaupt seit 1961: König Hassan II., Regierungschef seit Februar 1998: Premierminister Abderrahman Youssoufi); seit 1997 Aufbau eines Zwei-Kammer-Parlamentes.
Verwaltungsgliederung:	39 Provinzen (einschließlich West-Sahara) und 8 Stadtpräfekturen (in Casablanca und Rabat-Salé)
Internationale Mitgliedschaften:	UNO und UNO-Sonderorganisationen, Arabische Liga, Union des Arabischen Maghreb; Assoziierungsverträge mit der Europäischen Union
Religion:	Der Islam ist Staatsreligion; ca. 99 % aller Marokkaner sind Muslime, vorwiegend Sunniten des malekitischen Ritus.
Sprache:	Offizielle Staats- und Amtssprache ist Arabisch, zweite Amts- und Geschäftssprache Französisch; bei Wirtschaftsverhandlungen beginnt sich auch Englisch zunehmend durchzusetzen; verbreitet sind außerdem mehrere Berbersprachen.
Bruttoinlandsprodukt:	317 Mrd. DH (1997); BIP pro Kopf 11 608 DH (1997; 1996: 11 798 DH). Die wichtigsten an der Entstehung des BIP beteiligten Wirtschaftssektoren sind Handel, Landwirtschaft, Industrie und Verwaltung.

Inflationsrate:	1,2 % (historischer Tiefstand); für 1998/99 werden 2 bis 3 % geschätzt.
Arbeitslosenquote:	20 % (1997). In den Großstädten liegt die Arbeitslosenrate vermutlich höher.
Auslandsverschuldung:	Ca. 25 Mrd. US-$ (1997)
Staatshaushalt:	In der Zahlungsbilanz 1996 standen Einnahmen von 134,29 Mrd. DH Ausgaben von 132,11 Mrd. DH gegenüber (Plussaldo: 2,18 Mrd. DH).
Gesamtimport:	74,9 Mrd. DH (1997; davon aus Deutschland: 3,7 Mrd. DH)
Gesamtexport:	44,2 Mrd. DH (1997; davon nach Deutschland: 1,5 Mrd. DH)
Haupteinfuhrgüter:	Maschinenbau-, elektrotechnische Erzeugnisse und Fahrzeuge; bearbeitete Waren (insbesondere Garne, Gewebe, Eisen- und Stahlwaren); mineralische Brennstoffe (insbesondere Rohöl); chemische Erzeugnisse; Rohstoffe (insbesondere Schwefel, Bauholz, Baumwolle); Nahrungsmittel (insbesondere Getreide, Weizen)
Hauptausfuhrgüter:	Nahrungsmittel (Fisch, Gemüse, Obst); chemische Erzeugnisse, Textilien, Rohstoffe (insbesondere Kalziumphosphate)
Haupthandelspartner:	Frankreich, Spanien, Italien, Japan, USA, Deutschland und Indien
Tourismus:	1,83 Mio Auslandsgäste (1997, ohne die Tagestouristen aus dem Maghreb; 1996: 1,57 Mio); Touristen aus Deutschland: 226 000 (1997; 1996: 212 000)

(Quellen: Bundesstelle für Außenhandelsinformation, Länderberichte des Statistischen Bundesamts)

die an den Knüpfrahmen hocken und für den Export bestimmte Berberteppiche fertigen.

Besonders in den Königsstädten (Fès, Marrakesch, Meknes, Rabat) prägen die Handwerkszünfte die Gassen der Souks. Daß gerade hier recht ungeniert versucht wird, industrielle Billigware als handwerkliche Spitzenprodukte an Touristen zu verhökern, gehört wohl zu den unvermeidlichen Auswüchsen der Tourismus-Industrie. Freilich gehören umgekehrt die echten, in Handarbeit hergestellten Erzeugnisse der Kupfer- und Silberschmiede, der Holzschnitzer, Töpfer, Lederverarbeiter, Schneider und Teppichweber zum Schönsten des marokkanischen Kunsthandwerks. In den staatlich geförderten Kooperativen des Kunsthandwerks (*Ensembles d'Artisanat*) wird versucht, den Verfälschungen der klassischen Vorbilder durch den Touristen-Ramsch zu begegnen.

Tourismus

»Ein Königreich für Ihren Urlaub«: Der Slogan der Staatlichen Marokkanischen Fremdenverkehrsämter illustriert das Bemühen des Landes, die Deviseneinnahmen aus dem Tourismus-Geschäft in Zukunft noch kräftig zu steigern. Nach den Überweisungen im Ausland tätiger Marokkaner und der Phosphatwirtschaft markiert der Tourismus bereits die drittwichtigste Devisenquelle des Landes. Seit 1985 gibt es ein eigenes Tourismus-Ministerium; inzwischen droht die Öffnung des Landes für das Fremdenverkehrs-Business gelegentlich in den puren Ausverkauf umzuschlagen. 1997 wurden etwa 1,83 Mio. Auslandsgäste gezählt (vor allem Franzosen, Spanier und Deutsche). Zahlreiche Branchen in Handel, Handwerk und Dienstleistungsgewerbe sind inzwischen weitgehend von den – krisenanfälligen und schwer kalkulierbaren – Urlauberströmen abhängig. In beängstigendem Tempo wird geplant und gebaut, nicht nur in den Tourismuszentren Agadir und Marrakesch, sondern inzwischen auch in den saharischen Provinzen, wo in den nächsten Jahren eine touristische Infrastruktur aus dem Boden gestampft werden soll.

Angesichts der desolaten Wirtschaftslage wird das Land diese Einnahmen auch in Zukunft bitter nötig haben. Sonne, Strand und Meer als beliebig verfügbare Rohstoffe – ihre Ausbeutung wird längst professionell betrieben, und die Auswüchse derartigen Tourismus-Managements sind in Marokko dieselben wie überall auf der Welt.

Umweltprobleme

Wilde Müllkippen, ungeklärt ins Meer geleitete Abwässer, verdreckte Strände, ein unzureichender Boden-, Luft- und Gewässerschutz: Marokko hat in den 90er Jahren mit gewaltigen Umweltproblemen zu kämpfen. Katalysatorautos sind nahezu unbekannt, bleifreies Benzin ist im erst seit kurzem erhältlich. Vor allem aber scheint ein Umweltbewußtsein in weiten Kreisen der Bevölkerung bis heute noch kaum entwickelt zu sein. Häufig genug gilt aus dem Fenster geworfener Müll damit als entsorgt, und ein qualmender Busmotor wird eigentlich nur dann abgestellt, wenn das Vehikel wirklich länger als eine halbe Stunde hält. Vergaser und Auspuffanlagen der meisten in Marokko zugelassenen Pkw werden offenbar selten gewartet. Die Einsicht in die Tatsache, daß eine intakte Umwelt für ein von Tourismus-Devisen abhängiges Land ein wesentliches Kapital darstellt, scheint noch fern. Immerhin hat jedoch das größte Industrieunternehmen Marokkos, das Office Cherifien des Phosphates (OCP), für die Zukunft die Realisierung eines eigenen Umweltschutzprogramms angekündigt.

Strand bei Agadir

Gesellschaft und Geschichte

Berber, Araber, Haratin und Juden – alle in einem Land

Zwischen Großfamilie und Individualismus

Eine vielfältige Geschichte: Daten und Taten auf einen Blick

Das Marokko Hassans II.

Place Moulay el Hassan in Essaouira

Die Bevölkerung

Siedlungsstruktur

Hohe Arbeitslosigkeit, Wohnungsnot, Landflucht, die Slums (*Bidonvilles*) am Rande der Großstädte, vor allem in Casablanca und Rabat: Die Regierung versucht seit Mitte der 60er Jahre, durch gezielte Familienplanungskampagnen der katastrophalen Folgen dieser Bevölkerungsexplosion Herr zu werden. 1967 wurde das Verkaufsverbot für Empfängnisverhütungsmittel aufgehoben; freilich: solange Kinderreichtum eine Garantie für soziale Sicherheit im Alter ist, wird sich an der herrschenden Misere wenig ändern.

Die Bevölkerung ist extrem ungleichmäßig über das Staatsterritorium verteilt. Auf einem Zehntel der Landesfläche leben fast zwei Drittel aller Marokkaner, vornehmlich im Nordwesten und Westen des Landes. Am dichtesten besiedelt sind die Küstenabschnitte und die fruchtbaren Gebiete der Zentralebene; ebenfalls relativ dicht besiedelt sind das Sebou-Becken im Norden, die Regionen des Rif-Gebirges sowie die westliche Meseta.

Rund 44 % aller Marokkaner leben in den Städten, davon fast die Hälfte allein im Ballungsraum Casablanca/Rabat-Salé. In Casablanca, der Wirtschaftsmetropole des Landes, liegt die Bevölkerungsdichte bei knapp 1700, in Rabat-

Vor dem Bab el Kasbah/Taroudannt

Verschleierte Frauen in Fès

Salé immerhin noch bei rund 900 Einwohnern je km^2.

Die wichtigsten Ethnien sind Berber, Araber und Haratin, außerdem gibt es kleinere Gruppen wie Juden und Europäer.

Die Berber

Lange vor der Besiedlung durch Phönizier, Römer und Araber haben die Berber in Nordafrika ein riesiges Areal bevölkert, dessen Ausdehnung etwa von der ägyptischen Oase Siwa im Osten bis zu den Kanaren im Westen und vom Mittelmeer im Norden bis zur Sahara im Süden reichte. Vielleicht gerade weil über die Ursprünge der Berber kaum etwas Gesichertes bekannt ist, sind diese Ureinwohner des Maghreb bis in die Gegenwart hinein ein Objekt verschrobener Spekulationen gewesen. Dies auch deshalb, weil es nicht einmal in Ansätzen so etwas wie ein berberisches Geschichtsbewußtsein gibt, das in die vorislamische Zeit zurückreicht.

Die Berber, in zahllose rivalisierende Stämme und stark voneinander abweichende Sprachgruppen zersplittert, haben sich selbst nie als ethnische Einheit gesehen. Die

Vor dem Bab Boujeloud/Fès

Berbersprachen (das Konsonantenalphabet der Tuareg ausgenommen) sind lediglich gesprochene Sprachen und nirgendwo schriftlich fixiert. Stattdessen gibt es jedoch eine bedeutende orale (mündliche) Tradition. Diese ist im Sinne historischer Quellen allerdings schwieriger und nur begrenzt nutzbar.

Das ›Volksbewußtsein‹ der Berber ist in besonderem Maße im Islam und damit in der arabisch-koranischen Begriffswelt verwurzelt; die Definition dessen, was Bertertum sein könnte, wird nicht zuletzt dadurch erschwert, daß sich dieses Berbertum mit dem Koran auf eine Kulturukunde bezieht, in der ausgerechnet von den Berbern an keiner einzigen Stelle die Rede ist!

Die Römer nannten die Berber Barbari, womit alle Menschen bezeichnet wurden, die, des Lateinischen nicht mächtig, außerhalb der griechisch-römischen Zivilisation standen. Einer derartigen gesellschaftlichen Deklassierung sind die Berber in ihrer Geschichte immer wieder ausgesetzt gewesen – auch wenn in Marokko die Dynastien der Almoraviden, der Almohaden und der Meriniden berberischen Ursprungs waren.

Tunesien, Algerien und Marokko – jene Länder also, die das Kerngebiet der frühen berberischen Besiedlung im Maghreb ausmachen – bezeichnen sich heute als arabische Nationen. Arabisch ist hier die offizielle Amtssprache, daneben herrscht Französisch als zweite Verkehrs- und Wirtschaftssprache. Berberisch ist im öffentlichen Leben der Maghreb-Staaten so gut wie überhaupt nicht vertreten. Etwa seit Beginn der 80er Jahre formiert sich im Maghreb ein von berberischen Intellektuellen getragener Widerstand gegen die Diskriminierung ihrer Kultur, ihrer Traditionen und Sprachen. Dieser Widerstand ist ein erster Versuch, sich einer berberischen Identität zu vergewissern. Die ›Cahiers d'Etudes Berbères‹ und die ›Etudes et Documents Berbères‹, 1985 bzw. 1986 gegründet, sowie die ersten Lieferungen der ›Encyclopédie Berbère‹ sind inzwischen zu wichtigen Periodika einer eigenen Berberforschung geworden.

Es gibt kein verläßliches Kriterium, das Araber und Berber eindeutig voneinander abgrenzen kann. Das am häufigsten verwandte und zweifellos tauglichste Unterscheidungsmerkmal ist das der Sprache: Demnach wäre derjenige ein Berber, der eine der Berbersprachen als Muttersprache spricht. Während nur wenige Araber eine Berbersprache beherrschen, gibt es kaum noch einen Berber, der nicht wenigstens leidlich Arabisch spricht.

Marokko allerdings weist den mit Abstand höchsten Berber-Anteil aller Maghrebstaaten auf. Es scheint realistisch, den Anteil der Berber an der marokkanischen Gesamtbevölkerung etwa zwischen 50 % und 70 % anzusiedeln; freilich sind etliche dieser ursprünglichen Berber inzwischen arabisiert.

Die Berber wurden in Marokko durch die Araber-Einfälle allmählich in die Bergregionen und in die ländlichen Gebiete abgedrängt; die einzige Großstadt mit einer überwiegend berberischen Bevölkerung ist Marrakesch. Obschon es noch annähernd 300 Berberstämme gibt, lassen sich drei große ethnische Gruppen nach ihren Sprachen unterscheiden.

Die Chleuh (auch Schlöh geschrieben; Sprache: Tachelhait), die größte Gruppe, besiedeln als seßhafte Ackerbauern den westlichen Hohen Atlas und Anti-Atlas, die Sous-Ebene sowie das Dra- und Dades-Tal.

Die Beraber (Sprache: Tamazirht) leben als schaf- und ziegenzüchtende Teilnomaden (*Transhumanten*) im östlichen Hohen und Mittleren Atlas. Ihr Lebens- und Arbeitsrhythmus wird durch die Jahreszeiten bestimmt: Im Winter leben sie in den Talregionen, wo die Felder bestellt werden, im Sommer zieht ein Teil des Stammes mit den Herden auf die Bergweiden.

Die Rif-Kabylen (Sprache: Tarifi) schließlich besiedeln als seßhafte Bauern oder Viehzüchter das Rif-Gebirge im Norden Marokkos. Unter ihnen finden sich besonders viele hellhäutige, blonde und blauäugige Berber, was in den Schriften vornehmlich deutscher Forschungsreisender um die Jahrhundertwende Anlaß zu allerlei rassisch verklärten Spekulationen gab.

Da die Berber in Marokko an den völlig unterschiedlichen Lebensformen des Bergbauern, des nomadisierenden Viehhirten, des Handwerkers und des Oasenbauern teilhaben, kann es nicht verwundern, daß es weder eine einheitliche Berberkultur noch eine allgemein dominierende berberische Sozialorganisation gibt. Die patriarchalisch geführten Großfamilien, Clans und Stämme bilden die grundlegenden Sozialeinheiten der Berber-Gesellschaften. Im Süden sind die burgartig befestigten Dörfer (*Ksour*), die hoch aufragenden, gemeinschaftlich genutzten Getreidespeicher (*Agadire*) sowie die mächtigen Kasbahs typisch berberische, traditionelle Siedlungsformen. Zahlreiche Berberstämme in Südmarokko waren bis weit in die Kolonialzeit hinein praktisch unabhängig; vor allem die mächtigen Stammesführer (*Caids*) der Glaoua herrschten bis in die 50er Jahre im Hohen Atlas als autonome Potentaten.

Während die Islamisierung der Berber bereits im 8. Jh. erfolgte, dauert ihre Arabisierung bis heute an. So konnten sich zahlreiche Berberstämme jahrhundertelang dem arabisch-koranischen Recht der Scharia entziehen; sie praktizierten statt dessen das alte Gewohnheitsrecht des Orf. Erstaunlich genug, daß sich das von den Franzosen 1930 erlassene Berberedikt kontraproduktiv auswirkte. (Mit diesem *Dahir Berbère* versuchten die Kolonialherren, einen Keil zwischen Araber und Berber zu treiben, indem die Berber der Gerichtsbarkeit

›Blauer Mann‹ bei Guelmim

des Sultans entzogen und der französischen Rechtsprechung direkt unterstellt werden sollten.) Gerade die Berber, die mit diesem Edikt geködert werden sollten, erwiesen sich seinerzeit als marokkanische Patrioten und machten gegen den Erlaß Front. Der 1934 wieder zurückgenommene *Dahir Berbère* wurde zur Keimzelle einer alle Bevölkerungsgruppen einigenden, nationalen, antifranzösischen Widerstandsbewegung.

Die Araber

Angefeuert vom Glauben an eine »wahre Religion« (Sure 9,33), stießen die ersten arabischen Heere im späten 7. Jh. nach Marokko vor, um auf ihren Expansionszügen »mit ihrem Vermögen und in eigener Person um Gottes Willen Krieg zu führen« (Sure 9,81). Der Vorstoß der Araber nach Südspanien und dann tief nach Europa hinein wurde, genau ein Jahrhundert nach dem Tod des Propheten, im Jahr 732 durch Karl Martell bei Tours und Poitiers militärisch gestoppt. Es waren Eroberungszüge, Wanderbewegungen und Nomadeneinfälle, in deren Folge sich das arabische Element – also die neue Religion des Islam, koranisches Recht sowie eine patriarchalisch beherrschte, streng hierarchische Sozialstruktur – in Marokko dauerhaft festsetzte. Die Einfälle der arabischen Beni Hilal-Nomaden im 11. Jh. und vor allem die in mehreren großen Fluchtwellen aus Spanien nach Marokko zurückkehrenden andalusischen Araber (die von den Spaniern *Moriscos,* Mauren, genannt wurden) besiegelten den Arabisierungsprozeß des Maghreb in kulturgeschichtlicher Hinsicht. Seit dem 13. Jh. sind etwa drei Millionen *Moriscos* im Zuge der Reconquista in die großen Städte Nordmarokkos geflüchtet.

Arabisch ist heute die Muttersprache knapp der Hälfte aller Marokkaner. Freilich sind die wenigsten von ihnen rein arabischstämmig, sondern zählen meist auch Berber zu ihren Vorfahren. Die sozialen Unterschiede etwa zwischen einer arabischen Familie in Casablanca und den arabischen Kamelnomaden der Sahara sind mindestens ebenso groß wie die zwischen Arabern und Berbern oder die zwischen Berbern untereinander. Die Araber – nur noch wenige sind heute Nomaden – bewohnen überwiegend die großen Städte an der Mittelmeer- und Atlantikküste, weite Teile der Zentralebene sowie die Sahara-Regionen.

Die Machteliten des Landes, von der Armee einmal abgesehen, sind heute nahezu ausschließlich arabophon; vornehmlich die Entscheidungsträger in Politik und Wirtschaft sind Araber. Marokko ist seit der Unabhängigkeit 1956 eine arabische Nation, in der Arabisch die offizielle Staatssprache (und Schulsprache) ist und in der die arabische Kultur ganz eindeutig dominiert.

Die Haratin

Einst zwangsrekrutierte, gefürchtete Elitetruppen in den stehenden Heeren der Sultane, heute eine gering geachtete soziale Minderheit: Die Abkömmlinge der dunkelhäutigen Haratin gehören inzwischen oft zu den Ärmsten im Lande. Der Saadier-Sultan Ahmed el Mansour (1578–1603) und der Alaouite Moulay Ismail (1672–1727) brachten von ihren Eroberungszügen nach West- und Zentralafrika neben anderen Reichtümern Zehntausende schwarzer Sklaven nach Marokko, die das Rückgrat riesiger Armeen bildeten. Die Nachfahren dieser ›Haratin‹ genannten Schwarzen besiedeln heute überwiegend die Oasengebiete in Südmarokko, vor allem im Dra-Tal. Die Haratin, längst islamisiert und häufig als Tagelöhner in der Landwirtschaft tätig, haben sich im Lauf der Jahrhunderte stark mit Arabern und Berbern vermischt. Eine genaue Abgrenzung zu den anderen Bevölkerungsgruppen ist ebensowenig möglich wie eine verläßliche Angabe über ihre Zahl.

Die Juden

Die 25 000–30 000 Juden, die heute noch als Nachfahren einer einst etwa zehnmal größeren jüdischen Gemeinde in Marokko leben (überwiegend in Casablanca und anderen großen Städten), repräsentieren die größte jüdische Bevölke-

Die marokkanischen Juden

»Du wirst sicher finden, daß diejenigen Menschen, die sich den Gläubigen gegenüber am meisten feindlich zeigen, die Juden und Heiden sind.« (Sure 5, 82)

»Den Gläubigen am meisten feindlich« – dieses grimmige Urteil gehört zu den zahlreichen Verdammungen, die der Koran, stets im Bewußtsein, eine »wahre Religion« zu verkünden, »um ihr zum Sieg zu verhelfen über alles, was es (sonst) an Religion gibt« (Sure 9, 33), gegen die Kinder Israels ausspricht. »Sie verkaufen den Irrtum (um die Rechtleitung) und wollen, daß (auch ihr) vom (rechten) Weg abirrt.« (Sure 4, 44) Als Ketzer verfemt, als religiöse Minderheit verfolgt, in Ghettos zusammengepfercht, strengen Kleiderordnungen unterworfen, mit Sondersteuern belegt: Die Geschichte der marokkanischen Juden ist, mit Ausnahme der Protektoratszeit, eine Geschichte des kollektiven Leidens.

Die ersten Juden sollen bereits 70 n. Chr., nach der Zerstörung Jerusalems, ins Land gekommen sein, weitere folgten im 7. Jh., als sich die Araber in Palästina festsetzten. Die weitaus größte Gruppe von Juden siedelte sich freilich erst im 13. und 14. Jh. in Marokko an; mit den Mauren wurden diese sephardischen Juden (der Name leitet sich von Sepharad, einem biblischen Ort in Spanien, ab) im Zuge der spanisch-katholischen Reconquista aus Andalusien vertrieben. Die Sephardim, schon im Mittelalter in eigenen Vierteln, den Mellahs, ghettoisiert, lebten fast ausschließlich in den Städten des Nordens. Als Händler, Goldschmiede und Bankiers brachten es etliche zu beträchtlichem Reichtum – vor allem im einträglichen Geld- und Kreditgeschäft, in dem sie konkurrenzlos waren: Geldverleih gegen Zins ist den Moslems nach koranischem Recht streng verboten.

Mit dem Inkrafttreten der Protektoratsverträge hoben die Franzosen 1912 alle Beschränkungen für Juden auf; in der Folgezeit genossen diese sogar gewisse Privilegien, da sie als Vertreter des Großhandels und der Hochfinanz für die Kolonialherren von Bedeutung waren. So verwundert es nicht, daß sich der Haß der Marokkaner auf die europäische Fremdherrschaft, vor allem gegen Ende der Protektoratszeit, immer wieder in Pogromen und Ausschreitungen gegen die jüdischen ›Kollaborateure‹ entlud. Jedoch scheiterten alle Versuche der mit dem nationalsozialistischen Deutschland paktierenden Vichy-Regierung zwischen 1940 und 1944, in Marokko antisemitische Rassengesetze einzuführen, am entschiedenen Widerstand des marokkanischen Sultans Mohammed V.

In drei großen Auswanderungswellen verließen zahlreiche Juden das Land: nach der Gründung des Staates Israel (1948), nach der Unabhängigkeit Marokkos (1956) und nach dem israelisch-ägyptischen Sechstage-Krieg (1967). Die marokkanische Regierung hat sich nach der Unabhängigkeit bemüht, jüdische Fachkräfte für die Wirtschaft des Landes zu erhalten; zudem wird die Remigration Rückkehrwilliger gefördert. Überhaupt gilt Marokko heute nicht zu Unrecht als das toleranteste Land gegenüber den Juden in der arabischen Welt. So empfing Hassan II. 1976 den israelischen Regierungschef Itzhak Rabin, und die zweitägigen Gespräche des marokkanischen Monarchen mit Shimon Peres – das zweite offizielle Treffen eines israelischen Ministerpräsidenten mit einem arabischen Staatsoberhaupt – sorgten 1986 für internationale Schlagzeilen und erbitterte Reaktionen im arabischen Lager. Syrien beantwortete die marokkanisch-israelischen Konsultationen mit dem Abbruch der diplomatischen Beziehungen, und der libysche Staatschef Gaddhafi löste die erst 1984 gegründete Staatenunion mit Marokko wieder auf. Der aus der PLO ausgeschlossene palästinensische Terrorist Abou Nidal drohte sogar, Hassan II. auf eine ominöse Todesliste setzen zu lassen . . .

Jenes jüdische Element, das etwa Elias Canetti noch 1954 in der Mellah (vom arabischen *Melha* = Salz) von Marrakesch aufgespürt und beschrieben hat, ist aus den heutigen Judenvierteln gänzlich verschwunden. Ghettos sind diese Armenquartiere freilich geblieben, auch wenn sie inzwischen mehr von islamischen als von jüdischen Familien bevölkert werden. Selbst die Mellah von Essaouira, einst die größte des Landes, weist inzwischen kaum noch etwas spezifisch Jüdisches auf; sie ist – wie auch die Mellah von Marrakesch – in der arabischen Medina aufgegangen. Die marokkanischen Juden sind längst nicht mehr an ihre früheren Ghetto-Bezirke gebunden; äußerlich oft völlig europäisiert, leben die meisten von ihnen in den Zentren der Großstädte, vornehmlich in Casablanca. Die alteingesessenen jüdischen Familien, seit Generationen assimiliert, werden in der Regel als Marokkaner unter Marokkanern akzeptiert.

Auch die Beziehungen zwischen den Staaten Marokko und Israel haben sich wieder entspannt. Keinem wird die Einreise mehr aufgrund eines israelischen Passes verwehrt. Gegenwärtig arbeiten die Regierungen beider Länder am Aufbau normaler diplomatischer Kontakte.

rungsgruppe innerhalb eines arabischen Landes. Viele Juden kamen im 13. und 14. Jh. aus Andalusien nach Marokko, wo sie in ihnen zugewiesenen Vierteln lebten.

Während der Protektoratszeit räumten die Franzosen der jüdischen Minderheit Sonderrechte ein, was ihr den Haß marokkanischer Nationalisten zuzog. Zahlreiche jüdische Familien verließen Marokko nach der Gründung des Staates Israel (1948).

Familie und Sozialstrukturen

Die wichtigste soziale Einheit, die das Gefüge der marokkanischen Gesellschaft bis heute entscheidend prägt, ist die patriarchalisch dominierte Großfamilie, die in der Regel drei Generationen unter einem Dach umfaßt. Der Ehemann, Hausherr und Familienoberhaupt, sorgt für den Unterhalt der Familie, vertritt ihre Interessen in der Öffentlichkeit und wahrt im sozialen Kontext die Familienehre.

Dies ist, zur Skizze verkürzt, eine Art soziologischer Idealtypus. Die Veränderungen, denen das moderne Marokko seit seiner Unabhängigkeit ausgesetzt war, haben selbstverständlich auch die traditionellen Familienstrukturen nicht unangetastet gelassen. Mit steigender Tendenz beginnen Marokkanerinnen, sich Zugang zu staatlichen Bildungseinrichtungen zu erkämpfen, üben sie – neben ihrer Rolle als Hausfrau und Mutter – einen Beruf aus, setzen sie sich, durchaus kritisch, mit westlichen Vorstellungen von Emanzipation und Selbstbestimmung auseinander. Freilich kollidiert ein verändertes weibliches Bewußtsein, das die vertrauten starren Geschlechterrollen aufzuweichen beginnt, mit jenen islamischen Traditionen, nach denen die Frau wenn nicht Eigentum, so

Im Kasbah-Viertel von Marrakesch

doch Untergebene des Mannes zu sein hat. In den modernen Großstädten des Landes aber, vorab in Casablanca und Rabat, hat sich längst ein familiärer Alltag herausgebildet, wie er in westeuropäischen Gesellschaften die Norm ist. Es gehört zu jenen paradoxen Gleichzeitigkeiten, die man in Marokko allenthalben trifft, daß neben ›modernen‹, offenen Familienstrukturen die jahrhundertealten Traditionen fortbestehen: die Verfügungsgewalt des Ehemannes über seine Frau, die Herrschaft des Vaters über seine Töchter, der Jungen über ihre Schwestern.

Es entspricht den Geboten des Koran, allerdings auch den Unzulänglichkeiten der staatlichen Sozial- und Altersfürsorge, daß alte Menschen, Arme, Arbeitslose, sozial Deklassierte in den Hort der Familie aufgenommen und hier unterstützt werden. Gerade alten Leuten wird in Marokko besondere Wertschätzung entgegengebracht, in den Familien werden die Großeltern häufig sehr aufopfernd von den Enkeln versorgt; Altersheime sind in Marokko nahezu unbekannt.

Während die Großfamilie ihre soziale Bedeutung bis in die Gegenwart hinein behaupten konnte, haben die traditionellen Sippen- und Stammesorganisationen ihre einstigen Binde- und Prägekräfte weitgehend eingebüßt. Auch wenn sich in den Ksour des Südens Reste einer auf Sippen- oder Stammeszugehörigkeit aufbauenden dörflichen Selbstverwaltung erhalten haben mögen – der Stamm hat als soziale Einheit für die seßhafte Landbevölkerung nur noch geringe, für die Stadtbevölkerung praktisch keine Bedeutung mehr. Lediglich für die Nomaden in den Sahara-Regionen hat die Stammeszugehörigkeit noch jenen Stellenwert, der ihr in der Vergangenheit zukam.

Dennoch fühlt sich ein Marokkaner, anders als der Tourist aus den westeuropäischen Industrienationen, eher in eine soziale Gruppe eingebettet und ihr verpflichtet. Die nach marokkanischem Verständnis sehr wichtigen Bluts- und Familienbande haben vor diesem Hintergrund eine ganz eigene soziale Funktion; ähnliches gilt für die zahlreichen religiösen Bruderschaften, die vielfältigen Sekten und Marabout-Kulte, kurz: für die auf einer reichen Überlieferung gründenden Formen des Volksislam.

Die marokkanische Gesellschaft zerfällt in eine kleine schwerreiche Oberschicht und eine große – und rapide weiterwachsende – Unterschicht der Mittellosen, ja der Bettelarmen. Das Volkseinkommen ist extrem ungleich verteilt; ein ausgeprägter Mittelstand, so wie er für die Gesellschaften Westeuropas typisch ist, läßt sich in der marokkanischen Gesellschaft kaum ausmachen. Gerade in einer Stadt wie Marrakesch können selbst dem durchreisenden Fremden die Extreme von Arm und Reich nicht verborgen bleiben.

Im Schatten des Halbmonds?

Marokkanische Frauen

»Und geht gut mit ihnen um! Wenn sie euch zuwider sind, so ist euch vielleicht etwas zuwider, während Gott viel Gutes in es hineinlegt.« (Sure 4, 19)
»Und wenn ihr fürchtet, daß (irgendwelche) Frauen sich auflehnen, dann vermahnt sie, meidet sie im Ehebett und schlagt sie. Wenn sie euch (daraufhin wieder) gehorchen, dann unternehmt weiter nichts gegen sie!« (Sure 4, 34)

Morgens um kurz nach fünf ist die Nacht für Aziza schon zu Ende. Herrgottsfrühe – das Morgengebet läßt sie fast nie aus, diese erste Zwiesprache mit Allah, während draußen noch Nachtdunkel herrscht und in den Häusern ein leises Rumoren beginnt. Aziza weckt ihre Mutter, versorgt die Großmutter, macht Frühstück. Um kurz nach sieben verläßt sie das Haus, die Schule beginnt um halb acht.

Aziza ist sechzehn, ein wohlbehütetes marokkanisches Mädchen. Wenn sie spätnachmittags aus der Schule kommt, macht sie noch Hausaufgaben, hilft in der Küche, versorgt den Haushalt. Nach Einbruch der Dunkelheit hat sie auf der Straße nichts mehr verloren, allenfalls in Begleitung eines Familienmitglieds darf sie die Wohnung dann noch verlassen. Ihre Mutter ist Vorstand des Hauses und führt ein strenges Regiment. Für Aziza bedeutet das totale Kontrolle. Ihr ist verwehrt, was ihren Brüdern ohne Diskussion erlaubt wurde: abends ausgehen, ins Ausland reisen, Freunde und Freundinnen treffen. Sie hat kein eigenes Zimmer, das Nachtlager teilt sie mit ihrer Mutter. Den Vater kennt Aziza nur von Fotos – er hat die Familie verlassen, als sie noch ein Säugling war. Ob sie ihn gern einmal sehen würde? Sie schüttelt den Kopf. Die Mutter hat damals die Familie allein durchbringen müssen – ein kleines Mädchen, drei Jungen.

Wie Azizas Mutter geht es vielen marokkanischen Frauen. Nach koranischem Recht ist es bis heute für einen Mann ungleich einfacher, sich von seiner Frau scheiden zu lassen, als umgekehrt: »Ich verstoße dich«, diese Scheidungsformel (*Talaq*), dreimal vom Mann ausgesprochen, gilt auch heute noch – ohne nähere Angabe von Gründen, ohne Aussprache der Ehepartner – als rechtlich zulässige Trennung. Nach einer derartigen Scheidung ist es für eine marokkanische Frau in der Regel außerordentlich schwierig, Versorgungsrechte und Unterhaltszahlungen für Kinder einzuklagen – die Justiz ist stark konservativ, zudem eine Männerdomäne, das Netz staatlicher Fürsorge ausgesprochen dürftig. ›Kokettes‹ Verhalten der Frau in der Öffentlichkeit, wie auch immer dies in der Männerwelt definiert sein mag, kann ein hinreichender Trennungsgrund sein; da Kinderreichtum für viele Paare den Sinn der Ehe ausmacht, ist Kinderlosigkeit – die so gut wie immer der Frau angelastet wird – gleichfalls für den Mann ein häufiger Grund, seine Ehefrau zu verstoßen.

Geschiedene Frauen, die allein leben wollen, sind zahlreichen Vorurteilen ausgesetzt; sie gelten in ihrem sozialen Umfeld oft als gescheitert, und die völlige materielle Abhängigkeit von dem früheren Partner führt nach der Trennung meist in bitterste Armut – glücklich noch jene, die in den Schoß ihrer Familien zurückkehren können. Die Angst vor einer Scheidung verstärkt oft die Bereitschaft der Frau, ihre Rolle in Haushalt und Familie zufriedenstellend zu spielen.

Auf der anderen Seite entscheidet das Verhalten der Frauen im sozialen Kontext über die Ehre der Familie; indem sie also Trägerinnen (und Garanten) von sozialem Ansehen oder Leumund sind, kommt ihnen durchaus ein nicht zu unterschätzender Einfluß bei familiären Angelegenheiten zu.

Sprichworte sind zumeist nicht wörtlich genug zu nehmen. Nach einem arabischen Sprichwort verläßt die Frau in ihrem Leben das Haus nur zu zwei Anlässen – wenn sie heiratet und wenn sie beerdigt wird! Dennoch ist die Ehe das Ziel der meisten jungen Marokkanerinnen. Und auch Aziza denkt darüber nicht anders. Die Mutter hat bereits eine lohnende Partie für sie ausgeguckt. Aziza wird jedoch keine Möglichkeit haben, ihren späteren Mann vor der Ehe kennenzulernen. Der Bräutigam wird ihr vorgestellt werden, sie kann ihn ablehnen, diesen und auch etwaige folgende Kandidaten, nur – eine eigene Wahl hat sie nicht. Die Heirat wird ein nüchternes Geschäft sein, bei dem es gilt, den Brautpreis festzulegen und zwischen den beteiligten Familien Handelseinigkeit zu erzielen.

Daß Aziza jungfräulich in die Ehe gehen wird, bedarf keiner Frage. Bis heute ist das Bestehen auf der Unberührtheit der Frau eine eherechtliche Forderung ersten Ranges. Noch in den 90er Jahren sind in Marokko Fälle aktenkundig geworden, in denen erboste Ehemänner ihre Frauen wegen fehlender Jungfräulichkeit getötet haben. Bei aller feministischen Aufklärungsarbeit, wie sie seit einigen Jahren beispielsweise die Soziologin Fatima Mernissi (vgl. besonders ›Sexualität – Ideologie – Islam‹, München 1985) unerschrocken leistet: Die gesellschaftliche Position der marokkanischen Frau wird auch nach der Jahrtausendwende durch den Koran und die Überlieferung definiert sein. Es ist eine Position weitgehender Rechtlosigkeit in einer Männergesellschaft. Die Geschlechter leben in Marokko oft genug wie auf weit voneinander entfernten Planeten, und an dieser Trennung wird sich, von den westlich geprägten Großstadtfamilien einmal abgesehen, nichts ändern, solange der Koran nicht nur als religiöse Offenbarung, sondern auch als konkrete Handlungsanweisung für den Alltag das Zusammenleben der Menschen regelt.

Wie nehmen sich die Bildungsmöglichkeiten, die Chancen einer beruflichen Karriere marokkanischer Frauen in diesem Umfeld aus? Die Frage verrät den modernen Mitteleuropäer. Und die Antwort ergibt sich aus einigen dürren statistischen Daten: Auf eine Marokkanerin kommen durchschnittlich sieben Kinder, einer Analphabetenquote von 38,7 % der Männer steht eine Rate von 62 % bei den Frauen gegenüber; im ländlichen Milieu sind es sogar um die 90 % der Frauen, die weder lesen noch schreiben können. Heim und Haushalt, Familie und Kindererziehung – dies sind, klopft man derartige Zahlen auf ihren sozialen Hintergrund ab, bis heute die Hauptaufgaben einer Frau.

Ungleich schlechtere Bildungschancen, ein doppelter Moralkodex – ein skandalöses Zweiklassensystem? »Männer sind Männer, und Frauen sind Frauen.« Aziza zieht sich im Gespräch auf eine entwaffnende Formel zurück, an der alles ›europäische‹ Argumentieren wirkungslos abprallt. Und sie weiß die Richtlinien des Koran auf ihrer Seite. Zwar verkündet das Heilige Buch, daß auch Frauen Geschöpfe Allahs seien, doch sind diese Mit-Geschöpfe in traditionsbewußten marokkanischen Familien von der Selbstbestimmung weitgehend ausgeschlossen. Was Männern nach koranischem Recht und nach jahrhundertealter Tradition selbstverständlich erlaubt ist, ziemt sich für Frauen noch lange nicht.

Aziza betet. Die Abendandacht beschließt den Tag, wie das Frühgebet ihn eröffnete. Aziza ist mit ihrem Los zufrieden. In den Augen einer Europäerin ist ihr Leben ein Gefängnis, wohl kaum würde sie mit Aziza tauschen wollen. Für Aziza bedeutet die Eingebundenheit in Familie und religiöse Traditionen Zuflucht, Geborgenheit. Sie würde auch nicht tauschen.

Daten zur Geschichte

Die prähistorische Zeit

ab 40 000 v. Chr.	Erste Siedlungsspuren des Homo sapiens in Nordafrika.
ab 5000 v. Chr.	Die frühesten in Marokko erhaltenen Felsbilder dokumentieren, daß die Sahara in jener Zeit ein fruchtbares und regenreiches Gebiet war, in dem die Ureinwohner Marokkos als Jäger und Ackerbauern siedelten.
ab 2000 v. Chr.	Die Berber besiedeln Nordafrika.

Die phönizische/karthagische Zeit

um 1100 v. Chr.	Phönizische Handelsniederlassungen in Melilla und Lixus an der marokkanischen Mittelmeer- und Atlantikküste.
Mitte 5. Jh. v. Chr.	Die Karthager, Bürger einer 814 v. Chr. in Nordtunesien gegründeten phönizischen Kolonie, übernehmen die Stützpunkte des phönizischen Reiches. Der karthagische Seefahrer Hanno umsegelt ganz Nordafrika. Karthagische Handelsniederlassungen an der marokkanischen Atlantikküste (Tanger, Salé, Essaouira).
146 v. Chr.	Zerstörung Karthagos durch die Römer im Dritten Punischen Krieg. Ende des karthagischen Einflusses im Maghreb.

Die römische Herrschaft

ab 31 v. Chr.	Der römische Imperator Augustus gliedert das westliche Nordafrika in das römische Imperium ein.
25 v. Chr.– 23 n. Chr.	Verwaltung der römischen Nordafrika-Provinzen durch den in Rom erzogenen Berberkönig Juba II. Beginn der Latinisierung Marokkos.
40 n. Chr.	Großer Berberaufstand gegen die römische Oberhoheit.
42	Errichtung der römischen Provinzen Mauretania Tingitana (das heutige Nordmarokko) mit den Hauptorten Tingis (Tanger) und Volubilis sowie Mauretania Caesariensis (das heutige Nordalgerien).
3. Jh.	Beginn der Christianisierung.

Ruinen von Volubilis

285 Rückzug der Römer in die Stadt Tingis. Verfall der römischen Provinzialherrschaft.

429–477 Herrschaft der Wandalen in Tanger und Ceuta.

ab 533 Nordmarokko gehört nominell zum Byzantinischen (oströmischen) Reich.

Arabische Invasion und Islamisierung

622 Flucht des Propheten Mohammed von Mekka nach Medina (Hedschra). Beginn der islamischen Zeitrechnung.

683 Der arabische Feldherr Okba Ibn Nafi dringt bis in die Sous-Ebene vor: Beginn der arabischen Eroberungsfeldzüge in Marokko.

703–711 Zweite arabische Invasion unter Moussa Ibn Noceir. Marokko wird der syrischen Kalifendynastie der Omajaden zugeschlagen. Beginn der Islamisierung der verschiedenen Berberstämme.

740–742 Revolte kharedjitischer (schiitischer) Berber gegen die Omajaden-Herrschaft.

772 Eroberung Marokkos durch die in Bagdad residierenden Abbasiden.

Die Idrissiden

788 Moulay Idriss I., ein Nachkomme des Propheten Mohammed, gründet das erste unabhängige marokkanische Reich im Norden des heutigen Landes. Vier Jahre später wird er im Auftrag des Abbasiden-Kalifen Harun el Rachid ermordet.

808 Moulay Idriss II. gründet Fès, die erste marokkanische Königsstadt.

829 Tod Moulay Idriss' II. Teilung und Zerfall des marokkanischen Reiches.

ab 920 Marokko ist zwischen Omajaden, Abbasiden und den tunesischen Fatimiden umkämpft, die sich das Idrissiden-Erbe streitig machen.

Anfang 11. Jh. Einfall der arabischen Beni Hilal-Nomaden aus der Sahara.

Die Almoraviden

ab 1061 Die aus Mauretanien stammenden Berber des Almoraviden-Ordens errichten das erste marokkanische Großreich und etablieren eine eigene Dynastie. Missionierung im Sinne der asketischen Grundprinzipien des Islam; Kanonisierung der Sunna.

1070 Gründung der neuen Hauptstadt Marrakesch unter Youssef Ben Tachfine.

bis 1086 Eroberungszüge der Almoraviden nach Algerien, in den Senegal und nach Ghana. Reislamisierung Andalusiens.

Die Almohaden

1140–1147 Eroberung des almoravidischen Reiches durch die neue Berber-Dynastie der Almohaden. Abd el Moumen nimmt Marrakesch ein und läßt die Metropole zur almohadischen Hauptstadt ausbauen.

Maurisches Mittelalter

Die muslimischen Kaufleute und Forschungsreisenden, die im Mittelalter Europa besuchten, waren entsetzt – und dies aus gutem Grund. In ihren Reiseprotokollen beschrieben sie den Standard städtischer Zivilisation in Europa als das, was er in ihren Augen nun einmal war: eine einzige Katastrophe. Erschüttert über den Schmutz, die Unwissenheit, die Barbarei in den christlichen Ländern des Nordens, wähnten sie sich ein ums andere Mal am Ende der Welt. Diese Reiseberichte lesen sich heute wie frühe Dokumentationen eines Kulturschocks. Die in der arabisch-islamischen Welt des 13. und 14. Jh. selbstverständlichen Angebote einer hochentwickelten städtischen Infrastruktur – Bäderkultur und Lebensmittelhygiene, Krankenhauswesen und Grundschulunterricht – waren im Europa jener Zeit nahezu unbekannt. Was für den abendländischen Touristen heute etliche islamische Staaten sind, dies bedeutete für den maurischen Reisenden des Mittelalters der europäische Norden: eine Art Dritte Welt.

Im Marokko der Meriniden-Dynastie, vornehmlich im späten 13. und 14. Jh., erlebten Wissenschaft, Literatur, Philosophie und Architektur eine kulturelle Hoch-Zeit wie nie zuvor – und niemals danach. Diese Ära war, mit einigen zeitlichen Verschiebungen in anderen arabischen Ländern, eine Blütezeit der islamischen Kultur. Sie war eine Epoche der Erfindungen und Entdeckungen, der exakten Naturwissenschaften, der experimentellen Forschung, der logischen Abstraktion. Die Erfindung von Dezimalsystem und Logarithmus fällt in diese Zeit, die Entwicklung einer medizinischen Diagnostik, die Entdeckung des Blutkreislaufs, die Hypothese einer heliozentrischen Weltordnung (die Kopernikus 200 Jahre später wieder aufgreifen sollte) und die These einer durch Anpassung und Selektion gesteuerten Entwicklung der Arten. Die Reiseberichte des Ibn Batouta (14. Jh.) gehören bis heute zu den Standardwerken des Genres, und die Aristoteles-Kommentare des Marokkaners Averroes (12. Jh.) übten einen gewaltigen Einfluß auf die abendländische Aristoteles-Rezeption, ja auf die abendländische Philosophie überhaupt aus. Die Araber dieses maurischen Mittelalters kannten den bargeldlosen Zahlungsverkehr ebenso wie die Ortsbestimmung durch Sextanten, die Herstellung von Papier war ihnen ebenso geläufig wie die Mixtur des Schwarzpulvers.

Zu den vielleicht revolutionärsten Neuerungen des 14. Jh. gehört freilich das Konzept einer rationalen, d. h. politologisch sowie sozial-

Detail von der Medersa Bou Inania in Fès

und wirtschaftswissenschaftlich orientierten Universalgeschichte, das der geniale Jurist, Diplomat, Poet, Mathematiker, Verwaltungsspezialist und Historiker Ibn Khaldoun (1332–1406) entwickelte. Knapp 500 Jahre vor Karl Marx postulierte Ibn Khaldoun die Dialektik von Basis und Überbau, beschrieb er, am Beispiel der in den arabischen Städten des Maghreb etablierten Wirtschaftsstrukturen, die Besitzverhältnisse an den Produktivkräften sowie den im Arbeitsleben erwirtschafteten Mehrwert als Faktoren, die den historischen Prozeß steuern. Als Rationalist führte Ibn Khaldoun das Gestrüpp historischer Zufälligkeiten auf einleuchtende Kausalzusammenhänge zurück. Als gläubiger Muslim begründete er die Mechanismen der historischen Gezeiten mit dem allmächtigen Wirken Allahs.

Das Spannungsverhältnis zwischen Seßhaftigkeit und Nomadentum hat Ibn Khaldoun als erster Geschichtsschreiber als ein Phänomen der islamischen Kultur thematisiert. Er formulierte als historisches (Bewegungs-)Gesetz, was die Geschichte Marokkos in der Tat jahrhundertelang geprägt hat: die Ablösung einer in dynastischer Erbfolge geregelten Zentralregierung durch unabhängige, kriegerische Nomadenstämme, die von außen eindringen, die Macht der Metropolen brechen, sich in den Städten ansiedeln und beginnen, ihrerseits eine neue Dynastie, eine neue Zentralregierung zu errichten. Die Blüte städtischer Kultur, Ibn Khaldoun hatte dies am Meriniden-Hof in Fès aus nächster Nähe erfahren, treibt die Keime ihrer Zersetzung aus sich selbst hervor. Im geschichtsphilosophischen Konzept des Ibn Khaldoun, das die Heilsgewißheit aufgrund göttlicher Vorsehung mit den materialistischen Bedingungen geschichtlichen Seins verbindet, sind die Nomaden die Träger eines historischen Fortschritts, der durchaus skeptisch begriffen wird. Sie sind es so lange, bis sie, selbst seßhaft geworden, in den Städten ihre Macht zu konservieren suchen, die sie nach dem Gesetz der Geschichte wieder an eine aus der Wüste hereinbrechende Sippe verlieren, die ihrerseits nur eine Etappe im Prozeß der Geschichte sein wird.

Man mag sich fragen, warum die kulturellen Errungenschaften dieses maurischen Mittelalters in der Gegenwart kaum Fortsetzungen gefunden haben, ja warum mehrere Staaten der islamischen Kulturwelt heute mit dem Stigma des Entwicklungslandes behaftet sind. Das Schicksal der Kolonialisierung allein ist kein Grund, der die Misere eines Dritte-Welt-Landes hinreichend erklärt. Womöglich führt ein Gedanke weiter, der die Entwicklung des Islam selbst in den Blick nimmt: Immerhin kennt der Islam keine der europäischen Aufklärung verwandte oder auch nur vergleichbare geistesgeschichtliche Revolution; keine derart radikale Neuorientierung und auch nichts von dem, was sie im Europa des 18. und 19. Jh. an emanzipatorischem Aufruhr zu entfesseln vermochte. Es gibt kein ›1789‹ in der islamischen Welt.

Die Gefahren, die dem Islam heute vornehmlich drohen – doktrinäre Erstarrung und die politisch-ideologische Willkür fundamentalistischer ›Revolutionsführer‹ –, gewinnen aus diesem Blickwinkel eine ganz eigene Dimension. Vorsichtig formuliert: Im Geistesleben der islamischen Staaten, in denen das Religiöse ein Politikum ersten Ranges und umgekehrt politisches Handeln religiös motiviert ist, fehlt jene aufklärerisch-demokratische Tradition, die für das moderne Europa konstituierend geworden ist.

1185–1199 Unter Yacoub el Mansour erreicht Marokko die größte Ausdehnung in seiner Geschichte.

ab 1200 Christliche *Reconquista* (Rückeroberung) in Andalusien. Die Flucht der spanischen Muslime nach Marokko bringt dem Land eine kulturelle Blütezeit (Koutoubia-Moschee in Marrakesch, Hassan-Moschee in Rabat).

Die Meriniden

ab 1240	Die zum Nomadenstamm der Zenata-Berber gehörenden Meriniden beginnen ihre Eroberungszüge in Ost- und Nordmarokko.
1269	Die Meriniden beherrschen das gesamte Land. Die neue Hauptstadt Fès erlebt während der Meriniden-Ära eine kulturelle Blütezeit.
1399	Die Spanier zerstören Tetouan und setzen sich an den marokkanischen Küsten fest.
1415	Ceuta wird von den Portugiesen erobert. Portugiesische Handelsniederlassungen an der marokkanischen Atlantikküste.
1465	Die Beni Ouatta (Ouattasiden), mit der Meriniden-Dynastie verwandt, übernehmen die Macht. Über weite Landesteile herrschen unabhängige Berberstämme oder religiöse Sekten.
1492	Granada, die letzte islamische Bastion in Spanien, wird von den Christen zurückerobert.

Die Saadier

um 1510	Der um die Jahrhundertwende in das Dra-Tal eingewanderte Stamm der Saadier erobert die gesamte Sous-Ebene und errichtet ein autonomes Fürstentum mit der Hauptstadt Taroudannt.
1548	Die Saadier, die sich als Scherifen (direkte Nachkommen Mohammeds) bezeichnen, übernehmen das Sultanat von den Ouattasiden. Mit den Saadiern regiert die erste arabische Dynastie über Marokko. Hauptstadt des Reiches ist wieder Marrakesch, das zu einer prächtigen Metropole ausgebaut wird.
1578	Die Saadier-Heere besiegen die Portugiesen bei Ksar el Kebir (Nordmarokko).
1578–1603	Regentschaft von Ahmed el Mansour. Höhepunkt saadischer Prachtentfaltung. Eroberung Timbuktus; Blütezeit des Gold- und Sklavenhandels, der großen Karawanen. Der Versuch der Türken (Osmanen), in Marokko einzufallen, wird bei Taza (Nordostmarokko) vereitelt.
nach 1603	Nach dem Tod Ahmed el Mansours zerfällt das Reich in zwei Teile, die von Fès und Marrakesch aus regiert werden.

Erbitterte Thronfolgestreitigkeiten (von elf Saadier-Sultanen werden acht ermordet). Rebellierende Berberstämme und einflußreiche religiöse Bruderschaften stürzen das Land in politisches Chaos. In Rabat-Salé bildet sich eine unabhängige Piraten-Republik.

bis 1614 Vertreibung der letzten Moslems (ab 1568) aus Spanien.

Die Alaouiten

seit 1620 Der arabische Stamm der Alaouiten, die sich wie die Saadier als Scherifen bezeichnen, kontrolliert das Oasengebiet des Tafilalet (Südostmarokko). Seit 1650 Eroberungszüge in ganz Marokko.

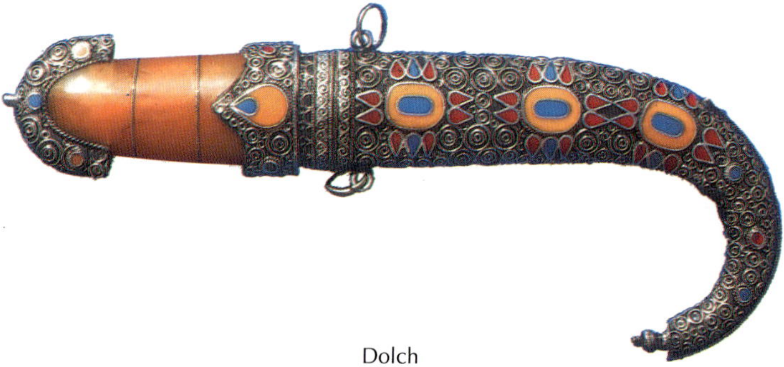

Dolch

1667 Übernahme der Regentschaft durch die Alaouiten. Die Dynastie herrscht bis heute.

1672–1727 Herrschaft von Moulay Ismail, der in seiner aufwendigen Hofhaltung mit Ludwig XIV. verglichen wird. Er gilt als grausamster Sultan der Landesgeschichte. Mit einem etwa 150 000 Mann umfassenden stehenden Heer wehrt Moulay Ismail die Türken im Osten ab und erobert zahlreiche spanische und portugiesische Küstenstützpunkte zurück. Neue Hauptstadt des Reiches wird Meknes. Handelskontakte zu Frankreich.

nach 1727 Zahlreiche Stammesrevolten, Teile der Elite-Armee ziehen als plündernde Soldateska durchs Land.

1757–1790 Konsolidierung der Sultansherrschaft während der Regentschaft von Sidi Mohammed I. Ausbau von Casablanca und Mogador (Essaouira) zu Hafenstädten.

1797/1800 Katastrophale Pestepidemien, die über 100 000 Menschenleben fordern.

1792–1822 Während der Regentschaft von Moulay Slimane kommt es im Atlas und im Rif-Gebirge immer wieder zu Revolten von Berberstämmen und religiösen Sekten.

1830 Beginn der französischen Besetzung Algeriens.

1822–1859 Unter Moulay Abd er Rahman zahlreiche Handels-, Steuer- und Zollprivilegien für die immer ungehemmter nach Nordafrika expandierenden europäischen Großmächte England, Spanien und Frankreich.

1844 Vernichtende Niederlage der marokkanischen Truppen gegen die Franzosen bei Isly (Oujda, Nordostmarokko). Im Frieden von Tanger (1845) wird die noch heute bestehende Grenze zwischen Marokko und Algerien festgelegt.

1859 Die Spanier erobern Tetouan und sichern sich das Gebiet um Sidi Ifni an der Atlantikküste (die spanische Enklave wird erst 1969 an Marokko zurückgegeben).

1873–1894 Sultan Moulay Hassan versucht vergeblich, den Einfluß der europäischen Kolonialmächte zurückzudrängen. Die Konferenz von Madrid (1880) garantiert die Handelsrechte der Europäer. Entdeckung großer Eisenerz- und Phosphatlager.

1894–1908 Regentschaft des verschwenderischen und unfähigen Sultans Abd el Aziz.

1903/04 Die Franzosen besetzen Ostmarokko und schließen Nichteinmischungsverträge mit Italien, England und Spanien ab.

1905 Kaiser Wilhelm II. besucht Tanger, um die Bergwerkskonzessionen der Firma Mannesmann abzusichern.

1906 Internationale Konferenz von Algeciras: Die europäischen Kolonialmächte (und die USA) garantieren die – lediglich nominelle – Souveränität des Sultans, erklären Marokko aber gleichzeitig zum offenen Markt. In Geheimabkommen sichern sich Frankreich und Spanien ihre Einflußsphären; die marokkanische Polizei wird den Franzosen und Spaniern unterstellt.

1908–1912 Während der Regentschaft von Sultan Moulay Hafid herrschen chaotische Zustände im Land, zahlreiche Aufstände und Berber-Revolten.

1911 Entsendung des deutschen Kanonenbootes Panther nach Agadir, um die Interessen des Deutschen Reiches in der

Sous-Ebene zu sichern. Deutschland garantiert – gegen Gebietsentschädigungen in Zentralafrika – die französische Vormachtstellung in Marokko.

Die Protektoratszeit

30. 3. 1912 Unterzeichnung der Protektoratsverträge mit Frankreich: Der marokkanische Sultan bleibt zwar nominell Staatsoberhaupt, die Macht liegt aber in den Händen des französischen Generalresidenten (erster Generalresident Frankreichs wird, bis 1925, Marschall Hubert Lyautey). Rabat wird neue Hauptstadt des Landes.

27. 11. 1912 Protektoratsvertrag mit Spanien, Übergabe einer etwa 50 km breiten Nordzone an die Kolonialmacht. Die politische Entscheidungsgewalt liegt beim spanischen Hochkommissar. Tanger wird zur Internationalen Zone erklärt.

1912–1927 Sultanat von Moulay Youssef.

1919–1934 Blutige Unterwerfung des Landes durch die Franzosen in der Sous-Ebene, im Tafilalet, in den Atlas- und Sahara-Regionen. Ansiedlung französischer Landwirte (*Colons*), die fruchtbares Ackerland für einen symbolischen Franc erwerben können. Systematische Ausbeutung der Bodenschätze (Phosphat) durch die Kolonialmächte. Die sogenannte Befriedung Marokkos kostet etwa 27 000 französische Legionäre das Leben; die Verluste auf marokkanischer Seite werden auf fast eine halbe Million Menschen geschätzt.

1921–1927 Unter dem legendären Anführer Abd el Krim kommt es zum Aufstand der berberischen Rif-Kabylen, der erst 1926/27 von Franzosen und Spaniern gemeinsam durch massiven Einsatz von Bomberstaffeln und Giftgas beendet wird.

1927–1961 Sultanat von Mohammed V. Aufbau einer kolonial gelenkten Wirtschaft, Entwicklung moderner Infrastrukturen. Landflucht und Entstehung der ersten Slums (*Bidonvilles*). Die mächtigen Stammesfürsten (*Caids),* die mit den Franzosen paktieren, herrschen im Süden als autonome Fürsten.

◁ Der Stausee Youssef Ben Tachfine (erbaut 1969–73) bewässert die Ebenen Chtouka und Sous

1930 Erlaß des sogenannten Berberedikts: Das traditionelle Berberrecht soll nach dem Willen der Franzosen wieder an die Stelle des islamischen Rechts (*Scharia*) treten. Der Versuch, Araber und Berber zu spalten, scheitert: Nach heftigem Widerstand gerade der Berber wird das Edikt 1934 kassiert.

Nov. 1942 Im Zweiten Weltkrieg landen englische und amerikanische Truppen an der marokkanischen Atlantikküste.

Jan. 1943 Konferenz von Casablanca: Der amerikanische Präsident Roosevelt garantiert das Selbstbestimmungsrecht des marokkanischen Volkes und sagt Mohammed V. Hilfe bei der Auflösung der Protektoratsverträge zu.

1943 Gründung der Istiqlal-Partei (*Istiqlal* = Unabhängigkeit), die zur Keimzelle des nationalen Widerstandes gegen die Franzosen wird.

April 1947 Mohammed V. erklärt sich in Tanger mit den politischen Zielen der Istiqlal solidarisch.

Dez. 1952 Generalstreik. Brutale Armee-Einsätze der Franzosen, die allein in Casablanca über 500 Menschenleben fordern.

1953 Auf Betreiben El Glaouis, des mit den Franzosen kollaborierenden Paschas von Marrakesch, wird der Analphabet Ben Arafa als Gegensultan eingesetzt.

20. 8. 1953 Die Franzosen schicken Sultan Mohammed V. mit seiner Familie ins Exil nach Madagaskar. Er wird für die Bevölkerung zum Märtyrer, die Istiqlal zur Massenbewegung.

1955 Absetzung Ben Arafas. Im August werden über 1000 französische Siedler ermordet, blutiger Gegenschlag der Franzosen. Aufruhr in der gesamten französischen Zone, internationale Proteste gegen das Vorgehen der Kolonialmacht.

Okt. 1955 Rückkehr Mohammeds V. aus dem Exil. El Glaoui unterwirft sich dem Sultan.

16. 11. 1955 Mohammed V. zieht als nationaler Befreier in Rabat ein.

2. 3. 1956 Unabhängigkeitserklärung der französischen Zone, Auflösung der Protektoratsverträge. Die Währungsunion mit Frankreich bleibt bis 1959 bestehen.

7. 4. 1956 Unabhängigkeitserklärung der spanischen Zone, Auflösung der Protektoratsverträge. Im Oktober 1956 wird das Statut der Internationalen Zone von Tanger aufgehoben.

Das unabhängige Marokko

1957 Mohammed V. nimmt den Titel eines Königs an und ernennt seinen ältesten Sohn Hassan zum Thronfolger. – ›Remarokkanisierung‹ des Landes, Zusammenbruch der Wirtschaft nach dem Abzug ausländischen Kapitals und europäischer Fachkräfte.

1958 Rückgliederung der spanischen Provinz von Tarfaya – die spanische Enklave von Ifni wird erst im März 1969 an Marokko abgetreten.

26. 2. 1961 Tod König Mohammeds V.

3. 3. 1961 Hassan II. besteigt 31jährig den scherifischen Königsthron.

1962 Erste Verfassung des unabhängigen Marokko: Das Land wird konstitutionelle Monarchie.

1963 Marokko ist Gründungsmitglied der OAU (Organisation der Afrikanischen Einheit). Schwere Grenzgefechte gegen Algerien. Vor den Wahlen zum ersten Parlament werden zahlreiche Gewerkschafter und Oppositionsführer verhaftet. Elf einer Verschwörung Angeklagte werden öffentlich hingerichtet.

1965 Die Armee schlägt Schüler- und Studentenunruhen blutig nieder. Hassan II. löst das Parlament auf und verhängt den Ausnahmezustand.

1970 Eine neue, abgeänderte Verfassung tritt, durch Plebiszit angenommen, in Kraft. (Eine weitere Verfassungsreform folgt im März 1972, die, 1977 geringfügig modifiziert, ein Einkammerparlament anstelle des 1963 geschaffenen Zweikammerparlamentes vorsieht.)

10. 7. 1971 Hassan II. überlebt einen Putschversuch konservativer Militärs. Das erst 1970 einberufene Parlament wird aufgelöst; zahlreiche Verhaftungen und Hinrichtungen.

1972 Ein zweites Attentat hoher Armee-Offiziere auf den König scheitert. Hassans Innen- und Verteidigungsminister, General Mohammed Oufkir, wird als Rädelsführer entlarvt – der ranghöchste marokkanische Militär soll im Königspalast von Rabat Selbstmord verübt haben. Schwere Repressalien gegen die politische Opposition des Landes.

1973 Die Marokkanisierungsgesetze sehen die Enteignung ausländischer Grundbesitzer und die Ausschaltung aller Ausländer in Industrie und Handel vor. Mindestens 51 % des Kapitals in Firmen und Aktiengesellschaften müssen von Marokkanern gehalten werden.

6. 11. 1975 Erste Etappe des ›Grünen Marsches‹: Der König ruft zur ›friedlichen Landnahme‹ auf, und 350 000 marokkanische Zivilisten ziehen in die ehemalige spanische Kolonie West-Sahara ein. Als Wiederherstellung der territorialen Integrität propagiert, beginnt die lange und blutige Unterwerfung der phosphatreichen West-Sahara-Gebiete.

1976 Die Polisario, von der UNO inzwischen als rechtmäßiger Interessenvertreter der Sahraoui anerkannt, fordert die Unabhängigkeit der West-Sahara und ruft in Algier die Demokratische Arabische Republik Sahara (DARS) aus, die inzwischen von etwa 80 Staaten diplomatisch anerkannt ist. Seit 1976 kämpft die etwa 150 000 Mann starke marokkanische West-Sahara-Armee in einem verlustreichen Krieg gegen die Guerilla-Verbände der Polisario.

1977 Erste freie Wahlen seit 1963.

1979 Mauretanien gibt den besetzten Südteil der West-Sahara auf; marokkanisches Militär annektiert daraufhin auch dieses Gebiet. Mauretanien schließt einen Friedensvertrag mit der Polisario und erkennt 1984 die DARS diplomatisch an.

ab 1981 Marokko beginnt mit der Anlage eines heute etwa 2500 km langen Systems von sechs mit amerikanischen Radarsystemen bestückten Schutzwällen. Der West-Sahara-Konflikt kostet das Land seither schätzungsweise 400 Mio. bis 600 Mio. US-$ im Jahr.

Juni 1981 Nach der Aufhebung der Subventionierung für Grundnahrungsmittel (und damit verbundenen Preiserhöhungen von bis zu 76 %) kommt es besonders in Casablanca zu Brotrevolten, die von der Armee niedergeschlagen werden. Die Opposition spricht von 500 Toten, etwa 1000 Verletzten und über 7000 Verhafteten.

1983 General Ahmed Dlimi, Chef des Sicherheitsdienstes und Kommandant der Sahara-Armee, kommt unter bis heute ungeklärten Umständen ums Leben.

Jan. 1984 Erneute Brotrevolten im ganzen Land.

1984 Marokko verläßt die OAU.

Sept. 1984 Parlamentswahlen: Regierungskoalition der königstreuen Parteien.

Aug. 1985 Papst-Besuch in Marokko.

Juli 1986 Der israelische Premier Shimon Peres konferiert mit Hassan II.; erbitterte Proteste aus dem arabischen Lager.

Mai 1988 Marokkanisch-algerische Aussöhnung.

1988/1989 Marokko beantragt mehrfach eine Voll-Mitgliedschaft in der Europäischen Gemeinschaft.

Aug. 1988 Plan für einen Waffenstillstand in der West-Sahara. Ein von der UNO überwachtes Referendum in der Region steht bis heute aus.

Jan./Feb. 1989	Gründung der Union des Arabischen Maghreb in Marrakesch (Mitgliedsstaaten: Marokko, Algerien, Tunesien, Libyen und Mauretanien). Offizielle Gespräche Hassans mit Polisario-Vertretern.
Dez. 1989	Die Parlamentswahlen werden auf 1991 verschoben.
Mai 1990	Abwertung des Dirham um 9,25 %. – Die Oppositionsparteien bringen ein Mißtrauensvotum gegen die Regierung ein. Die folgende, tagelange Parlamentsdebatte über die sozialen Mißstände des Landes wird erstmals in der Geschichte des modernen Marokko durch die Massenmedien öffentlich gemacht.
Aug. 1990	In der Golfkrise bezieht Marokko Stellung gegen den Irak und entsendet Truppen an den Persischen Golf.
Jan./Feb. 1991	Auf den größten Massendemonstrationen der marokkanischen Geschichte wird heftiger Protest gegen die Anti-Irak-Politik des Königs geäußert. Generalstreik, schwere Ausschreitungen in den großen Städten, Zusammenbruch des Tourismus.
1991/1992	Reformen in Richtung einer dosierten Demokratisierung des Landes; Amnestiegesetz, Stärkung des Parlaments.
Sept. 1993	Einweihung der Grande Mosquée Hassan II. in Casablanca.
Sept./Okt. 1993	Im 2. Wahlgang der Parlamentswahlen erreicht der königstreue ›Wifak‹-Parteienblock eine Mehrheit von 154 der insgesamt 333 Mandate. Die von Hassan II. propagierte Regierung eines nationalen Ausgleichs kommt durch die Verweigerung der Opposition nicht zustande.
Mai 1994	Außenminister Abdellatif Filali wird Premierminister.
Sept. 1996	Ein mit überwältigender Mehrheit angenommenes Verfassungsreferendum sieht den Aufbau eines neuen Zwei-Kammer-Parlamentes vor.
April 1997	Gründung einer deutschen Außenhandelskammer in Casablanca.
Sept. 1997	Bei Direktverhandlungen in Houston einigen sich Regierungsmitglieder Marokkos und Polisario-Vertreter über die Anzahl der Stimmberechtigten (80 000) in der West-Sahara. Das von der UNO seit Jahren angemahnte Referendum ist für 1998 geplant.
März 1998	Mit Abderrahmane Youssoufi hat Marokko erstmals in seiner Geschichte einen sozialistischen Premierminister. Bildung einer Mitte-Links-Regierung.

Hassan II.

Ein absoluter Monarch

Sein Gesicht ist im Land allgegenwärtig, jovial lächelnd oder zur staatsmännischen Pose gefroren. Seine Porträtfotografien zieren die Foyers der Luxushotels ebenso wie die schäbigste Werkstatt, sein Konterfei prangt auf Briefmarken und Münzen. Seine Ansprachen sind adressiert an sein »liebes Volk«. Die alljährlich im März zelebrierten Gedenkfeiern seiner Thronbesteigung sind mit schöner Regelmäßigkeit grandiose Spektakel der Huldigung. An der (inzwischen mehrfach revidierten) Verfassung des unabhängigen Marokko, die seit 1962 die Grundzüge einer konstitutionellen Monarchie fixiert, hat der Monarch höchstselbst mitgearbeitet. Den Entwurf bezeichnete er als »Bestätigung des heiligen Bündnisses«, das »Volk und König miteinander verbindet«. Artikel 23 verkündet lapidar: »Die Person des Königs ist heilig und unverletzlich.«

Landesvater, Patriarch, Despot – das begriffliche Arsenal hilft hier nicht weiter. Hassan II. regiert Marokko seit 1961 als Autokrat. Seine Kontrolle über das politische Leben des Landes ist eine totale. Sein Regierungsstil mag den europäischen Beobachter gelegentlich anmuten wie eine verwirrende Kombination von altorientalischer Selbstherrlichkeit und den Techniken moderner Diktaturen. Die klassische Lehre der Gewaltenteilung, wie sie die westlichen Demokratien als staatsrechtliches Fundament ausgebildet haben, ist in der Person des Regenten außer Kraft gesetzt. Hassan II. regiert als politisches Oberhaupt und ›Emir der Gläubigen‹ in Personalunion, als unantastbare weltliche und geistliche Instanz – ein Vermittler zwischen Gott und den Menschen. Ein direkter Nachfahre des Propheten, ist Hassan II., ältester Sohn des charismatischen, 1961 verstorbenen Königs Mohammed V., ein Sproß der Alaouiten-Dynastie, die Marokko seit 1667 regiert. Kein Emporkömmling, sondern ein Monarch, der eine jahrhundertealte Tradition hinter sich weiß.

Der marokkanische König steht über allen politischen Interessenvertretungen, über Parteien, Verbänden, Gewerkschaften. Er fällt seine Entscheidungen in einsamer Exklusivität, allenfalls mit Hilfe ausgesuchter Beraterstäbe. Der Monarch weist den Parteien ihre Rolle an, er kontrolliert das Parlament, nicht etwa umgekehrt. Die politische Opposition ist eine Opposition von Hassans Gnaden. Undenkbar, daß

eine parlamentarische Initiative ein Mehrheitsvotum gegen den Monarchen durchsetzen könnte.

Hassan II. kann jederzeit den Ausnahmezustand verhängen, das Parlament auflösen, Wahlen anberaumen oder verschieben. Er kann Gesetze erlassen, er leitet den Ministerrat, er bestimmt die Direktiven der Wirtschaft, er befehligt als ranghöchster Militär die Armee. Seine Entscheidungen sind Diktate in letzter Instanz – wer wollte dagegen auch Berufung einlegen, und wo?

Westliche Korrespondenten bringen das politische System in Marokko oft auf den Begriff einer sich als Demokratie maskierenden absolutistischen Herrschaft. Andererseits: In den Funktionen des Parlaments, so begrenzt sie auch sein mögen, verwirklicht sich zumindest ein Stück praktischer Demokratie. Immerhin ist Marokko eines der wenigen Länder Afrikas, das ein von der Verfassung geschütztes Mehrparteiensystem besitzt. Es gibt mehrere Gewerkschaftsverbände, die vom verfassungsmäßig verbürgten Streikrecht regen Gebrauch machen. Das Land hat eine – vergleichsweise – freie Presse und ein weitgehend liberales Wirtschaftssystem.

Mit seiner eigentümlichen Mischung aus konstitutionellen und absolutistischen Elementen ist Marokko eine Monarchie sui generis. Der märchenhaft reiche König – Kritiker Hassans schätzen sein persönliches Vermögen auf 40 Mrd. US-$ – hat in seinem Erinnerungsbuch »Le défi« einmal die Basis seines Selbstverständnisses so formuliert: »Ein König«, heißt es da, »darf alles, nur nicht abdanken.« Unvorstellbar, daß der 1929 geborene Herrscher die politische Arena vorzeitig verläßt.

Die aktuelle politische Situation

Innenpolitik

Am Vorabend seines 30jährigen Thronjubiläums, im Frühjahr 1991, sah sich Hassan II. mit einer der schwersten innenpolitischen Krisen seiner Regentschaft konfrontiert. Das marokkanische Engagement im Golfkrieg hatte eine landesweite Revolte entfesselt, in der sich Anti-Amerikanismus und proirakisches Sentiment, arabische Solidarität mit dem geschundenen ›Brudervolk‹ am Golf und Protest gegen die soziale Misere im eigenen Land zu einer hochexplosiven Mischung fügte. Auch mit einem eingespielten Repressionsapparat ließ sich dieser Aufruhr kaum noch zügeln. Die von Hassan II. in den frühen 90er Jahren eingeleitete Politik einer vorsichtigen demokratischen Öffnung, die die Grundfesten des ›Hassanismus‹ freilich unangetastet ließ, ist als geschickte Reaktion auf die Tumulte des blutigen Frühlings 1991 zu werten.

Im März 1991 verfügte Hassan II. eine Amnestie für etwa 2000 Häftlinge – die Familie des 1972 getöteten Putsch-Generals Mohamed Oufkir kam nach fast 19 Jahren Sippenhaft frei; im September wurde der prominente Regimekritiker Abraham Serfaty nach 17jähriger Haft freigelassen, das grausige Konzentrationslager Tazmamart (Region Ouarzazate) wurde geschleift. Im September 1992 wurde mit angeblich 99,98 % Ja-Stimmen ein Verfassungsreferendum angenommen, das die Rechte des Parlamentes wenigstens formal erweiterte.

Was hier bereits in Ansätzen kenntlich wird – demokratische Zugeständnisse auf der Grundlage monarchistischer Herrschaft –, ist das Kennzeichen der politischen Veränderungen im Marokko vor der Jahrtausendwende. Es ist nach wie vor die religiöse Komponente der marokkanischen Monarchie – übrigens eine der ältesten der Welt –, die die politische sanktioniert, nicht etwa umgekehrt. Die pompöse Einweihung der Grande Mosquée Hassan II. in Casablanca (1993) hat dies für westliche Beobachter nachdrücklich illustriert.

Bei den Parlamentswahlen 1993 verständigten sich die Sozialisten der Union Socialiste des Forces Populaires (USFP) und die bürgerlichen Nationalisten der Istiqlal-Partei auf ein ideologisch durchaus heikles Oppositonsbündnis (Koutlah). Im ersten Wahlgang noch überlegen, verlor der Koutlah-Block seine Mehrheit im zweiten Wahlgang (ein Drittel der Mandate wurde 1993 in indirekten Wahlen vergeben) an das konservative Parteienkartell der königstreuen Kräfte. Nicht gewillt, sich in eine konservativ dominierte Regierung einbinden und damit neutralisieren zu lassen, schlug USFP-Generalsekretär Abderrahmane Youssoufi alle entsprechenden Angebote des Monarchen aus, trat von seinem Parteiamt

Eine Generation im Wartestand

Marokko ist ein junges Land, das für seine Jugend freilich nicht viel übrig hat. Rund ein Drittel der Bevölkerung ist jünger als 15 Jahre; die marokkanische Jugend hat so etwas wie eine politische Alternative oder auch nur die öffentliche Diskussion darüber niemals erlebt – König Hassan II. regiert das Land seit 1961 als Autokrat.

Wer sich mit jungen Marokkanern unterhält, wird häufig eine tiefverwurzelte Ratlosigkeit und große Hoffnungslosigkeit feststellen, für die es freilich handfeste soziale Gründe gibt. Realistische Schätzungen gehen davon aus, daß etwa jeder dritte Jugendliche keine Arbeit hat. Viele Studenten klagen mit Recht über extrem verschulte, realitätsferne Ausbildungsgänge, die immer mehr diplomierte Arbeitslose produzieren. In die berufsorientierte Ausbildung an Fachhochschulen, in die naturwissenschaftlich-technischen Disziplinen und in ausbildende Handwerksbetriebe ist jahrelang vergleichsweise zu wenig investiert worden.

Wenn der Eindruck nicht täuscht, hat sich eine Mehrheit dieser vielfältig desillusionierten Jugend längst von der offiziellen Politik abgewandt – und wird auch von Slogans oder Wahlaufrufen nicht mehr erreicht. Es ist kein Zufall, daß radikale Islamisten gerade an den Oberschulen und den Universitäten großen Zuspruch finden; an den meisten Fakultäten der marokkanischen Universitäten ist die Nationale Studenten-Union fest in den Händen der Islamisten.

Da sich der Staat im Zuge der ›Strukturanpassungspolitik‹ der 90er Jahre aus wichtigen sozialen Zuständigkeitsbereichen immer mehr zurückgezogen hat, haben die islamistischen Gruppierungen vor allem mit Hilfe billiger sozialer Dienstleistungen zahlreiche Anhänger rekrutieren können. Nicht zuletzt um den Einfluß der Islamisten zurückzudrängen, sind jüngst etliche privat organisierte Hilfsprojekte entstanden. Ein Beispiel von vielen: Mit seiner ›Stiftung Zakoura‹ bemüht sich der marokkanische Unternehmer Noureddine Ayouche, besonders arbeitslosen Jugendlichen mit einem zinsgünstgen Kleinkredit (den in Marokko keine Bank gewähren würde !) den Start in die berufliche Selbständigkeit zu ermöglichen. Die Resonanz, so Ayouche, habe bewiesen, daß ein immenses Bedürfnis nach einer derartigen Anschubfinanzierung besteht, die Rückzahlungsquote liege über seinen kühnsten Erwartungen. In Zukunft will der Unternehmer, durchaus in Zusammenarbeit mit staatlichen Stellen, berufliche Ausbildungslehrgänge für arbeitslose Jugendliche aufbauen. Er weiß warum...

zurück und ging im Herbst 1993 ins Exil nach Frankreich.

Das von Hassan II. im November 1993 installierte Technokraten-Kabinett unter Mohamed Karim Lamrani agierte nur bis zum Mai 1994 – bis mit dem neuen Premierminister Abdellatif Filali, als langjähriger parteiloser Außenminister einer der loyalsten Gefolgsleute des Monarchen (Filalis Sohn Fouad ist mit der ältesten Königstochter Lalla Mariam verheiratet), ein kompetenter, moralisch integerer Regierungschef die Amtsgeschäfte übernahm.

Im September 1996 wurden in einem Referendum die Pläne zum Aufbau eines neuen Zwei-Kammer-Parlaments abgesegnet. Zwar wird das Unterhaus inzwischen in direkten Wahlen bestimmt, die zweite Kammer (Senat, insgesamt 255 Mandate) geht freilich aus indirekten Wahlen (Wahlmänner) hervor, an denen die Kollegien des Staatsrats, der Berufsgenossenschaften, der Handwerksgilden und der Gewerkschaften teilnehmen. Nicht zu Unrecht befürchtet die marokkanische Opposition, daß diese Reform die parlamentarische Demokratie im Land gerade nicht fördert – schon deshalb, weil die Senatsmandate bewußt einer konservativen Klientel vorbehalten sind und weil der Senat sowohl in der Haushaltspolitik als auch in der legislativen Praxis gegenüber der ersten Kammer eindeutig privilegiert ist.

In die seit Jahren festgefahrenen Verhandlungen um den Status der West-Sahara ist seit September

Marokkaner in Diskussion

1997 wieder Bewegung gekommen, seit sich Vertreter der Polisario und der marokkanischen Regierung unter der Vermittlung des früheren US-Außenministers James Baker in Houston auf die Modalitäten für ein Referendum (u.a. Fixierung der Zahl der Stimmberechtigten auf 80 000) in dem umstrittenen Gebiet zu einigen vermochten. Unter Federführung der UNO (Minurso) wurde das Gros der Stimmberechtigten 1998 registriert; das Referendum, in dem über Autonomie oder Anschluß der Region an Marokko entschieden werden soll, ist für 1999 avisiert.

Bei den Unterhaus-Wahlen vom September 1997 (Wahlbeteiligung: 58 %) lagen das Koutlah-Bündnis (102 Mandate), der konservative Wifak-Block (100 Mandate) und die Zentrumsparteien (97 Mandate) fast gleichauf; bei den indirekten Senatswahlen zur zweiten Kammer vom Dezember 1997 gelang den staatstragenden Mitte-Rechts-Parteien ein überwältigender Wahlsieg. Um eine Selbstblockade der Parteienpolitik zu vermeiden, ernannte Hassan II. im Frühjahr 1998 den bereits 1995 in die politische Arena zurückgekehrten Sozialisten Abderrahmane Youssoufi zum neuen Premierminister. Seit März 1998 hat Marokko erstmals in seiner Geschichte eine von einem sozialistischen Premier geführte Regierung, in der die USFP mehrere Minister stellt. Freilich hatte der Monarch auf dem Verbleiben einiger getreuer Gefolgsleute im neuen Kabinett bestanden: So behält Abdellatif Filali das Außenministerium, Driss Basri, als Chef der Sicherheits- und Geheimdienste vermutlich Hassans II. wichtigster Vertrauter, führt weiterhin das Innen- und Informationsministerium.

Youssoufi hat im Sommer 1998 die Grundzüge seines Regierungsprogramms vorgestellt, das in weiten Teilen der Öffentlichkeit, sogar bis ins Unternehmerlager hinein, breite Zustimmung fand. Wenn Youssoufi, 1924 in Tanger geboren, auch nur Teile dieses Programms realisieren und gegen zu vermutende Widerstände im Kabinett sowie im Senat (Oberhaus) durchsetzen kann, dann wird das Marokko der Jahrtausendwende radikale Veränderungen erfahren. Zumindest in der politischen Rhetorik zeigt sich Youssoufi entschlossen, Arbeitslosigkeit, Korruption und Analphabetismus zu bekämpfen, eine Verwaltungsreform in die Wege zu leiten, die Privatisierung voranzutreiben, die Staatsverschuldung abzubauen, soziale Gerechtigkeit zu schaffen. Seit der Unabhängigkeit hat sich noch keine Regierung so entschieden der „sozialen Frage“ angenommen wie die von Youssoufi geführte. Was sich, von couragierten Personalentscheidungen des Monarchen forciert, in den Vorgän-

Die Religion bestimmt auch die Politik: Minarett der Moschee in Fès

gen des Jahres 1998 andeutet, kann als „Sozialdemokratisierung" der marokkanischen Innenpolitik gelten. Diese unübersehbare Akzentverschiebung ist auch ein Reflex auf das Erstarken radikalislamischer Kräfte, die ihre Anhänger bisher vornehmlich in der Studentenschaft sowie in den von der sozialen Misere besonders hart betroffenen Schichten fanden.

Außenpolitik

Hassan II., inzwischen ein Veteran in der politischen Arena, ist ein gefragter Vermittler in internationalen Konflikten, und nicht nur in innerarabischen Auseinandersetzungen hat er politischen Weitblick sowie diplomatisches Fingerspitzengefühl bewiesen. Als Vorsitzender des Jerusalem-Komitees der Islamischen Konferenz hat er sich maßgeblich für den Dialog zwischen Israel und der Palästinensischen Befreiungsorganisation (PLO) eingesetzt. Innerhalb der Arabischen Liga hatte er entscheidenden Anteil an der Wiederaufnahme Ägyptens, mehrfach wurde er als Vermittler im Libanon-Konflikt angerufen. Die 1989 mit hochfahrenden Plänen gegründete Union des Arabischen Maghreb (UMA) existiert bis heute freilich nur auf dem Papier.

Das marokkanisch-algerische Verhältnis, jahrelang durch die algerische Unterstützung für die Polisario schwer belastet, ist seit den späten 80er Jahren entscheidend verbessert; längst sind sämtliche Grenzübergänge geöffnet, die Staaten haben ihre diplomatischen Kontakte wiederaufgenommen. Seit sich die Islamische Heilsfront (FIS) in Algerien als politischer Machtfaktor etabliert hat, zeigt sich das Verhältnis zum arabischen Nachbarn allerdings wieder nachhaltig getrübt. Im Spätsommer 1994 führte ein der FIS angelastetes Attentat in Marrakesch zu erheblichen Verstimmungen – und zur gegenseitigen Einführung der Visapflicht.

Marokkos mit Abstand wichtigster politischer und wirtschaftlicher Partner in Europa bleibt Frankreich. 1990/91 waren die bilateralen Beziehungen zwar bis auf allerhöchste politisch-diplomatische Ebenen zu offener Feindschaft eskaliert: provoziert durch Gilles Perraults politische Hassan-Biographie »Notre Ami Le Roi«, durch Abdelmoumen Diouris exzellente Wirtschaftsstudie »À qui appartient le Maroc« (›Wem gehört Marokko?‹), durch Michel van der Yeughts Essay »Le Maroc à nu« (etwa: ›Marokko ungeschönt‹) sowie durch das nachhaltige Engagement von Danielle Mitterand, Witwe des ehemaligen französischen Präsidenten, für die Polisario. Seit Herbst 1992 präsentiert sich das marokkanisch-französische Verhältnis wieder als stabil, seit der Präsidentschaft Jacques Chiracs sogar als exzellent.

Obwohl Spanien im Mai 1991 den Visumzwang für Marokkaner eingeführt hat, obschon die Bedingungen einer marokkanischen 200-

Seemeilen-Hoheitszone vor der Atlantikküste zwischen Rabat und Madrid weiterhin ungeklärt sind und obschon Marokko seit Jahrzehnten vergeblich auf der Herausgabe der spanischen Enklaven Ceuta und Melilla besteht – das Verhältnis zu Spanien ist seit Jahren ein gutnachbarschaftliches. Beide Staaten unterzeichneten im Juli 1991 ein weitreichendes Freundschafts- und Kooperationsabkommen; im Zuge der seit 1992 forcierten Privatisierungsmaßnahmen haben gerade spanische Unternehmen in erheblichem Umfang in Marokko investiert. In der marokkanischen Außenhandelsstatistik rückte Spanien 1992 sowohl bei den Importen wie bei den Exporten hinter Frankreich auf den zweiten Rang vor.

Nach wie vor gilt Marokko, ein Land von großer geostrategischer Bedeutung, als verläßlicher Partner des westlichen Bündnisses. Das Verhältnis Marokkos zu den USA ist traditionell gut, noch immer unterhalten die Amerikaner, etwa in der Nähe von Tanger, mehrere Luftwaffenstützpunkte im Land. Ebenfalls ungetrübt ist das Verhältnis zu Deutschland; gerade in Marokko ist der deutsche Wiedervereinigungsprozeß mit enormer Anteilnahme verfolgt und kommentiert worden. Führende marokkanische Unternehmer, zuletzt auch der frühere Regierungschef Filali, zeigten sich immer wieder enttäuscht über das mangelnde Interesse deutscher Firmen, nach der Privatisierungswelle in Marokko verstärkt zu investieren.

Gänzlich ungeklärt ist nach wie vor der völkerrechtliche Status der von Marokko seit 1975 annektierten West-Sahara-Provinzen. Das immer wieder angekündigte und seit Jahren verschleppte Referendum, in dem die Saharouis über Unabhängigkeit der West-Sahara oder Anschluß an Marokko entscheiden sollen, ist bisher regelmäßig an Streitigkeiten über die Anzahl der Abstimmungsberechtigten gescheitert. Keineswegs de jure, wohl aber de facto ist die Eingliederung des umkämpften Gebietes in den marokkanischen Staatsverbund längst vollzogen worden. Seit Jahren spielt der marokkanische König mit den in der West-Sahara als Beobachter stationierten UNO-Blauhelmen (Minurso) ein entwürdigendes Katz-und-Maus-Spiel.

In ihrem 1997er Jahresbericht prangert die Gefangenenhilfsorganisation amnesty international mit Recht schwere Menschenrechtsverletzungen gerade in der West-Sahara an: willkürliche Verhaftungen, grausige Foltermethoden, Verschwindenlassen oppositioneller Saharouis, schwere Mißhandlungen durch marokkanisches Militär etc.

»Es gibt in diesem Land keine politischen Gefangenen mehr«, versicherte der Monarch in einem Interview mit der französischen Tageszeitung Libération vom 7. 7. 1992. Amnesty international gibt in ihrem jüngsten Jahresbericht die Zahl der politischen Gefangenen in Marokko und in der West-Sahara mit »mehr als 50« Häftlingen an.

Kunst, Kultur und Religion

Die Religion des ›vollkommenen Propheten‹

Römische Ruinen und vorislamische Kasbahs

Die islamische Formensprache: kunstvolle Arabeske, Kalligraphie und Mosaiken

Literarische Wege in den Maghreb

Die Massenmedien

Innenhof des Königspalastes in Rabat

Der Islam

»Eine Darlegung für die Menschen und eine Rechtleitung und Ermahnung für die Gottesfürchtigen« (Sure 3, 138): Diese im Koran, dem durch Mohammed offenbarten Wort Gottes, geradezu beiläufig ausgesprochene Selbstcharakterisierung skizziert in aller Knappheit die für den Islam grundlegende Verschränkung von weltlicher und religiöser Sphäre. Konkrete Handlungsanweisungen für den Alltag (wie Speiseverbote oder Kleidervorschriften), detaillierte Erörterungen erb- oder familienrechtlicher Fragen und lyrische Meditationen über das Wesen Allahs finden sich im Koran stets in für uns verwirrend unverbundener Abfolge. Die dem christlich-abendländischen Denken geläufige Trennung von Profanem und Religiösem ist dem Islam gänzlich fremd: Der marokkanische König ist seit jeher politischer Führer und religiöses Oberhaupt in einer Person, und seine Erlasse zur Tagespolitik finden ihre Rechtfertigung vor dem Angesicht Allahs. Der Koran bildet die Grundlage der gesamten arabisch-islamischen Weltsicht und Kultur. Seit über 1300 Jahren hat er das Denken, Handeln und Fühlen der Muslime entscheidend bestimmt.

Mohammed (570–632), der letzte und vollkommenste der Propheten Allahs, begann um 610 in ersten öffentlichen Predigten in Mekka die Grundzüge einer neuen, monotheistischen Religion zu entwerfen. Aus ärmlichen Verhältnissen stammend und früh verwaist, machte der strebsame junge Mann als Händler Karriere in der Firma der wohlhabenden Kaufmannswitwe Khadija. Im Jahre 595 heiratete er die 15 Jahre ältere Khadija; aus der Ehe gingen sechs Kinder hervor.

Die Legende berichtet, daß Mohammed in der Einsamkeit der Wüste durch den Erzengel Gabriel zum Propheten berufen wurde. Seine ersten Predigten geißelten unmißverständlich den unlauteren Lebenswandel der Mekkaner Oligarchen, die vornehmlich aus Gewinnsucht am zentralen Heiligtum der Arabischen Halbinsel, der Kaaba, einen durch Wallfahrts- und Massentourismus schon damals höchst profitablen Götzendienst eingerichtet hatten. Mohammeds Kritik traf den wirtschaftlichen Nerv des altarabischen Wallfahrtszentrums; was Wunder, daß die Mekkaner Kaufmannschaft den unliebsamen Störenfried nach Kräften verfolgte und immer neuen Schikanen aussetzte.

Die Situation eskalierte im Jahre 622, so daß der Prophet gezwungen war, mit seinen Getreuen Mekka zu verlassen, um im etwa 400 km entfernten Yathrib Zuflucht zu suchen. Nicht von ungefähr markiert dieser Auszug aus Mekka, die Hedschra, den Beginn der islamischen Zeitrechnung. Einer Legende zufolge gab sich die Stadt Yathrib beim Einzug des Propheten einen neuen Namen: Medina, abgeleitet von Medinat an Nabi, Stadt des Propheten. Religionsstifter und Machtpolitiker in einem, zog Mohammed 630 mit seinem Heer und großer Gefolgschaft siegreich in Mekka ein. Er ließ die Götzenbilder zerstören und bestimmte die Kaaba zur höchsten Kultstätte der neuen Religion, die allmählich auch in der Heimatstadt des Propheten immer mehr Anhänger fand. Mohammed starb 632 in Medina.

Im Zentrum der islamischen Lehre (*Islam* bedeutet sinngemäß ›Unterwerfung unter den Willen Gottes‹), die heute weltweit etwa 1,2 Mrd. Gläubige zählt, steht das Bekenntnis zu Allah, dem einen und einzigen Gott. Die Muslime (wörtlich: ›die in den Stand des Heils Eingetretenen‹) glauben weder an die im christlichen Denken verankerte Trinität noch an eine Gottes-Sohnschaft Jesu; die koranische Lehre lehnt die Kreuzigung Jesu ebenso ab wie den Begriff der Erbsünde. Die Allmacht und Schöpferkraft Allahs, des einzigen Gottes, werden im Koran in immer neuen Wendungen zu anderen denkbaren Gottheiten abgegrenzt.

Den Islam lediglich mit einer nüchternen Gesetzes-Frömmigkeit gleichzusetzen ist ein altes abendländisches Mißverständnis. Unter der Oberfläche des gleichsam offiziellen Hoch-Islam hat sich von Anbeginn, obschon von orthodoxen Schriftgelehrten vehement bekämpft, ein mystischer Grundzug behauptet, der in zahlreichen Sekten und in den Traditionen des Volksglaubens, in der Heiligenverehrung des Maraboutismus sowie in Reliquienkulten und magischen Praktiken bis heute Bestand hat. Diese höchst verschiedenartigen mystischen Bewegungen werden gemeinsam unter den Begriff Sufismus gefaßt.

Auf fünf Säulen, so verkündet die Überlieferung, ist der Islam erbaut. Es sind dies:

Das Glaubensbekenntnis (*Sahada*): »Es gibt keinen Gott außer Allah, und Mohammed ist sein Prophet« – diese Formel verpflichtet den Muslim auf gläubiges Vertrauen in Allah; sie impliziert eine strikte Ablehnung aller anderen Götter.

Das rituelle Gebet (*Salat*). Jeder Muslim ist aufgefordert, fünfmal täglich (in der Morgendämmerung, mittags, nachmittags, abends, bei Einbruch der Nacht) Zwiesprache mit Allah zu halten. Eine rituelle Waschung muß diesem in Richtung Mekka zu sprechenden Gebet vorausgehen. Lediglich für das Mittagsgebet am Freitag, dem Feiertag der Muslime, ist der Besuch einer Moschee vorgeschrieben; ansonsten benötigen die Gläubigen für das Gebet keine sakralen Orte. Wohl aber ist eine Art innerer Einkehr, die Anwesenheit des Herzens, für das Gebet wie für alle religiösen Handlungen unerläßliche Voraussetzung. Die Gebetszeiten werden durch den Ruf des Muezzin angekündigt.

Ramadan

Das Fasten der Sinne

Die Szenerie behält etwas Gespenstisch-Irreales, obschon sie sich vier Wochen lang jeden Abend wiederholt. Die Stadt wirkt verlassen, ganze Viertel liegen wie ausgestorben in der Abenddämmerung, eine menschenleere Siedlung, entvölkert wie nach einem Angriff, der keine Überlebenden kennt. Das anfangs beklemmende Bild wird sich in den nächsten zwei Stunden kaum ändern; inzwischen ist die Dämmerung der Nacht gewichen, die Zeit scheint den Atem anzuhalten – und dann, ähnlich unvermittelt, wie die Stadt sich im letzten Licht zu entvölkern schien, beginnt sie sich wieder zu beleben, die Straßen sind verstopft, die Cafés dicht besetzt, die Läden überfüllt.

Das allabendliche Phänomen findet eine höchst einfache Erklärung. Der Ramadan, der islamische Fastenmonat, ist für den europäischen Beobachter zunächst einmal ein Monat der kuriosen Zeitverschiebung. Die marokkanischen Städte liegen vier Wochen lang tagsüber im Halbschlaf, das alltägliche Leben, auf die nötigsten Verrichtungen beschränkt, verläuft in permanenter Zeitlupe, Läden und Behörden sind, wenn überhaupt, nur wenige Stunden geöffnet. Das tagsüber Versäumte und Verbotene wird nachts ausgiebig nachgeholt. Kaum hat der erlösende Sirenenklang das Ende des Fastengebots verkündet, beginnen in den Häusern die Festessen – es ist ein Schmausen bis in den frühen Morgen hinein. Kaum jemand schläft in den Nächten des Ramadan, in diesen fiebrig-lebendigen Nächten, in denen die religiösen Exerzitien aufgehoben sind, »bis ihr in der Morgendämmerung einen weißen von einem schwarzen Faden unterscheiden könnt« (Sure 2, 187). So gelähmt das Leben tagsüber darniederliegt, so ausgelassen, ja entfesselt gibt es sich während der Nacht.

Der Ramadan, der neunte Monat des islamischen Mondjahres, gilt den Moslems als heiliger Monat, in dem der Koran auf die Erde herabgesandt wurde. Dreißig Tage lang ist es den gläubigen Muslimen von Sonnenaufgang bis Sonnenuntergang verboten, zu essen und zu trinken, zu rauchen und Geschlechtsverkehr zu haben – eine strenge religiöse Pflichtübung, auszehrend, wenn der Ramadan in die heißen Sommermonate fällt.

Freilich ist der Ramadan mehr als nur ein vierwöchiges Bußprogramm. Er verlangt von den Gläubigen Einkehr, Meditation, Läuterung,

Versenkung in den Willen Allahs; der Ramadan, richtig verstanden, fordert ein vollkommenes Fasten der Sinne. Er ist eines der augenfälligsten Beispiele dafür, daß die Religion in Marokko keine Angelegenheit der Moscheen ist, sondern, ganz im Gegenteil, gerade im Alltagsbereich Anwendung findet. Das Fastengebot des Ramadan, das mehr umfaßt als bloßen befristeten Genußverzicht, wird auch von den jüngeren Leuten gewissenhaft eingehalten; niemand, der sich vor dem allabendlichen Sirenensignal zur frevelhaften Nahrungsaufnahme hinreißen ließe!

Das Almosengeben (*Sakat*). Die Unterstützung Armer und Bedürftiger, früher als Steuer erhoben, markiert für den Muslim ein moralisches Gebot ersten Ranges. Das Almosengeben wird nach dem Koran mit reichem Lohn im Jenseits vergolten.

Der Fastenmonat (*Ramadan*). Der neunte Monat der islamischen Zeitrechnung erinnert an die Niedersendung des Koran, in diesem heiligen Monat soll der Erzengel Gabriel Mohammed erschienen sein. Während eines Zeitraums von 30 Tagen ist dem Muslim zwischen Morgendämmerung und Sonnenuntergang Essen und Trinken verboten. Dieses Fastengebot gilt freilich nicht für Alte, Kranke, Schwangere, Kinder und Reisende; nötigenfalls kann das Fasten verschoben und nachgeholt werden. Wegen des kürzeren arabischen Mondjahres verschiebt sich der Beginn des Ramadan wie alle anderen religiösen Feiertage jährlich um etwa zehn Tage. Eine besonders strapaziöse Pflichtübung ist den Muslimen abgefordert, wenn der Ramadan in die heißen Sommermonate fällt und das Fastengebot für nahezu zwanzig Stunden gilt.

Die Pilgerfahrt nach Mekka (*Hadsch*). Jeder erwachsene Muslim soll einmal in seinem Leben die heilige Kaaba in Mekka besuchen und an den für die Pilgerfahrt vorgeschriebenen religiösen Zeremonien teilnehmen. Allerdings sind nur wenige Marokkaner finanziell in der Lage, auf Wallfahrt ins weit entfernte Saudi-Arabien zu gehen; ein siebenmaliger Besuch der heiligen Stadt Moulay Idriss im Norden Marokkos wird als Ersatz angesehen. Nur etwa 23 000 marokkanische Pilger pro Jahr treten die Wallfahrt nach Mekka an.

»Und tötet sie (d. h. die heidnischen Gegner), wo (immer) ihr sie zu fassen bekommt, und vertreibt sie, von wo sie euch vertrieben haben! Der Versuch (Gläubige zum Abfall vom Islam) zu verführen ist schlimmer als Töten. Jedoch kämpft nicht bei der heiligen Kult-

Saadier-Gräber in Marrakesch

stätte (von Mekka) gegen sie, solange sie nicht (ihrerseits) dort gegen euch kämpfen! Aber wenn sie (dort) gegen euch kämpfen, dann tötet sie! Derart ist der Lohn der Ungläubigen« (Sure 2, 191).

Koran-Passagen wie diese lesen sich wie direkte Aufforderungen, die neue Religion mit Feuer und Schwert zu verbreiten. In der Tat gründet die erstaunlich rasche Ausbreitung des Islam – bereits um 683 stoßen die ersten arabischen Heere nach Marokko vor – wesentlich im militanten Glaubenseifer der Anhänger Mohammeds. Dabei interpretieren sie den *Djihad* als Aufruf zum Heiligen Krieg gegen die Ungläubigen. Ursprünglich jedoch zielt dieser Begriff, der am ehesten mit ›Einsatz‹ oder ›Engagement‹ zu übersetzen ist, auf die Verpflichtung, den Glauben gegen Verächter zu verteidigen – und meint gerade nicht ein blutrünstiges Kriegshandwerk. So hat der klassische Islam einen weitreichenden Minoritätenschutz ausgebildet und Andersgläubigen – im wesentlichen Christen und Juden – die Ausübung ihrer Religion, freilich gegen eine Art Toleranzsteuer, gestattet.

Die etwa in der Rushdie-Affäre gipfelnden militanten Züge des Islam sind denn auch schwerlich mit dem Koran zu rechtfertigen, sondern eher als Reaktionen blindwütiger Fundamentalisten zu verstehen, die gegen eine forcierte Verwestlichung sowie gegen die Übernahme demokratisch-parlamentarischer Regierungsmodelle in zahlreichen unabhängig gewordenen islamischen Staaten Front machen. In einer derartigen Reislamisierung formiert sich manchmal der Protest gegen eine nach der Kolonialzeit erzwungene Säkularisierung; dabei steht die Demagogie der Fundamentalisten freilich gerade zur beeindruckenden Toleranz-Tradition des Islam in eklatantem Widerspruch. »Es gibt keinen Zwang im Glauben«: Dieses im Koran mehrfach ausgesprochene Gebot wird von aggressiven Meinungsführern der Fundamentalismusbewegungen gerade in den letzten Jahren gänzlich ignoriert.

Der Islam kennt weder einen institutionalisierten Priesterstand noch eine verbindliche Liturgie. Hohe religiöse Würdenträger, etwa die islamischen Rechtsgelehrten (*Ulema*), sind bisweilen noch heute als Richter oder Staatsbeamte gleichzeitig mit wichtigen politischen Ämtern betraut. Die *Scharia,* das im Koran niedergelegte religiöse Recht, ist noch immer, wenngleich ergänzt durch die moderne, französisch geprägte Rechtsprechung, Grundlage der marokkanischen Prozeßordnung. Nicht zuletzt im Rechtswesen offenbart sich die den Islam kennzeichnende Aufhebung aller Trennungen zwischen profaner und religiöser Sphäre. Der Muslim glaubt an eine gemeinsame Wurzel von Islam, Christentum und Judentum, die sämtlich auf einer verschollenen heiligen Urschrift aufbauen; freilich wirft der Koran Christen wie Juden immer wieder vor, diese Überlieferung verfälscht zu haben.

Grundsätzlich gestattet der Koran dem Mann, bis zu vier Frauen zu heiraten (vgl. Sure 4, 3). »Und ihr werdet die Frauen (die ihr zu gleicher Zeit als Ehefrauen habt), nicht (wirklich) gerecht behandeln können, ihr mögt noch so sehr darauf aus sein. Aber vernachlässigt nicht (eine der Frauen) völlig, so daß ihr sie gleichsam in der Schwebe laßt!« (Sure 4, 219). Aus der Einsicht in die Unmöglichkeit, mehrere Frauen durch möglichst gleiche Behandlung »in der Schwebe« zu halten, leiten moderne islamische Theologen die strikte Forderung nach der Einehe ab.

Detail der Medersa Bou Inania/Fès

Der Koran, die heilige Schrift des Islam, wurde nach Mohammeds Tod (632) von seinen Anhängern in zahlreichen Varianten zusammengestellt und erstmals in Buchform gebracht – der Prophet selbst war Analphabet und hatte zu Lebzeiten seinen Schreibern nur vereinzelte Offenbarungen diktiert. Der Koran ist in Suren gegliedert, die nach dem System der absteigenden Länge geordnet sind.

Der Koran wird durch die Sunna ergänzt, die ›Gewohnheiten des Propheten‹ – eine Sammlung von Aussprüchen Mohammeds und legendenhaften Berichten über sein Leben. Zunächst als mündliche Erzählungen (*Hadithen*) überliefert, wurden sie erst im 9. Jh. schriftlich fixiert. Von der Sunna leiten die Sunniten – etwa 98 % aller Marokkaner bekennen sich zu dieser Glaubensrichtung – ihren Namen ab. Da Koran und Sunna zu etlichen theologischen Grundfragen widersprüchliche Aussagen enthalten, kommt den Auslegungen prominenter Schriftgelehrter besondere Bedeutung zu; oftmals sind diese Auslegungen ähnlich kanonisiert wie die heiligen Schriften selbst. Nach Auffassung der Muslime ist der Koran das Wort Gottes, das Mohammed, dem letzten der Propheten, Wort für Wort durch den Erzengel Gabriel offenbart wurde. Als vollkommener Ausdruck des göttlichen Willens kann und darf der Koran für die strenggläubigen Muslime nicht übersetzt werden – Allah hat sich auf Arabisch offenbart und kann von den Gläubigen daher vollgültig auch nur auf Arabisch verstanden werden!

Schon kurz nach Mohammeds Tod, im Jahr 656, kam es in der jungen islamischen Gemeinde zu einer bis heute andauernden Spaltung. Die Fehden innerhalb des Frühislam entzündeten sich dabei weniger an religiösen Kontroversen als an unverhohlenen Machtansprüchen – ein Indiz dafür, daß sich die Kalifen, die Nachfolger des Propheten, von Beginn an nicht nur als Oberhaupt der Gemeinde verstanden, sondern daß sie stets auch ein politisches Erbe verwalteten. Im Mittelpunkt der erbitterten Auseinandersetzungen stand denn auch der Kampf um die Rechtmäßigkeit der Propheten-Nachfolge, dies um so mehr, als Mohammed ohne männlichen Nachkommen geblieben war; seine beiden Söhne waren bereits im Kindesalter gestorben.

Die unterschiedlichen Auffassungen darüber, wer der wahre Führer der Gläubigen sei, führten im Frühislam zur Trennung der Schiiten von den Sunniten. Die Schiiten (abgeleitet von *Schia* = Partei), die die Sunna kategorisch ablehnen, verlangen, daß der Kalif aus der Familie des Propheten stammen müsse, und erkennen nur Ali, den Vetter und Schwiegersohn Mohammeds, sowie dessen Nachfolger als legitimes Oberhaupt der islamischen Gemeinde an. Dagegen ist für die Sunniten rechtmäßiger Kalif, wer zum Stamm des Propheten gehört. Die Schiiten verehren in den *Imamen* (Vorbeter, Führer) die unfehlbaren Statthalter Allahs auf Erden, die kanonisch anerkannten Lehrer der Gläubigen. In Marokko gewann die schiitische Fraktion der Kharedjiten zwischen dem 8. und 10. Jh. erheblichen politischen Einfluß; Moulay Idriss, der 788 das erste marokkanische Reich gründete, bekannte sich zur Schia. Seit dieser Ära spielen die Schiiten in Marokko freilich keine Rolle mehr. Heute sind etwa 8 % der Muslime Schiiten, die vornehmlich im Iran und Irak einen streng hierarchischen Gottesstaat propagieren.

Die Kunst vergangener Epochen

Von allen Maghrebstaaten verfügt Marokko über den reichsten Bestand an islamischen Baudenkmälern. Zum einen war es jahrhundertelang das westliche Zentrum des Islam, zum anderen blieb es von verheerenden Eroberungszügen des Osmanischen Reiches (ab dem 16. Jh.) weitgehend verschont. Fast alle kunstgeschichtlich bedeutenden Baudenkmäler sind Sakralbauten – ein Indiz für den religiösen Bezugspunkt einer Architektur, die vornehmlich in Moscheen und Medersas (Koranschulen) einzigartige Zeugnisse künstlerischer Vollendung geschaffen hat.

Während die Kulturdenkmäler der Frühzeit – die prähistorischen, vermutlich jungsteinzeitlichen Felsgravuren in Oukaimeden sowie die römischen Ruinen und Fußbodenmosaiken in Volubilis und Lixus – vergleichsweise spärlich erhalten sind, zählen die Monumente maurischer Architektur in Marokko zu den eindrucksvollsten Kunstschätzen der arabisch-islamischen Welt. Gleichfalls als kulturgeschichtliche Attraktion können die festungsartigen Kasbahs der Berber gelten (s. S. 149), deren Baustil auf die vorislamische, womöglich sogar auf die

Mosaik aus Volubilis

vorrömische Zeit zurückgeht. Die imposantesten dieser Kasbahs finden sich im Dra- und Dades-Tal, im Anti-Atlas und im westlichen Hohen Atlas. Diese sowohl als Vorratsspeicher wie auch als Wohnburgen genutzten Kasbahs sind in Nordafrika einmalig; außer in Marokko haben sich die wuchtigen, aus Stampflehm gefügten Festungen nur im Jemen erhalten.

Historisch sind zwei Blütezeiten maurischer Architektur zu unterscheiden: die späte Ära des 756 von den andalusischen Arabern (Mauren) gegründeten Kalifats von Cordoba, also das 10. Jh., sowie in Marokko die Zeit der Almohaden und der Meriniden, also die Zeit vom späten 12. bis zum frühen 15. Jh. Die im Zuge der Reconquista aus Andalusien nach Marokko fliehenden Mauren brachten immer neue, kunstgeschichtlich bedeutsame Impulse ins Land. Dieser ›Kulturtransfer‹, der im 11. Jh. (Eroberungszüge der Almoraviden im südlichen Spanien) begann, führte dazu, daß Marokko kunstgeschichtlich das maurisch-andalusische Erbe übernahm.

Was die abendländische Kunst erst Jahrhunderte später als Revolution des Tafelbildes proklamierte, war für die islamischen Künstler des Maghreb eine Selbstverständlichkeit: die Verwendung einer rein abstrakten Formensprache. Die Kunst in den öffentlichen Bauten Marokkos ist eine Reaktion auf das im Koran implizierte Verbot konkret-realistischer figürlicher Darstellung – ein Verbot, das sich besonders auf die Wiedergabe von Menschen und Tieren bezieht (vgl. S. 132). Dies erklärt, warum die islamische Kunstgeschichte Marokkos – ohne Malerei und Plastik – ganz wesentlich Architekturgeschichte ist. Die Ausbildung einer spezifischen Ornamentkunst, im Dekor von Sakral- und Profanbauten ebenso dominierend wie in den prachtvollen Koranhandschriften,

ist denn auch *das* Charakteristikum islamischer Kunst. Die Arabeske, die Kalligraphie und die aus Stuck geschnittenen Stalaktitengewölbe sind die wesentlichen Elemente jener Kunst, die ihre Gesetze in den Prinzipien von Reihung und Variation findet.

Die maurische Architektur (zu der auf spanischem Boden die Alhambra von Granada, die Große Moschee von Cordoba und die Giralda von Sevilla zählen) weist einige augenfällige Charakteristika auf. Schlichte Fassaden bergen sorgfältig ausgeschmückte, in die Breite gelagerte Innenräume, die durch eine Vielzahl von Säulen gegliedert sind. Fenster und Türen sind zumeist als Hufeisenbögen gestaltet. Der Schmuck der Innenräume findet in den Schnitzereien der Deckenbalken aus Zedernholz, den Mosaiken aus Fayencefliesen (glasierten Tonplättchen), den Reliefs der Stuckfriese und Glasurschriftbänder sowie den Wabenverzierungen der Stalaktitengewölbe seinen bedeutendsten künstlerischen Ausdruck.

Geradezu als Inbegriff maurischer Architektur gilt die Moschee. Ihr arabischer Name, *Mesdjid,* etwa mit ›Ort des Niederwerfens‹ zu übersetzen, meint den sakralen Raum des Gebetes. Architektonisch sind die marokkanischen Moscheen bis in die Gegenwart hinein nahezu ausnahmslos dem omajadischen, während der Dynastie der Almohaden ausgeformten Grundmuster verpflichtet: ein kanonisierter Bauplan, der allenfalls Detailveränderungen erkennen läßt.

Die Trakte der Moschee umschließen einen rechteckigen Innenhof, in dessen Zentrum ein zumeist reich verzierter Reinigungsbrunnen steht. Dieser Innenhof wird von mit grün lasierten Ziegeln

Detail der Medersa Bou Inania/Fès

– grün ist die Farbe des Islam – gedeckten Säulenhallen umgeben. Die größte Halle an der Ostseite des Hofes, also nach Mekka ausgerichtet, dient als Gebetssaal. Säulenreihen gliedern den Raum in ein erhöhtes Mittelschiff und mehrere Seitenschiffe. Senkrecht zum Mittelschiff verläuft, oft von Kuppeln überwölbt, ein Querschiff parallel zur *Qibla*, der nach Mekka ausgerichteten Gebetsmauer. Durch diese Raumaufteilung erhalten die maurischen Moscheen ihre typische T-Form. Aufwendig geschmückt, bildet der *Mihrab*, die in die Qibla-Mauer eingelassene Gebetsnische, das sakrale Zentrum der Moschee. Beim großen Freitagsgebet wendet sich der *Imam*, der Vorbeter, dieser Nische zu und verstärkt durch ihren Widerhall seine Stimme. Rechts daneben befindet sich, meist mit reichen Schnitzereien verziert, der *Minbar*, die Gebetskanzel.

An der Westseite der Moschee befindet sich das *Minarett*, ein Turm mit quadratischem Grundriß, auf dessen massivem Unterbau sich ein schlanker Aufsatz erhebt. Aus der Kuppel, die das Minarett meist bekrönt, steigt eine meterlange Stange mit drei goldenen Kugeln auf. Die zur Gebetszeit gehißten Flaggen dienen einem praktischen Zweck: Sie signalisieren den tauben Muslimen, die der Gebetsruf des *Muezzin* nicht erreicht, daß es Zeit ist zur Zwiesprache mit Allah!

Einem ganz ähnlichen Bauplan folgen die marokkanischen *Meder-*

Kasbah Ait Benhaddou

Moschee Hassan II. in Casablanca

sas (Koranschulen), die im Gegensatz zu den Moscheen zumeist auch von Nichtmuslimen betreten werden dürfen. Den zentralen rechteckigen Innenhof umgeben der überkuppelte Gebetssaal sowie die Nebengebäude, in deren unterem Stockwerk sich Gebetsräume befinden, während die obere Etage Schülerzellen enthält.

Die prachtvollsten Profanbauten sind zweifellos die maurischen Paläste, deren niedrige Gebäude zusammen mit Säulenhallen und Innenhöfen unentwirrbar verschachtelte Komplexe bilden. Die Anlagen umfassen neben einem öffentlichen Bereich – etwa dem Gerichts- und Versammlungshof – den Diwan mit Thronsaal und Beratungsräumen sowie die Privatgemächer des Harem. Ebenfalls zu den Profanbauten zählen die Festungsanlagen und Stadtmauern, die *Fondouks* (Herbergen) und *Hamams* (Badehäuser).

Der maurische Baustil hat seine konstituierenden Elemente über die Jahrhunderte hinweg beibehalten, dennoch lassen sich für die verschiedenen Dynastien einige charakteristische Ausprägungen feststellen.

Die Kunst der Almoraviden – zu ihren bedeutendsten Zeugnissen zählen die Mauern und Stadttore von Marrakesch – ist durch einen asketischen, betont schmucklosen Formwillen gekennzeichnet, eine Reaktion auf die verschwenderischen Dekors der Omajaden in Spanien. Unter den Almohaden setzt die Blütezeit der maurischen Baukunst ein; in dieser Ära wird die omajadische Moschee-Architektur vervollkommnet. Als Innenausschmückung dominiert die Arabeske, zur Verkleidung tragender Bauteile wird das aus Stuck geschnittene Stalaktitengewölbe eingesetzt. Die bedeutendsten almohadischen Bauten sind die Moschee von Tinmal, die Koutoubia von Marrakesch, der Hassan-Turm von Rabat und die Kairaouine von Fès. Die Meriniden sind die Erbauer der wichtigsten Medersas des Landes; sie übernehmen im wesentlichen die klassischen Bauvorlagen und vervollkommnen die Ornamental- und Gewölbekunst der Almohaden. Die Medersas in Fès, Meknes und Salé zählen ebenso zu den berühmtesten merinidischen Bauten wie die Nekropole Chellah in Rabat.

Das Ende der Meriniden-Dynastie markiert in etwa auch das Ende der Blütezeit maurischer Kunst in Marokko. Die Bautätigkeit der Saadier – ihre wichtigsten Zeugnisse sind die Saadier-Gräber und der El Badi-Palast in Marrakesch – erschöpft sich im wesentlichen in der Variation, oft genug auch nur in der Kopie der tradierten Formen. Gleiches gilt für die Alaouiten, wobei in dieser Dynastie ein Hang zur Übersteigerung ins Monumentale unübersehbar ist – am deutlichsten ablesbar an der Ville Imperiale in Meknes, der Residenz des Alaouiten-Sultans Moulay Ismail (1672–1727).

Heute zeigt sich die Verpflichtung gegenüber der Tradition, die beherrschende Stellung kanonisierter architektonischer Überlieferung gerade an den bedeutendsten modernen Bauten: am Mausoleum Mohammeds V. in Rabat und an der Moschee Hassans II. in Casablanca.

Marokkanische Kultur heute

»Und wenn man wie ich in französischer Sprache schreibt, reiht man sich deshalb nicht in die französische Literatur ein. Ein marokkanischer Schriftsteller schreibt keine ›Romane‹ im Sinne der europäischen Romanliteratur. Vielmehr erzählt er eine Geschichte, in der verschiedene Formen der mündlichen Dichtung aufbewahrt sind: Erzählungen, Märchen, Balladen und Lieder. Für einen marokkanischen Schriftsteller stellen sich freilich sehr grundsätzliche Fragen:

Zweisprachigkeit

Besonders und doch alltäglich

Abends in einer jener Kneipen, die eher Fernsehzimmer denn Wirtshäuser sind. Über den Bildschirm flimmert ein Werbeblock, der, dramaturgisch nicht ungeschickt plaziert, den laufenden Spielfilm unterbricht. Ein französischer Werbespot für einen Weichkäse. Danach ein arabischer Werbespot für ein marokkanisches Bankenkonsortium. Danach ein arabischer Werbespot für ein Waschmittel. Danach ein französischer Werbespot für ein Waschmittel. Vielleicht wird es in profanen Alltäglichkeiten wie dem Werbefernsehen am deutlichsten: Marokko ist in einer Weise von der Zweisprachigkeit geprägt, daß die Übergänge, der fließende Wechsel zwischen den einzelnen Sprachen oft kaum noch wahrgenommen werden. Die 19-Uhr-Nachrichten werden in französischer Sprache ausgestrahlt, der ausführlichere Überblick erfolgt um 20.30 Uhr im gleichen Kanal auf arabisch.

Die offizielle Amts- und Verkehrssprache des Landes ist seit der Unabhängigkeit Arabisch; gleich der erste Satz der Verfassungspräambel legt dies unmißverständlich fest. Französisch ist allerdings bis heute die Sprache der Wirtschaft, des Handels, der Banken geblieben, was nicht verwundern kann, wenn man sich vergegenwärtigt, daß Frankreich für Marokko der mit weitem Abstand wichtigste Wirtschaftspartner ist. Seit Jahren kommen etwa 30 % der ausländischen Touristen aus Frankreich. Wer immer in Marokko in der Tourismusbranche Geschäfte machen will – und das sind nicht wenige –, für den bedeuten gute Französischkenntnisse so etwas wie ein notwendiges Kapital. Etwa 600 000 marokkanische Gastarbeiter leben in Frankreich, die meisten Auslandsstudenten sind an französischen Universitäten eingeschrieben. Französisch ist ab dem zweiten Grundschuljahr Pflichtfach; ein Drittel der im dritten, vierten und fünften Schuljahr insgesamt erteilten Unterrichtsstunden entfällt auf Französisch-Lektionen. Allen Arabisierungskampagnen der Regierung zum Trotz wird der naturwissenschaftliche und mathematische Unterricht sowohl in der Primar- als auch in der Sekundarstufe häufig auf französisch erteilt. Der ehemalige Kolonialherr Frankreich hat nie aufgehört, das kulturelle Selbstverständnis Marokkos mitzubestimmen – oder andersherum: Die beneidenswerte Geschmeidigkeit, mit der die arabisch-französische Zweisprachigkeit alle Bereiche des öffentlichen Lebens durchdringt, verweist auch immer auf das koloniale Trauma der marokkanischen Geschichte.

Wovon die europäischen Kernstaaten immer noch weit entfernt sind – die phänomenale Leichtigkeit der Artikulation in wenigstens zwei Sprachen –, das ist in Marokko bereits seit Jahrzehnten Alltagsnorm. Schon die Grundschüler sprechen Französisch oft so gut wie Arabisch, sind im arabischen wie im lateinischen Alphabet zu Hause, schreiben ihre Hausaufgaben, je nachdem, von links nach rechts oder von rechts nach links. Junge marokkanische Paare wechseln in ihren Unterhaltungen oft die Sprache, ohne den Übergang von einem Idiom ins andere zu bemerken. Ein bedeutender marokkanischer Gegenwartsautor wie Tahar Ben Jelloun schreibt seine Bücher auf französisch – und wird dann ins Arabische übersetzt.

Die Übergänge zwischen den Sprachen mögen noch so fließend sein – die marokkanische Zweisprachigkeit ist ein wesentliches Element jenes Spannungsfeldes, das dieses Land immer wieder regelrecht auflädt. Die Pole dieses Kraftfeldes, islamische Tradition und europäische Moderne, lassen sich dabei freilich nur ansatzweise auf den Begriff bringen. Mit Sicherheit aber gehört es zu den rätselhaften Phänomenen dieser Kultur, daß sie in der Synthese zweier Sprachen auch verschiedene ›Zeitsinne‹ verschränkt. Man müßte beide Sprachen so perfekt beherrschen wie die meisten Marokkaner, um als Ausländer überhaupt ein Sensorium dafür zu entwickeln, wann genau von einer Sprache in die andere gewechselt wird, was dieser Wechsel in der jeweiligen Gesprächssituation eigentlich signalisiert und, vor allem, was anscheinend nur auf französisch mitteilbar ist – und was nur arabisch gesagt werden kann.

Man täusche sich daher nicht: Auch wenn in beiden Sprachen fließend parliert wird, auch wenn das Idiom mit genau derselben gelassenen Selbstverständlichkeit gewechselt wird, mit der Marokkaner heute europäische Kleidung tragen und morgen die traditionelle *Djellabah* anlegen – in all diesen Sprach-Passagen, die ja auch immer gleichzeitig Kultur-Passagen sind, verbirgt sich oft kaum wahrnehmbar ein Riß, der mitten durch die kulturelle Identität des Landes läuft. Es ist die Zerreißprobe, die ein Land aushalten muß, das sich vorsichtig westlicher Lebensart öffnet, ohne dabei seine Traditionen zu verleugnen, das auf seiner jahrhundertealten islamischen Prägung besteht und zugleich den Diktaten der modernen Welt gerecht zu werden versucht. Marokko – ein Tor in den Orient, ein Fenster nach Europa, es kommt immer auf den Blickwinkel an.

Von welchem Marokko soll er erzählen? Welche Wirklichkeit, welche Phantasie soll er beschreiben? In welcher Sprache soll er mit einem Volk kommunizieren, das zu 70 Prozent weder lesen noch schreiben kann?«

Tahar Ben Jelloun, vielleicht der prominenteste marokkanische Gegenwartsautor, spricht an dieser Stelle seines Essays ›Wege in den Maghreb‹ von jenen reichen Traditionen mündlicher Überlieferung, die nicht nur für die Literatur seines Landes, sondern auch für andere Genres künstlerischer Artikulation von eminenter Bedeutung sind. Natürlich sind Romane »im Sinne der europäischen Romanliteratur« vor diesem Hintergrund nicht zu erwarten – womöglich ist die Begegnung mit den wenigen ins Deutsche übersetzten marokkanischen Werken gerade deshalb so lohnend, so spannend. Psychologie, Entwicklung, Realismus, Charakter – Elemente, die für den europäischen Roman immerhin lange Zeit prägend waren – fehlen in den meisten literarischen Fiktionen moderner marokkanischer Schriftsteller oder treten, eigenwillig umgedeutet, wie von ferne in Erscheinung. So wirken diese literarischen Gewitter durch ihre unruhig vibrierende Sprache (ein Ton, der, kaum zu meistern, für jeden Übersetzer eine Herausforderung darstellt) in ihren einzelnen Teilen oft zersplittert, üben als Ganzes aber einen eigenartigen, gelegentlich verstörenden

Fantasias in Meknes

Massenmedien

Die Lektüre der großen marokkanischen Tageszeitungen ist, zumal über einen längeren Zeitraum, eine eher langweilige Angelegenheit. Was für die meisten meinungsbildenden Blätter in Europa eine journalistische Selbstverständlichkeit ist, fehlt in den marokkanischen Gazetten gänzlich: kritische Hintergrundberichte, Features und Reportagen; Korrespondentenberichte; um Meinung bemühte Kommentare; Konjunktur- und Branchenanalysen sowie umfassende Informationen zum Wirtschaftsleben. Die marokkanischen Presseorgane sind, wenn schon keiner direkten Zensur unterworfen, so doch in einem Ausmaß gesiebt und gefiltert, das eine linientreue, d. h. königstreue Informationspolitik jederzeit garantiert ist.

Das Gros der Zeitungen, darin der staatlich gelenkten Radiodiffusion Télévision Marocain (RTM) durchaus vergleichbar, dient zwar nicht einer unverhohlenen nachrichtlichen Propaganda, wird aber sehr wohl als publizistisches Instrument im Sinne einer einheitlichen Informationspolitik eingesetzt. Die Produktion derartiger journalistischer Stromlinienförmigkeit wird unterstützt durch die Tatsache, daß einflußreiche Mitglieder der Königsfamilie die politischen Redaktionen der auflagenstärksten Tageszeitungen (etwa ›Le Matin du Sahara‹ und ›Maroc Soir‹) leiten. Zudem ist, etwa im Fall einer wirklich regierungskritischen Berichterstattung, eine redaktionelle Flurbereinigung jederzeit möglich: unter Verweis auf die Verfassungsartikel 23 (»Die Person des Königs ist unantastbar und geheiligt«) und 28 (»Der König kann Botschaften an die Kammer der Repräsentanten und an die Nation richten. Der Inhalt der Botschaften darf nicht zum Gegenstand irgendeiner Debatte gemacht werden«).

Seitenlange offizielle Verlautbarungen, ministerielle Absichtserklärungen, Projektschilderungen, die Texte der staatlichen Nachrichtenagentur Maghreb Arabe Presse (MAP) – das ist das Material, das den redaktionellen Teil etwa von ›Le Matin du Sahara‹, ›Maroc Soir‹, ›L'Opinion‹ (die offizielle Zeitung der rechten Istiqlal-Partei) oder ›Al Maghrib‹ (das Organ des Rassemblement National des Independants) wesentlich bestimmt. Irgendeine, im Informationsgehalt oft belanglose Pressekonferenz eines Kabinettsmitglieds oder gar ein Ereignis, das sich im privaten Kreis der weitverzweigten königlichen Familie zugetragen hat, ist den großen französischsprachigen Tageszeitungen allemal einen Aufmacher wert – eine redaktionelle Gewichtung, die, der

Nachrichtenlage des Tages meist spottend, immerhin von einigem Aussagewert ist. Mit gehörigem Geschick wird die tägliche Hofberichterstattung nicht zuletzt dazu genutzt, die beiden Söhne des Königs – den designierten Nachfolger, Erbprinz Sidi Mohammed, und seinen jüngeren Bruder Moulay Rachid – im Bewußtsein der Zeitungsleser fest als Personen des politischen Lebens zu installieren. Kein Tag, an dem die Prinzen nicht irgendeinen Kongreß eröffnen, eine Tagung leiten, einen offiziellen Gast empfangen, einem Sportspektakel präsidieren, einer Wohltätigkeitsveranstaltung als Schirmherr dienen, eine Militärparade abnehmen, ein Bauwerk einweihen …

Die marokkanischen Massenmedien Presse und Fernsehen favorisieren in ihrer Berichterstattung den Pomp des Offiziellen, das Zackige militärischer Aufmärsche, die nationale Emphase, das höfische Zeremoniell. Ein Beispiel für diese Informationspolitik ist die alljährlich am 3. März mit großem Medienrummel begangene *Fête du Trône,* der Jahrestag der Inthronisation Hassans II. In den Zeitungen ist dieses Datum wochenlang das beherrschende Thema, und das Fernsehen berichtet über die Vorbereitungen des Festaktes und seinen Höhepunkt, die prunkvolle Huldigungszeremonie der *Beia,* mit einer für europäische Verhältnisse geradezu gnadenlosen Ausführlichkeit. Endlos das Defilee der Würdenträger, der Minister, Provinzgouverneure, Bürgermeister, Offiziere, Ministerialbeamten, die ihre Unterwerfung unter den Willen Seiner Majestät per Handkuß und Kniefall öffentlich demonstrieren. Eine Loyalitätsbekundung der politischen Elite des Landes – und zugleich ein in jeder Hinsicht abendfüllendes Programm.

Das Bemühen um kritischen Journalismus, um so etwas wie Gegen-Öffentlichkeit, flackert zwar immer mal wieder auf, wird jedoch regelmäßig erstickt. So wurde das Erscheinen der vergleichsweise oppositionell ausgerichteten Blätter ›Al Bayane‹ (das Organ des sozialistischen Parti du Progrès et du Socialisme) und ›Al Mouharir‹ (das Organ der ebenfalls sozialistischen Union Socialistes des Forces Populaires) mehrfach verboten. Die mutige und kritisch-aufmüpfige Monatszeitschrift ›Kalima‹ mußte 1989 nach wenigen Nummern ihr Erscheinen unter ohnmächtigem Protest wieder einstellen. Und als 1995 die französische Zeitschrift ›Jeune Afrique‹ die West-Sahara-Politik von Hassan II. kritisierte, durfte das Blatt monatelang nicht vertrieben werden.

Heute, Ende der 90er Jahre, ist die Situation der marokkanischen Tageszeitungen so trostlos wie eh und je – es herrscht Ruhe im Land, auch und gerade journalistische Ruhe.

In Tafraoute

Reiz auf den europäischen Leser aus.

Von Tahar Ben Jelloun, dem 1944 in Fès geborenen, französisch und arabisch schreibenden Wortmagier, liegen inzwischen die Bände ›Sohn ihres Vaters‹, ›Die Nacht der Unschuld‹, ›Der Gedächtnisbaum‹, ›Harrouda‹ (alle Rotbuch-Verlag), ›Tag der Stille in Tanger‹, ›Mit gesenktem Blick‹, ›Der korrumpierte Mann‹, ›Die tiefste der Einsamkeiten‹ (alle Rowohlt) und ›Der öffentliche Schreiber‹ (Unionsverlag) in deutscher Übersetzung vor.

Von Mohamed Choukri – einige seiner Werke sind in Marokko verboten – erschien 1986, ergänzt durch eine Auswahl seiner Erzählungen, die 1972/73 entstandene proletarische Autobiographie ›Das nackte Brot‹ (Eichborn Verlag), ein Buch, das ohne die Zeitereignisse direkt zu spiegeln, von der Mitte der 30er Jahre bis in die letzte Phase des französischen Protektorats reicht. Der Folgeband ›Zeit der Fehler‹ ist im Frühjahr 1995 erschienen. Texte als literarische Abenteuer, Texte als literarische Reiseverführer, Texte als literarische Abrechnung: Dies gilt, wenn auch in verschiedenen Brechungen, für ›Ein Leben voller Fallgruben‹ (Eichborn Verlag) von Driss Ben Hamed Charhadi sowie für ›Die Zivilisation, Mutter‹ (Unionsverlag, Zürich) von Driss Chraibi – ein Roman, der die Emanzipation der Marokkanerinnen in den 40er Jahren thematisiert.

Selbst ausgewiesene europäische Cineasten werden sich schwertun, auch nur einen einzigen bedeutenden marokkanischen Filmregisseur zu nennen. Im Gegensatz zu wichtigen nordwestafrikanischen Filmnationen wie Algerien und Tunesien, Senegal und Burkina Faso verfügt Marokko allenfalls in bescheidenen Ansätzen über eine nationale Filmkultur. Sie ist fast ausschließlich in den nördlichen Großstädten, in Tanger, Rabat und Casablanca, zu finden. Im Süden dagegen gibt es so gut wie keine Programmkinos, die Filmtheater sind überwiegend mit billiger Action-Dutzendware amerikanischer Provenienz oder tränenseligen Melodramen aus indischer Produktion belegt. Auch im Fernsehen ist kaum einmal ein Fernsehspiel, ein Spiel- oder Dokumentarfilm eines jüngeren marokkanischen Regisseurs oder gar einer Regisseurin zu sehen; ein Symptom wohl auch für die Unzulänglichkeiten einer nationalen Filmförderungspolitik.

Im Theater dominieren, von europäischen, meist französischen Bühnenklassikern einmal abgesehen, volkstümliche Stücke. Überaus beliebt sind auch die farbenprächtigen Folklore-Festivals, ebenso alle Veranstaltungen mit Volkstänzen, die in den verschiedenen Landestrachten aufgeführt werden. Eine marokkanische Spezialität sind die *Fantasias* (Reiterspiele), die bei keinem größeren *Moussem* (Fest zu Ehren eines islamischen Heiligen) fehlen dürfen. Kassetten mit populärer arabischer Musik vermögen sich gegen die Konkurrenz westlicher Musikgattungen durchaus zu behaupten: Besondere Wertschätzung genießt nach wie vor die in den 70er Jahren verstorbene Chansonsängerin Umm Kalthum.

Als großes gesellschaftliches Ereignis – allerdings ausschließlich für den Mann – gelten auch alle Arten von Sportveranstaltungen. Die Leichtathletik-Goldmedaillen von Nawal el Moutawakil (400 m Hürden) und dem großen Medienstar Said Aouita (5000 m) bei der Olympiade in Los Angeles versetzten 1984 die ganze Nation in einen Freudentaumel. Die Begeisterung für den Fußball ging auch seit der letzten Fußballweltmeisterschaft (1998) nicht verloren, obwohl die marokkanische Mannschaft mit viel Pech in der ersten Runde ausschied und das gute Abschneiden von 1986 nicht wiederholen konnte.

Am Sonntagnachmittag sind die Stadien nach wie vor bis zum Rand gefüllt, was auch daran liegt, daß das Fußballspiel nicht nur ein sportliches, sondern auch ein gesellschaftliches Ereignis ist. Hier wird diskutiert, geplaudert; kleine Jungen bieten Kuchen und Schirmmützen, fliegende Händler Nüsse und Mandeln feil; gläubige Muslime verrichten versunken ihr Nachmittagsgebet, selbst während das Spiel läuft. Nichts, offenbar nicht einmal ein Fußballspiel, ist so weltlich, daß es die Anwesenheit Allahs nicht vertrüge!

UNTERWEGS IN SÜDMAROKKO

Faszination der Sinne:
Die Königsstädte

Fruchtbare Oasen:
Dra- und Dadestal,
Tafilalet

Badeparadies:
Atlantikküste und
Südwesten

Land der Gegensätze:
Wüstenglut und verschneite Gebirgszüge

Die Königsstädte

Rabat

Meknes

Fès

Marrakesch

Marrakesch vor dem Panorama des Hohen Atlas

Die vier königlichen Residenzen

In jeder der geschichtsträchtigen Städte wird der Besucher der Faszination arabischer Kultur und Mentalität erliegen: Ob in Rabat, der ehemals bedeutendsten Piratenniederlassung Nordafrikas, in Meknes, der Großen Stadt des mächtigen Moulay Ismail, in Fès mit seiner einzigartigen labyrinthischen Medina, oder in Marrakesch, wo im märchenhaften Hotel Mamounia schon so mancher bekannte Film gedreht wurde.

Rabat

Seit 1912, mit dem Inkrafttreten der Protektoratsverträge, ist Rabat Hauptstadt des Landes: Verwaltungs- und Behördenzentrum, Sitz des Parlamentes und der Ministerien, bedeutender Hochschulort und eines der diplomatisch-kulturellen Zentren Marokkos. An der Mündung des Oued Bou Regreg gelegen, ist sie mit der Schwesterstadt Salé inzwischen auf eine 1,5 Millionen-Einwohner-Kapitale angewachsen. Rabat, vom urbanen Charakter her eine behäbige Behörden- und Beamtenstadt mit weitläufigen Villenvierteln (etwa südlich des Stadtzentrums im Stadtteil Souissi), großzügigen Parkanlagen und eleganten Avenuen, wurde nicht zu Unrecht als das »Bonn Marokkos« bezeichnet. Von der kleinen, übersichtlichen Medina einmal abgesehen, gilt Rabat sicherlich als eine der modernsten, europäischsten Städte des Landes, die wirtschaftlich im Schatten des lediglich 90 km entfernten Industriemolochs Casablanca steht.

Geschichte

Die Besiedlung des Bou Regreg-Mündungsgebietes begann bereits in der Altsteinzeit. Als phönizischer und karthagischer Ankerplatz wurde die Siedlung Sala dann im 3. Jh. v. Chr. von den Karthagern gegründet und, von den Römern bis ins 4. Jh. gehalten, zur Hafenstadt ausgebaut. Im 10. Jh. gründeten die Zenata-Berber die Klosterburg, den Ribat, etwa an der Stelle der heutigen Kasbah, während Salé am rechten Ufer des Bou Regreg erst im 11. Jh. neu gegründet wurde. Um 1150 stieg Rabat unter dem

Oued Bou Regreg-Mündung/Rabat

Almohaden-Sultan Abd el Moumen zu einer wichtigen Stadt auf, und später erhob Yacoub el Mansour (1184–1199) die Stadt »Ribat el Fath« (›Kloster des Sieges‹) zur neuen Residenz. Die wuchtigen Stadtmauern, die Reste der Freitagsmoschee und das unvollendete Minarett des Hassanturms künden noch heute von den riesigen Dimensionen der Hauptstadtkonzeption. Nach dem Tod des mächtigen Herrschers verfielen die halbfertigen Bauwerke, und Salé stieg zum wichtigsten Atlantikhafen der damaligen Zeit auf. Ab 1609 erleben Rabat und Salé als Zufluchtsort andalusischer Flüchtlinge eine stürmische Blütezeit: 1627 schließen sich die Zwillingsstädte zur von der Zentralgewalt des Sultans unabhängigen Republik Bou Regreg zusammen, die in der Folgezeit als bedeutendste Piratenniederlassung Nordafrikas sowie als Zentrum des internationalen Sklavenhandels zu gefürchteter Berühmtheit avancieren sollte.

1666 wurde die Republik dann in das scherifische Alaouitenreich eingegliedert. Doch hatte die Piraterie weiterhin Konjunktur: Denn erst 1829 kapern die Piraten das letzte Schiff. Nach dem Tod von Sultan Moulay Ismail 1727 werden Rabat und Salé in die Wirren der Erbfolgekriege verstrickt. 1755 richtet das große Erdbeben schwere Schäden an und nur zehn Jahre später beschießen französische Fregatten die Städte als Vergeltungsschläge gegen die Piraterie. Der französi-

Rabat 1 Marché Municipale 2 Große Moschee 3 Kasbah des Oudaias 4 Museum für Marokkanische Kunst 5 Volkskunstmuseum 6 Hassanturm 7 Mausoleum Mohammed V. 8 Moschee Es Sunna 9 Archäologisches Museum 10 Palais Royal

sche Generalresident Marschall Hubert Lyautey (1854–1934, 1912–25 Chef der französischen Protektoratsverwaltung) macht die Stadt 1912 zur neuen Hauptstadt des Landes: Sultan Moulay Abdel Hafid (1908–12) sowie sein ihm auf den Thron folgender Halbbruder Moulay Youssef (1912–27) verlegen ihre Residenz von Fès nach Rabat.

Besichtigung

Der günstigste Einstieg in die Medina ist der Kreuzungsbereich Avenue Mohammed V./Boulevard Hassan II. unmittelbar beim Komplex des Marché Municipal; die Avenue Mohammed V., Verbindungsachse zwischen Medina und Neustadt, führt bis zum muslimischen Friedhof am Nordwestrand der Medina.

Von der Almohaden-Stadtmauer (vollendet 1197) im Norden und Westen, und im Süden von der Andalusier-Stadtmauer umschlossen, ist die Rabater Medina eine der übersichtlichsten des Landes. Sie wurde vornehmlich von den Andalusiern, den seit dem frühen 17. Jh. aus Südspanien vertriebenen Muslimen, geprägt.

Der Rue Souika und ihrer Verlängerung, der Rue Souk es Sabbat, folgend, erreicht man die im 14. Jh. erbaute **Große Moschee,** die während der Protektoratszeit vollständig restauriert wurde. Die **Rue des Consuls,** bis 1912 die Adresse der ausländischen Gesandten, ist die Heimstatt unzähliger Teppichbasare: Auch heute noch konzentriert sich nahezu die Hälfte der marokkanischen Teppichproduktion auf Rabat und vor allem auf Salé (jeden Do vormittags Teppichauktionen).

Im Südostwinkel der Medina, direkt am Flußufer, befindet sich die Mellah, die inzwischen nur von wenigen Juden bewohnt wird. Am nördlichen Ende der Rue des Consuls, an der **Place Souk Ghezel,** wird die Medina von der **Kasbah des Oudaias** überragt – »Oudaia« nannten sich die Nachkommen eines im 13. Jh. aus Arabien eingewanderten Stammes, die von Sultan Moulay Ismail (1672–1727) als Söldner verpflichtet wurden. Der Haupteingang der Kasbah, das Oudaia-Tor, soll aus der Ära Yacoub el Mansours stammen; es wurde als monumentaler Schauplatz für Gerichtsverhandlungen genutzt. In den Erweiterungsbauten der Kasbah, die im späten 17. Jh. als Residenz Moulay Ismails angelegt wurden, sind heute das **Volkskunstmuseum,** das **Museum für Marokkanische Kunst** und ein **Musikinstrumentenmuseum** untergebracht. Die Exponate der Museen – Koran-Handschriften, Schmucksammlungen, Teppiche, Keramik, historische Trachten – lohnen einen Besuch (✆ 73 15 37). Sehenswert sind auch die im andalusischen Stil angelegten Gartenanlagen im Innenhof des Kasbah-Anbaus. Von der Terrasse des **Café Maure** (erbaut 1915–18 im orientalisch-maurischen Stil) hat man einen schönen Panorama-Blick auf die Bou Regreg-Mündung und auf Salé.

Folgt man dem Boulevard Hassan II. in östlicher Richtung bis zum Hotel Safir (Place Sidi Makhlouf), so erreicht man von dort über eine Auffahrt das auf einem marmorgepflasterten Plateau gelegene **Mausoleum Mohammed V.** sowie den **Hassanturm,** das von weitem sichtbare Wahrzeichen der Stadt. Dieses architektonische Ensemble bildet einen öffentlichen Platz, an dem nationale Geschichte in besonderer Weise als Dynastiengeschichte in pompöser Inszenierung vergegenwärtigt wird. Mit sicherem Instinkt wählte Hassan II. dieses geschichtsträchtige Gelände, um hier das Mausoleum seines Vaters zu errichten. Yacoub el Mansour und Mohammed V., zwei zentrale Persönlichkeiten der marokkanischen Geschichte, die hier in der Perspektive eines verklärenden Nationalismus einander angenähert werden, und die durch die Person Hassans II. auch in die Zukunft hinein wirken.

Der Hassanturm (»Hassane« hieß der mittelalterliche, hier gelegene Stadtteil) ist das unvollendete Minarett jener Großen Moschee, mit deren Bau um 1190 unter Yacoub el Mansour begonnen wurde. Der Almohaden-Sultan plante, zum höheren Ruhme Allahs in Rabat die zweitgrößte Moschee der islamischen Welt (nach der Moschee von Samarra/Irak) zu erbauen; nach seinem plötzlichen Tod 1199 und der Verlegung der Sultansresidenz nach Marrakesch blieb der Bau unvollendet, aber noch die Ruinen und der Wald der Säulenstümpfe vermitteln eine Ahnung von den gewaltigen Dimensionen des Projektes. Der quadratische Turm – 44 m hoch, wobei eine Höhe von über 80 m geplant war – weist an den Fassaden jeweils verschieden gearbeitete Ornamente und Blendarkaden auf. Eine Besichtigung der inneren Stockwerke ist allerdings derzeit nicht möglich.

Dem Hassanturm exakt gegenüber, an der Stelle der einstigen Qibla-Mauer der Moschee, befindet sich heute das zwischen 1961 und 1967 erbaute, prachtvoll ausgestattete Mausoleum Mohammed V. Nach dem Vorbild traditioneller maurischer Grabstätten errichtet, gehört zum Mausoleum selbst noch eine kleine Moschee sowie

Hassanturm

ein als Museum und Bibliothek genutztes, weißes Arkadengebäude. Von einer Innengalerie – die Fassaden des Mausoleums sind aus Carrara-Marmor gearbeitet – blickt man auf den tiefer gelegenen Grabraum, der optisch vom Prunksarkophag für den am 26. 2. 1961 verstorbenen Sultan Mohammed V. beherrscht wird, ein blendendweißer Block aus Marmor-Onyx. In der Südostecke birgt ein kleinerer Marmorsarkophag die sterblichen Überreste von Prinz Moulay Abdallah, Sohn Mohammeds V. und Bruder Hassans II., der 1984 verstorben ist. Mit seinen Marmorsäu-

Mausoleum Mohammed V.

len und Holzschnitzdecken, Gipsstukkaturen und Relieffriesen, Wabenkuppeln und Mosaiken gilt das Mausoleum Mohammed V. als einer der prächtigsten Kunstbauten im neomaurischen Stil der Moderne.

Die sich südlich an die Medina anschließende Neustadt (die Grenzlinie markiert der in Ost-West-Richtung verlaufende Boulevard Hassan II.) wird besonders durch die großzügigen Geschäfte an der Avenue Mohammed V. (auch Hauptpost und Bahnhof) und an der parallel verlaufenden Avenue Allal Ben Abdallah geprägt. Am südlichen Ende der Avenue Mohammed V. befindet sich die Große Moschee Es Sunna. In einer linker Hand gelegenen Seitenstraße (23, Rue El Brihi) ist das **Archäologische Museum** untergebracht (in der Regel geöffnet: 8–12 und 14.30–18 Uhr, Do geschlossen, Eintritt 10 DH, ✆ 70 22 24). Die wohl reichhaltigste archäologische Sammlung des Landes ist auf jeden Fall einen Besuch wert! Sehenswert sind besonders die in einem separaten Saal ausgestellten Bronzeplastiken aus Volubilis, außerdem die prähistorischen und punischen Exponate.

Westlich der Moschee Es Sunna, am Ende der Avenue Moulay al Hassan, liegt das mächtige **Bab er Rouah** (›Tor des Windes‹), Teil der alten Almohaden-Stadtmauer. Jenseits des Tores schließen sich die

Hochschulgebäude an: die **Université Mohammed V.** gilt zurecht als eine der renommiertesten des Landes. Auf der anderen Seite der Stadtmauer-Verlängerung liegt der dem Königspalast vorgelagerte, weitläufige **Mechouar,** ein Versammlungsplatz, von dem aus man alle zwei Stunden die Ablösung der königlichen Palastwachen – immer wieder ein beliebtes Fotomotiv – beobachten kann. Eine Besichtigung des Palais Royal, der Hauptresidenz von Hassan II., ist nur dann möglich, wenn der Monarch außerhalb der Hauptstadt weilt; der Wohnbereich selbst ist für die Öffentlichkeit geschlossen.

Lohnend ist ein Abstecher zur außerhalb der Stadtmauern gelegenen Meriniden-Grabstätte **Chellah** (zu erreichen über die von der Moschee Es Sunna in südöstlicher Richtung führende Avenue Yacoub el Mansour). Römische Fundamente künden von der antiken Siedlungsstätte Sala, einer karthagischen Gründung; eindrucksvoll präsentieren sich die Meriniden-Nekropole und die Ruinen ihrer Moschee inmitten halb verwilderter Gärten mit Feigenbäumen und Blumen. Hier befindet sich auch das Grabmal des als »Schwarzer Sultan« bekannten Abou El Hassan (gestorben 1351).

Information: ✆ Vorwahl 07; Délégation du Tourisme, 22, Rue d'Alger, ✆ 73 05 62, Fax 72 79 17; Syndicat d'Initiative: Rue Patrice Lumumba, ✆ 72 32 72; Goethe-Institut: 10, Zankat al Jabli (Seitenstraße der Avenue Allal Ben Abdallah); Telefonzentrale/Hauptpost: Avenue Mohammed V. (Höhe Avenue Jean Jaures); Polizeinotruf: 19; Leihwagenfirmen: im Zentrum der Neustadt, Avenue Mohammed V. und Seitenstraßen; Touring Club du Maroc: 45, Rue Patrice Lumumba; Banken/Reisebüros: Avenue Mohammed V., Avenue Allal Ben Abdallah, Seitenstraßen zwischen Hauptbahnhof und Medina-Südrand.

Innerstädtischer Verkehr: Terminal der Stadtbusse: Kreuzung Boulevard Hassan II./Avenue Mohammed V., unmittelbar beim Bab el Had; Verbindungen in sämtliche Stadtteile und nach Salé (Linien 6, 16, 24, 25).

Fernverkehr: Hauptbahnhof: an der Avenue Mohammed V./Place des Alaouites, ✆ 70 14 69 (Bahnsteige eine Etage unter den Fahrkartenschaltern); bis ca. 21 Uhr fast stündliche Verbindungen nach Casablanca (Fahrtzeit: 50 Min, Preis 2. Klasse: 25,50 DH); ausgezeichnete Verbindungen nach Marrakesch, Fès, Meknes; mehrere Züge täglich nach Tanger, Safi, Taza, Oujda, Kenitra; **Regionalbahnhof:** Rabat-Agdal, ca. 4 km südwestlich des Stadtzentrums. **Fernlinien-Busbahnhof:** an der Route de Casablanca, ca. 6 km südwestlich des Stadtzentrums (Anfahrt mit Taxi oder Buslinie 30 vom Bab el Had); ausgezeichnete Verbindungen in alle marokkanischen Großstädte.

Flughafen: Rabat-Salé, ca. 10 km südöstlich des Zentrums, Ausfallstraße nach Meknes, zwei Flüge täglich nach Paris, Inlandsflüge nach Casablanca und Agadir (täglich), außerdem nach Fès, Marrakesch, Laayoune, Ouarzazate und Oujda. Royal Air Maroc: Avenue Mohammed V., auf Höhe der Rue Al Amir Moulay Abdallah, ✆ 76 97 10.

Unterkunft: Hotels – gehobener Standard: Hilton, Souissi-Rabat, Postfach 450, ✆ 77 12 34, Fax 77 24 92/77 30 39; Farah Safir, Place Sidi Makhlouf, ✆ 73 47 47, Fax 72 21 55; La Tour Hassan, 26, Avenue Abderrahman Annegai, ✆ 7 33 81 15/16, Fax 72 54 08. **Mittelklassehotels:** Les Oudayas, 4, Rue de Tobrouk, ✆ 70 78 20/70 91 30, Fax 70 82 35; Moussaafir, 12–14, Rue Abderrahman El Ghafiki, ✆ 77 49 01/77 34 26; Shéhérazade, 21, Rue de Tunis, ✆ 72 22 26 /28/72 45 27. **Einfache Hotels:** Bou Regreg, 1, Rue de Nador, ✆ 72 41 10 / 73 40 02; Grand Hotel, 19, Rue Patrice Lumumba, ✆ 72 72 85/86; La Paix, 2, Rue de Ghazzah, ✆ 73 20 31/72 29 26; Royal Hotel, 1, Rue Amman, ✆ 72 11 71/72. **Unklassifizierte Hotels:** vor allem beim Medina-Eingang, in der Nähe der Kasbah des Oudaias und beim Busbahnhof am Bab el Had, z. B.: Hotel Marrakesch, Hotel Berlin, Hotel de Kasbah, Hotel des Voyageurs, Hotel de Paris, Hotel du Maroc. **Jugendherberge:** 43, Rue Marassa, ✆ 72 57 69 (auf halbem Weg zwischen Bab el Had und Bab el Alou zweigt die Rue Marassa links vom Boulevard Misr ab).

Camping: Camping de la Plage (2 km nördlich von Rabat am Ufer des Bou Regreg gelegen); Camping La Palmeraie Temara (ca. 15 km südlich von Rabat, in Strandnähe).

Restaurants: In den Luxushotels meistens gute (und teure!) à-la-carte-Gastronomie; gepflegte Restaurants in der Neustadt; ausgesprochene Billigrestaurants in der Nähe des Bab el Had, beim Medina-Eingang, am Anfang der Rue Souika; marokkanisch/französische Küche: Le Koutoubia, 10, Rue Pierre-Parent; L'Entrecôte, 74, Boulevard Fall Ould Oumeir, Rabat-Agdal (Fischspezialitäten); Le Goéland, 9, Rue Moulay Ali Cherif (Meeresfrüchte, nicht gerade billig!). 24-Stunden-Service im Le Jour et La Nuit, Place Melilla.

Medizinische Versorgung: Ambulanznotruf: 15; Nachtapotheke: Rue Moulay Sliman (neben der Residence Moulay Ismail, geöffnet 20–8 Uhr).

Meknes

Die Königsstadt Meknes liegt an den Nordwestausläufern des Mittleren Atlas, 550 m über dem Meeresspiegel in einer fruchtbaren und landwirtschaftlich intensiv genutzten Hügellandschaft. Als Zentrum der marokkanischen Agrikultur exportiert man heute insbesondere Wein. Die etwa 550 000 Einwohner zählende Provinzhauptstadt steht zwar touristisch im Schatten des nur 60 km entfernten Fès, hat sich aber längst zu einem ökonomisch bedeutenden Handels- und Handwerksstandort entwickelt. Meknes empfiehlt sich als Ausgangspunkt zu einem überaus lohnenden Tagesausflug nach Volubilis, der bedeutendsten antiken Ruinenstätte Marokkos. Die ehemalige Berbersiedlung wurde durch Caligula 45 n. Chr. eingenommen und erhielt als entferntester Außenposten des Römischen Reiches später Stadtrecht: sehenswert besonders die gut erhaltenen Fußbodenmosaiken, der Triumphbogen des römischen Kaisers Caracalla, Forum, Kapitol und Basilika. Ein anderer Tagesausflug kann auch nach Moulay Idriss führen, das als heilige Stadt bis heute der wichtigste nationale Wallfahrtsort für Pilger aus dem ganzen Maghreb ist. Die Stadtgründung erfolgte 788 durch Moulay Idriss I., den Ahnherrn der dynastischen Tradition des Landes und Gründer des ersten marokkanischen Reiches.

Geschichte

Als Streusiedlung Meknassa ez Zitoun gegründet, siedelten sich im 11. Jh. die Meknassa, ein Stamm der Zenata-Berber, am Ufer des Oued Boufekrane an. Die später almoravidische Festung (um 1060) ließ der Almohaden-Sultan Abd el Moumen 1145 weitgehend zerstören. Eine rege Bautätigkeit begann im 14. Jh. unter den Meriniden (Medersa Bou Inania, Anlage einer Kasbah, Bau von Moscheen). Bis ins 17. Jh. setzte dann ein Verfall und Niedergang durch dynastische Erbfolgekriege ein, wobei die Stadt Opfer mehrfacher Plünderungen wurde.

Als der zweite Alaouiten-Sultan Moulay Ismail (s. 103) die Regierung übernahm, verlegte er 1672 die Residenz nach Meknes. Während seiner 55jährigen Regentschaft ließ er die gigantische »Ville Imperiale« (›Königsstadt‹) als Zeichen seiner Macht erbauen. Nach dem Tode des mächtigen Herrschers 1727 wurde die Stadt erneut dem Verfall überlassen, verstärkt noch durch das schwere Erdbeben 1755. Andere Herrscher verlegten die Sultansresidenz nach Fès. Ab 1920 begannen die Franzosen, die »Ville Nouvelle« (›Neustadt‹) anzulegen. Nach der Unabhängigkeit Marokkos entwickelte sich Meknes zu einer wichtigen Militärbasis und zu einem Zentrum der einheimischen Nahrungsmittelindustrie (Standort der Nationalen Landwirtschaftsschule); von überregionaler Bedeutung ist außerdem die Produktion von Berberteppichen.

Besichtigung

Die Neustadt von Meknes, von gesichtslos-funktionaler Architektur und ohne nennenswerte Sehenswürdigkeiten, liegt auf einem Plateau nordöstlich des Oued Boufekrane. Zur ersten Orientierung empfiehlt sich ein Abstecher zum Hotel Transatlantique, von wo aus man einen traumhaften Panoramablick auf die Altstadt hat. Die Medina liegt westlich des Flusses, ihr südwestlicher Teil wird von der Alten und der Neuen Mellah eingenommen. Südlich an die Medina angrenzend liegen die weitläufigen und prächtigen Palast-, Festungs- und Speicherkomplexe der Ville Imperiale.

Einen Rundgang durch die Medina startet man am besten an der zentralen **Place el Hedim**, dem

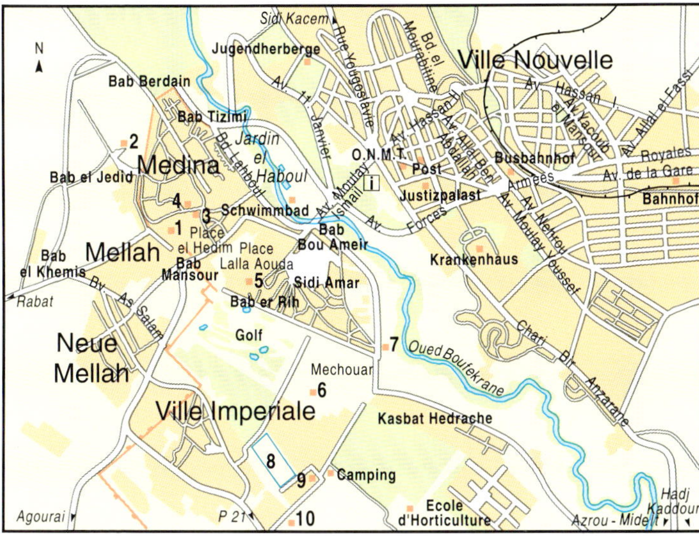

Meknes 1 Museum für marokkanische Volkskunst, Dar Jamai 2 Koubba des Marabout Sidi Ben Aissa 3 Große Moschee 4 Medersa Bou Inania 5 Mausoleum Moulay Ismail 6 Dar el Makhzen 7 Borj el Ma 8 Bassin de l'Agdal 9 Heri Dar el Ma 10 Rouah

quirligen Verkehrsknotenpunkt zwischen Mellah und Medina. An der Südostseite des Platzes steht das mächtige, 1732 vollendete **Bab el Mansour**, das nicht zu Unrecht als das schönste Stadttor Marokkos gilt. Von zwei quadratischen Zierbasteien flankiert – ihre Marmorsäulen stammen aus den Ruinen von Volubilis – wölbt sich in der Mitte ein gigantischer Hufeisenbogen. Auffällig ist der Zierat aus grünen Keramik-Arabesken, Flechtbandwerk, mehrreihigen Inschriften und einem umlaufenden Fries aus kleinen Blendzinnen. Das Bab el Mansour war Schauplatz von Gerichtsverhandlungen: In der Sultanszeit wurden die Köpfe der Hingerichteten hier aufgespießt.

An der nördlichen Stirnseite der Place el Hedim befindet sich das **Museum für marokkanische Volkskunst** – allein das **Dar Jamai**, ein Wesirspalast aus dem 19. Jh., in dem die Schaustücke (Holzschnitzereien, Berberschmuck, Keramik, Trachten, Leder- und Metallarbeiten) untergebracht sind, lohnt den Besuch (geöffnet: täglich 8.30–12, 15.30–18.30 Uhr, Di geschlossen, ✆ 53 08 63).

Im nordwestlichen Teil der Medina liegen, nach Branchen sortiert, die **Souks** für Teppiche, Textilien, Babuschen und Musikinstrumente. Jenseits des Bab el Jedid befindet sich die **Koubba des Marabout Sidi Ben Aissa** inmitten eines großen muslimischen Friedhofs. Der Begründer der Aissaoua-Sekte lebte um 1500 und gilt heute als ihr Schutzheiliger.

In unmittelbarer Nähe des Dar Jamai befinden sich drei bedeutende Sehenswürdigkeiten von Meknes: die **Moschee Nejjarin** (Almohaden-Bau aus dem 12. Jh., im 18. Jh. unter dem Alaouiten-Sultan Sidi Mohammed Ben Abdallah vollständig restauriert und mit einem neuen Minarett versehen), die **Große Moschee** (almoravidische Ursprünge, Erweiterungsbauten der Almohaden aus dem frühen 13. Jh., die Gebetskanzel stammt aus der Regierungszeit Moulay Ismails) und die landesweit berühmte **Medersa Bou Inania**. Unter den Meriniden-Sultanen Abou el Hassan (1331–1350) und Fariz Abou Inan (1350–1358) erbaut, gehört diese theologische Hochschule mit ihren Bronzetüren, ihren künstlerisch vollendeten Fayence-Mosaiken, den Zedernholzdecken, marmornen Reinigungsbrunnen und mit ihrem prächtigen maurischen Flächendekor zu den schönsten islamischen Architekturschätzen Marokkos. Auch eilig Durchreisende sollten eine Besichtigung der Me-

In den Straßen von Meknes

Moulay Ismail

Eine Figur, die überlebensgroß die Epoche der frühen Neuzeit beherrscht: Moulay Ismail, der zweite Sultan aus der Alaouiten-Dynastie, ist immer wieder mit seinem Zeitgenossen Ludwig XIV. verglichen worden. Wie der französische »Sonnenkönig« hat Moulay Ismail ungewöhnlich lange – 55 Jahre, von 1672 bis 1727 – regiert, er hat gegenüber den zentrifugalen Kräften in seinem zersplitterten Reich (aufrührerische Berber-Nomaden, selbständige Korsaren-Stadtstaaten, religiöse Bruderschaften) die Gewalt einer neuen politischen Zentrale (Meknes) durchgesetzt, er hat ein riesiges, 150 000 Mann zählendes, stehendes Heer zwangsrekrutiert – und er hat ein durchaus absolutistisches Hofzeremoniell sowie eine außerordentlich monumentale Palastarchitektur als Zeichen selbstherrlicher Souveränität inszeniert. »L'état, c'est moi« (›Der Staat, das bin ich‹) – der Ludwig XIV. zugeschriebene Ausspruch kennzeichnet auch das Selbstverständnis dieses Jahrhundert-Sultans, der außer Allah keine Instanzen neben oder über sich duldete, denen er zur Rechenschaft verpflichtet war.

Er gehört zu jenen Gestalten der Geschichte, die sich, obschon oder gerade weil quellenmäßig verbürgt, jeder historischen Rekonstruktion kategorisch entziehen. Moulay Ismail ist der Protagonist einer tumultuösen Epoche, vor dem jede Vorstellungskraft zu versagen hat! Selbst wenn man versucht, das Fransenwerk der Legenden beiseitezuräumen – die Quellen ermöglichen keine Perspektive auf einen Menschen, mit dem sich der nachgeborene Chronist vertraut machen könnte. Die Person wird auch in den Rastern des gemeinen Verstehenwollens als historische Vorstellung nicht faßbar.

Oder wie soll man sich einen Regenten vorstellen, der mit offenkundiger Liebe zum Detail grausige Folter-Reglements aufstellte und der, wenn man den Quellen Glauben schenken kann, höchstselbst Tausende seiner Untertanen völlig willkürlich mit einem Schwertstreich zum Tode beförderte? Wie hat man sich einen Mann vorzustellen, der sich an die 500 Haremsdamen hielt und der Vater von um die 700 Söhnen gewesen sein soll? Wie einen Militärstrategen, der sein Heer durch regelrechte Zuchtanstalten (Haras = Gestüte) aufstocken ließ – 10 000 schwarze Sklavinnen aus dem Senegal soll Moulay Ismail eigens für diesen Zweck von arabischen Sklavenhändlern erworben haben. Wie einen Baumeister, der 30 000 bis 60 000 Sklaven dazu verurteilte, in der Ville Imperiale der neuen Hauptstadt Meknes die gigantischen steinernen Insignien absoluter Machtvollkommenheit zu errichten? Wie einen Despoten, der seine Untertanen bis aufs Blut ausspreßte, der exorbitant hohe Steuersätze erhob – und sie, dank eines barbarischen Eintreibungssystems, zumeist auch erhielt?

Mausoleum des Moulay Ismail

Moulay Ismail muß einen ausgeprägten Instinkt für Bedrohung gehabt haben. Seine Militärarchitektur, die Speicherstadt von Meknes eingeschlossen (in ihr spiegelt sich das Trauma des Belagertwerdens), spricht dazu eine beredte Sprache; er hat, auch darin mit Ludwig XIV. vergleichbar, das Land mit einem Netz von Festungen überzogen; er schuf sich mit seinem 150 000-Mann-Heer ein gewaltiges Machtinstrument, das er offenkundig zu disziplinieren verstand. Moulay Ismail, militärisch außerordentlich erfolgreich, bot dem Ansturm der Türken an der Ostgrenze seines Reiches Paroli; er entriß den Engländern Tanger und den Spaniern Larache; er pflegte diplomatische Kontakte zum französischen Hof in Versailles – 1699 empfing Ludwig XIV. eine Gesandtschaft des marokkanischen Sultans.

Die Ära Moulay Ismails markiert jene Epoche, in der sich die Armee als eigenständiger Machtfaktor zu etablieren beginnt, in der sich der

Primat des Militärischen in der Politik wie im ökonomischen System ausdrückt. Kaum ein Sultan hat jemals soviel Macht besessen wie Moulay Ismail, von kaum einer Hauptstadt ist eine derart straffe Zentralgewalt ausgegangen wie gerade von Meknes. Freilich erwies sich die Einheit des Reiches schon unmittelbar nach Moulay Ismails Tod als Phantom: Marokko versank nach 1727 in entsetzlichen Diadochenkämpfen, in einer fast 30 Jahre währenden Anarchie.

Es ist eine bizarre Pointe der Geschichte, daß sich Moulay Ismail gerade beim ebenso bewunderten wie herzlich verachteten Sonnenkönig Ludwig XIV. eine herbe Abfuhr einhandelte. Der Sultan plante, eine Tochter des französischen Königs – Anne-Marie de Bourbon, Prinzessin de Conti – seinem Harem einzuverleiben und ließ durch seinen Botschafter Ben Aicha in Versailles um ihre Hand anhalten. Man werde das Ansinnen wohlwollend prüfen, lautete die Antwort aus Frankreich – wenn Moulay Ismail zum katholischen Glauben übergetreten sei...

dersa Bou Inania keinesfalls versäumen.

Das gewaltige Bab el Mansour markiert die Nahtstelle zwischen Medina und Ville Imperiale, dem noch als Ruinenfeld in seinen Dimensionen imponierenden Palastbezirk Moulay Ismails. Die **Ville Imperiale** ist seine persönliche Stadt, steinerner Ausdruck seines absoluten Herrschaftsanspruches – so wie Versailles mit seinen Schloß- und Gartenanlagen der zentrale Punkt der Ära des französischen Sonnenkönigs Ludwig XIV. gewesen ist. Die Mauerringe, die Medina und Ville Imperiale umschlossen haben, erreichten insgesamt eine Länge von etwa 40 km. Größtenteils erhalten, vermitteln sie eine Ahnung von den Dimensionen, in denen Moulay Ismail seine Residenz anlegen ließ. Südlich des Bab el Mansour, an der **Place Lalla Aouda**, findet sich die **Koubba el Khayatine**, ein Pavillon, in dem Moulay Ismail die ausländischen Gesandten empfing; in den unterirdischen Verliesen dieses Gebäudes sollen bis zu 50 000 christliche Sklaven und Sträflinge geschmachtet haben (eine Besichtigung des Gewölbegefängnisses ist möglich, Führer obligatorisch, Gruselerlebnis garantiert!).

Dem Christengefängnis schräg gegenüber, linker Hand hinter dem Bab Moulay Ismail, liegt das **Mausoleum** des Monarchen, das bis auf den eigentlichen Grabraum auch von Nicht-Muslimen betreten werden darf. Die unter Mohammed V. restaurierte Grabstätte (geöffnet: täglich 9–12 und 15–18 Uhr, Fr Vormittag geschlossen, Schuhe ausziehen!) beeindruckt durch ihre

Stuckornamente und Mosaiken, ihre Prunktorfassade und die gefliesten Innenhöfe. Außer dem Regenten selbst sind etliche seiner Nachfolger sowie einige Familienmitglieder hier bestattet, unter ihnen Lalla Khnouata, eine der Lieblingsfrauen Moulay Ismails. Die aufgestellten kostbaren Standuhren, ein Geschenk von Ludwig XIV., schaffen an einem der Zeit enthobenen, ins Heilige entrückten Ort ein ganz eigenes, ans Profane gemahnendes Raum-Zeit-Gefühl – ein höchst merkwürdiger Effekt!

Südöstlich des Mausoleums, hinter dem Bab er Rih (›Tor der Winde‹), erstreckt sich rechter Hand, von wuchtigen Mauern umgeben, der **Dar el Makhzen**, der Wohn- und Palastbereich der Sultansresidenz (Erweiterungsbauten im 18. und 19. Jh.). Westlich des ihm vorgelagerten **Mechouar** und der Gartenbauschule stößt man auf das **Borj el Ma** (›Wasserfestung‹) und das **Bassin de l'Agdal**, das der Bewässerung der Sultansgärten diente. Hier befinden sich auch die Getreidespeicher Moulay Ismails (*Heri Dar el Ma*): riesige, kathedralenartige Vorratsgewölbe aus Stampflehm sowie die überdimensionierten Stallungen (*Rouah*), die nicht weniger als 12 000 Pferde beherbergt haben sollen.

Erwähnenswert sind noch die in die westliche Medina-Ummauerung eingelassenen Stadttore **Bab Berdain** (spätes 17. Jh., nach den Herstellern von Pferde- und Eselssätteln benannt), **Bab el Jedid** (eines der ältesten Stadttore aus der Almohaden-Ära) und **Bab el Khemis** (Fayence-Ornamente, Inschriften in Kufi-Schrift, spätes 17. Jh.). Interessant ist ein Ausflug in das Töpferviertel, wo man den Handwerkern bei der Arbeit zusehen kann. Wenn man die Altstadt durch das Bab Tizimi am Nordostrand der Medina verläßt, liegen die meisten Werkstätten östlich des Oued Boufekrane. Zum Verweilen und Verschnaufen lädt rechts vom Bab Tizimi der schön angelegte Park Jardin el Haboul ein.

Die Stallungen des Moulay Ismail

Information: ✆ Vorwahl 05; Délégation du Tourisme: Place

Administrative (im Zentrum der Neustadt, gegenüber der Hauptpost), ✆ 52 44 26, Fax 51 60 46; Syndicat d'Initiative: Esplanade de la Foire (beim Bab Bou Ameir, Südostausgang der Medina), ✆ 52 01 91; Telefonzentrale und Hauptpost: Place Administrative (Telefonz. geöffnet 8–21 Uhr); Banken/Wechselschalter: im Zentrum der Neustadt, Avenue Mohammed V.; Polizeinotruf: 19; Leihwagen-Agenturen: im Zentrum der Neustadt; Automobilclub: ✆ 52 01 45; Taxistände: am Hauptbahnhof, an der Place el Hedim.

Innerstädtischer Verkehr: Hauptabfahrtsort der städtischen Buslinien: Place Lalla Aouda, Zentralmarkt an der Avenue Hassan II. zwischen Medina und Neustadt.

Fernverkehr: Hauptbahnhof: Avenue de la Gare (Parallelstraße der Avenue des F.A.R., im Osten der Neustadt), ✆ 52 10 60/52 24 07; sämtliche Züge halten auch am 2 km westlich gelegenen Bahnhof Amir Abdelkader; 9 Züge täglich nach Casablanca, Rabat; ausgezeichnete Verbindungen auch nach Tanger, Marrakesch, Oujda; häufige Verbindungen ins 60 km entfernte Fès. **CTM-LN-Busbahnhof:** Avenue Mohammed V. (in der Nähe der Kreuzung zur Avenue des F.A.R.), ✆ 52 25 83/84; gute Verbindungen nach Casablanca, Rabat, Fès; nur ein Bus täglich nach Tanger, Marrakesch; weitere Verbindungen nach Chefchaouen, Ifrane, Azrou und Ouezzane. **Busbahnhof der Privatlinien:** Bab Zine el Abidine (südlich der Place el Hedim, Nähe Bab el Mansour; Verbindungen in etwa wie die CTM-LN-Busse, auf einigen Strecken aber weitaus häufiger; von hier aus auch Verbindungen für Tagesausflüge in die Pilgerstadt Moulay Idriss und nach Volubilis – die ehemalige römische Niederlassung.

Flughafen: Anflug über Flughafen Fès-Sais; Royal Air Maroc: 7, Avenue Mohammed V., ✆ 52 09 63.

Unterkunft: Hotels – gehobener Standard: Hotel Transatlantique, Rue El Meriniyines (etwa 500 m vom Bab Tizimi, gediegenes Luxus-Ambiente, renommierte Gastronomie), ✆ 52 50 50/51, Fax 52 00 57; Rif, 10, Rue d'Accra, ✆ 52 25 91-94, Fax 52 44 28; Zaki, Boulevard El Massira (einige Kilometer südöstlich des Stadtzentrums, die Hotel-Disco ist an Wochenenden ein Magnet für die Stadtjugend), ✆ 51 41 46, Fax 52 48 3252 41 73. **Mittelklassehotels:** Bab Mansour, 38, Rue Emir Abdelkader, ✆52 52 39/40; Volubilis, 45, Avenue des F.A.R., ✆ 52 50 82; Palace, 11, Rue Ghana, ✆ 52 57 77. **Einfache Hotels:** Majestic, 19, Avenue Mohammed V., ✆ 52 20 35/52 03 07; Moderne, 54, Avenue Allal Ben Abdallah, ✆ 52 17 43/52 48 28; Continental, 92, Avenue des F.A.R., ✆ 52 54 71/52 50 86; Excelsior, 57, Avenue des F.A.R., ✆ 52 19 00. **Unklassifizierte Hotels:** Rue Dar Semen, Rue Rouamazin (südöstlicher Teil der Medina, Nähe Place Lalla Aouda), in der Neustadt besonders im Kreuzungsbereich Avenue Mohammed V./Avenue des F.A.R. (Nähe CTM-Bahnhof), Place el Hedim. **Jugendherberge:** Avenue Okba Ibn Nafi (beim städtischen Sportstadion, Nähe Hotel Transatlantique), ✆ 52 46 98.

Camping: Bienvenue, sehr schön in einem Teil der Gartenbauschule (Jardin d'horticulture) in der Ville Imperiale gelegen (in unmittelbarer Nähe der berühmten Getreidespeicher, guter Standard, auch Mietbungalows), ✆ 55 53 96.

Restaurants: Exzellente Küche im Hotel Transatlantique; Le

Dauphin, 5, Avenue Mohammed V. (Fischspezialitäten); Le Collier de la Colombe, in der Nähe des Mausoleums; La Case, 8, Boulevard Moulay Youssef (besonders franz. Küche); La Hacienda, Route de Fès (an der Ausfallstraße, international); La Coupole, Ecke Avenue Hassan II./Rue Ghana; Novelty, 12, Avenue de Paris; Zitouna, 44, Jamaa Zitouna (schönes Ambiente, marokkanische Spezialitäten); Pizzeria Le Four, 1, Rue Atlas; Gambrinus, Place du Marché (direkt beim Zentralmarkt); Palais Terrab, 18, Avenue Zerktouni; Cuisine d'Or, 13, Rue Antsirabi; Tangerois, 2, Rue de Beyrouth (vietnamesische Spezialitäten); Free Time, 27, Avenue Hassan II. (Fast Food). Billig-Restaurants: Place el Hedim, im südöstlichen Sektor de Medina (Rue Dar Semen, Rue Rouamazin).

Medizinische Versorgung: Ambulanznotruf: 15; Krankenhäuser: Hôpital Mohammed V., ✆ 52 11 34; Hôpital Moulay Ismail, ✆ 52 28 05; Zentrale Apotheke: Avenue Mohammed V., ✆ 52 11 81 (tägl. geöffnet); Nachtapotheke: beim Rathaus an der Place Administrative, ✆ 52 33 75 (20.30–8.30 Uhr).

Kunsthandwerk: Ensemble Artisanal, Avenue Charii Riad, ✆ 53 08 08/53 07 84 (Fixpreise); Französisches Kulturzentrum, Ecke Rue Ferhat Hachad/Avenue Hassan II., ✆ 52 40 71 (Gebäude des franz. Konsulats).

Sport: Golfclub, ✆ 53 07 53; Tennisclub, ✆ 52 04 15; Skiclub, ✆ 52 42 68; Schwimmbäder: Piscine de la paix, direkt beim Hotel Zaki; Piscine municipale, am Ufer des Oued Boufekrane im Gelände des Jardin el Haboul an der östlichen Umfassungsmauer der Medina.

Fès

Fès, die älteste der vier marokkanischen Königsstädte, liegt etwa 60 km nordöstlich von Meknes in einer landwirtschaftlich intensiv genutzten Zone (Olivenproduktion) an der Südflanke des Cheraga-Plateaus. Als Sitz der vermutlich ältesten Universität der Welt und traditionsreiches theologisch-wissenschaftliches Zentrum des westlichen Islam gilt Fès bei vielen

Blick über Fès

Marokko-Kennern als die an Kunstschätzen reichste Metropole des Landes, als die schönste Stadt Marokkos, ja sogar als eine der faszinierendsten Städte der gesamten arabisch-muslimischen Zivilisation. Die Stadt an den Ufern des gleichnamigen Flusses, heute eine Großstadt mit etwa 800 000 Einwohnern, ist deutlich in drei Stadtteile gegliedert: die Medina, der älteste und sehenswerteste Stadtbezirk (Fès el Bali), die ab 1276 angelegte Meriniden-Residenz (Fès el Djedid) und die seit 1916 beständig expandierende, von den Franzosen geplante Neustadt (Ville Nouvelle), die zwar keinerlei Sehenswürdigkeiten aufweist, allerdings die touristisch wichtigen Versorgungszentren zusammenfaßt. Bis 1912 war Fès die marokkanische Hauptstadt, die »Fassi« (Bewohner von Fès) bilden bis heute die intellektuelle Elite des Landes, mit noch immer außerordentlich großem Einfluß in Politik, akademischem Wissenschaftsbetrieb und privatem Unternehmertum. Fès ist Provinzhauptstadt, wichtiges Kunsthandwerks- und Handelszentrum, religiöser Wallfahrtsort und bedeutender Hochschulort.

Für die Stadtbesichtigung sollte man mindestens drei bis vier Tage einkalkulieren; als erste Orientierung empfiehlt sich ein Rundkurs auf der Umgehungsstraße Tour du Fès, auf der sich mehrere lohnende Aussichtspunkte befinden (die Festungsanlagen Borj Sud und, inzwischen als Waffenmuseum genutzt,

Das UNESCO-Projekt

Es ist ein Todeskampf, der seine Spuren – schwärende Wunden, unaufhaltsamer Verfall, gespenstische Agonie – unerbittlich in das Antlitz des Patienten gefressen hatte. Um ihn zu retten, war eine umfassende Diagnose sowie eine wohlgezielte Therapie vonnöten. Eine, um im Bilde zu bleiben, ausschließlich medikamentöse Behandlung hätte hier nichts mehr vermocht; gefragt sind präzise Chirurgie, angewandte Rehabilitation.

Die Rede ist von der Medina in Fès – ein architektonisches Juwel, eine der an Kunstschätzen reichsten Städte der gesamten arabisch-muslimischen Zivilisation. Die Medina – Fès el Bali und Fès el Djedid – droht gerade an ihrer einzigartigen Schönheit zugrundezugehen. Magnet der Landflüchtigen aus dem Umland, ist sie seit Jahrzehnten einem enormen Zuwanderungsdruck ausgesetzt, wobei die den Medina-Bewohnern gewährten Steuerprivilegien noch zusätzlich wie ein Köder wirken. Gegenwärtig leben etwa 400 000 Menschen in der Medina, die mit der Altstadt von Marrakesch zu den größten des Landes zählt; oft genug gehören diese Medina-Bewohner zu den Ärmsten der Armen, die für die Sanierung ihrer Häuser keinerlei Mittel aufbringen können und die sich in der Regel auch der Einsicht in die Notwendigkeit verweigern, das von Verfall bedrohte historische Freilichtmuseum ihrer Stadt zu retten – und zwar schnell.

Schon 1976 hat die UNESCO, gleichsam das Kulturministerium der Vereinten Nationen, auf ihrer Konferenz in Nairobi beschlossen, die Medina von Fès auf die Liste des schützenswerten »Weltkulturerbes« zu setzen. Im April 1980 konnte Amadou-Mahtar M'Bow, seinerzeit UNESCO-Generaldirektor, das Fès-Sanierungsprojekt als »eine Kampagne ohne Vorläufer in den Aktivitäten der UNESCO« bezeichnen, nicht zuletzt deshalb, weil die angepeilten Maßnahmen erstmals der Rettung einer islamischen Stadt galten. Das Gesamtvolumen des Projektes, aufgefächert in vier Sektionen (Bau- und Sanierungsmaßnahmen, ökonomische Projekte, Infrastrukturausbau, ökologisch-kulturelle Projekte) und 43 Einzelvorhaben, wurde mit 542 Millionen US-Dollar beziffert; davon sollen die marokkanischen Behörden – federführend ist das Innenministerium – 104 Millionen Dollar tragen.

Deutlich erkennbar ist das Bemühen der UNESCO, die eigentliche Sanierung der Altstadt in den Kontext eines umfassenden städtebaulichen Planungssystems zu stellen, also die Misere zu überwinden, indem an der Aufhebung ihrer Ursprünge gearbeitet wird. Es geht offenkundig gerade nicht darum, die Medina als kunsthistorisches Schmuckkästchen zu restaurieren, sondern ihr (kunst)geschichtliches Erbe als urbanes Gesamtkunstwerk wieder bewohnbar zu machen. Fès ist ein einzigartiges Ensemble aus Moscheen und Medersen, Stadthäusern und Palais, Fondouks und Karawansereien, Werkstätten und Souks, Brunnen und Heiligtümern, Stadtmauern und Befestigungen, Gassenlabyrinthen und Gartenanlagen, Friedhöfen und Riads, Badehäusern und Kanalisationssystemen… Die UNESCO-Maßnahmen zielen daher auf den Erhalt klassisch-schöner Architektursubstanz ebenso wie auf die gezielte Wiederbelebung der alten Stadtteilzentren (geplant sind jeweils 26 Millionen Dollar für die Stadtteile El Kairaouine, El Andalous, Bou Inania und Fès el Djedid; weitere 33,5 Millionen Dollar für 28 Distrikte der Medina); die Infrastruktur-Maßnahmen gelten den Bereichen Transport und Verkehr, Elektrifizierung und Trinkwasserversorgung, Parkanlagen und Sportstadien, Schul- und Krankenhausbau.

Der mit Abstand größte Einzelposten in der Gesamtkalkulation (147 Millionen Dollar) ist für ein gigantisches Wohnungsbauvorhaben im Osten von Fès vorgesehen, wo auf einem 450-Hektar-Areal 20 000 neue Wohnungen entstehen sollen. Die Altstadt von Fès ist heillos übervölkert, von den Versorgungszentren der Neustadt abgekoppelt, hygienisch in einem oft katastrophalen Zustand (kein Zufall, daß es hier 1990/91 zu mehreren Choleraepidemien kam), medizinisch unterversorgt. Wer, wie die UNESCO, dieses Wunder einer Stadt retten will, kann sich nicht auf die Sanierung der touristischen Highlights beschränken. Umgekehrt kann das Gelingen dieses aufwendigen Vorhabens nicht ohne schmerzhafte Einschnitte in historisch gewachsene Strukturen vonstatten gehen: Immerhin ist an die »Umsiedlung« von Zehntausenden Medina-Bewohnern gedacht …

Die ökonomischen Projekte sind vorrangig der Entwicklung und Wiederbelebung des traditionellen Handwerks gewidmet, besonders in den Branchen Textil, Leder und Kupfer. Unter die Rubrik der kulturellen Zukunftsinvestitionen fallen ein geplantes Museum der Stadt Fès, ein Institut für traditionelle Handwerkstechniken, die Restaurierung des Manuskriptbestandes in der Kairaouine-Bibliothek und der Bau eines internationalen Ansprüchen genügenden Tagungszentrums. Den akademisch-theologischen Traditionen der Stadt sollen ein Institut für Erhalt und Entwicklung islamischer Städte sowie ein Institut für islamische Studien Rechnung tragen. Weitere Projekte dienen ökologischen Zielen, vornehmlich im Natur- und Gewässerschutz (hydrologisches Gleichgewicht des Oued Fès; Sanierung des gesamten Wasser- und Abwassernetzwerks, Kostenkalkulation: 43 Millionen Dollar). Auf einer Fläche von 150 ha soll ein ganz neues Industrieviertel entstehen.

Basis-Infrastruktur und Wohnungsbau, integrale Raumordnung mit einer stärkeren Akzentuierung der Stadtteilzentren und öffentliche Naherholungsgebiete – dies sind die Arbeitsbereiche, die die Restaurierung der historischen Monumente in der Medina von Fès flankieren. Es gilt, das Überleben einer 1200 Jahre alten Stadt zu sichern, indem der Verfall ihrer Kunst- und Kulturdenkmale gestoppt, indem der komplexe Sozialkosmos namens Fès behutsam der Moderne geöffnet wird. Die Aufgabe ist gestellt. Eine Lösung steht noch aus.

Borj Nord sowie die Ruinenfelder der Meriniden-Nekropole aus dem 14. Jh.).

Geschichte

Im Jahre 808 gründete Moulay Idriss II. die Stadt, die schon in der ersten Hälfte des 9. Jh. von muslimischen Flüchtlingen aus Andalusien und dem tunesischen Kairouan besiedelt wurde. Die getrennten Stadtviertel El Andalous und El Kairaouine legte man im 11. Jh. zusammen zum seither alten Stadtkern von Fès el Bali. Um 860 gründete Fatima Bint Mohammed El Feheri die Kairaouine-Universität, die bald zum Zentrum der Arabisierung im Maghreb avancierte. Seit dem frühen 10. Jh. fanden blutige Machtkämpfe zwischen den Dynastien der tunesischen Fatimiden und den Omajaden aus Cordoba statt, wobei letztere die Stadt 985 unter ihre Kontrolle brachten. 1067 wurde sie von dem Almoraviden-Sultan Youssef Ben Tachfine erobert, der Marrakesch zur neuen Residenz erhebt. Nach der Einnahme durch die Almohaden (1145) und dem starken Zuzug andalusischer Muslime steigt Fès im 12. Jh. zu einer Wirtschaftsmetropole mit weit verzweigten Handelsverbindungen auf.

1248 übernehmen die Meriniden die Macht und machen die Stadt für die folgenden zwei Jahrhunderte zur blühenden Kapitale ihres Reiches (Anlage des neuen Stadteils Fès el Djedid, Bau eines Königspalastes, Bau von Medersas, Moscheen, Fondouks, Badeanstalten). Im 14. Jh. ist Fès, etwa 200 000 Einwohner zählend, als Zentrum muslimischer Gelehrsamkeit bis nach Europa berühmt. 1471 erfolgt die Machtübernahme durch die Ouattasiden. Im 16. Jh.

beginnt der allmähliche Niedergang von Fès unter den Saadiern, die wiederum Marrakesch zur Hauptstadt ernennen: Der Saadier-Sultan Ahmed El Mansour (1578–1603) läßt die Forts Borj Nord und Borj Sud zur Kontrolle der aufständischen Stadtbevölkerung anlegen. Zwischen 1610 und 1626 wird Fès kurzzeitig die Hauptstadt eines eigenständigen Nord-Reiches.

Ab 1666/67 erhebt der Alaouiten-Sultan Moulay Rachid Fès zu seiner Residenz und – von der Regentschaft Moulay Ismails (1672–1727) einmal abgesehen –, bleibt sie bis 1912 die Hauptstadt der Alaouiten-Sultane. Sultan Moulay Abd er Rahman schlägt 1833 die immer wieder aufkeimenden Berberrevolten endgültig nieder und während seiner Regentschaft gewinnen die Interessen der europäischen Kolonialmächte in Marokko immer mehr an Boden. Im Mai 1911 marschieren französische Truppen, von Sultan Moulay Hafiz um Hilfe gebeten, in Fès ein. Der Sultan, seines Lebens nicht mehr sicher, sah sich mit einer offenen Revolte der Stadtbevölkerung konfrontiert. Die Konvention von Fès, am 30. März 1912 unterzeichnet, regelte die Bedingungen des französischen Protektorats über Marokko. Während der Protektoratszeit muß Fès seine politische Vormachtstellung an Rabat abtreten, seine ökonomische Bedeutung an Casablanca. In den 40er Jahren wird Fès zu einem Sammelpunkt der nationalen Widerstandskämpfer gegen das Kolonialregime. Seit 1980 forciert die UNESCO ihre Bemühungen, die architektonische Substanz der Medina zu retten (s. S. 110).

Besichtigung

Die Altstadt von Fès ist ein unübersichtliches, labyrinthisch verwinkeltes Gelände. Mit der Medina von Marrakesch gehört sie zu den größten des Landes. Bis heute ist der Eselskarren das beste Lasttaxi in Fès, da es gänzlich unmöglich ist, sich mit Bus, Bahn oder Auto den Weg zu bahnen. Eine Orientierung sollte trotzdem auch ohne Führer möglich sein; es empfiehlt sich, falls man in irgendeiner Sackgasse gestrandet ist, sich zum nächstgelegenen Stadttor (*Bab*) durchzufragen und von dort, am besten mit einem Stadtplan, aufs Neue einen gezielten Anlauf zu unternehmen. Günstiger Ausgangspunkt, an der Nahtstelle zwischen **Fès el Bali** und Fès el Djedid, ist das **Bab Boujeloud** (13. Jh., 1913 restauriert; auf der einen Seite mit blauen, auf der anderen mit grünen Fayence-Fliesen geschmücktes Dreibogentor) – von dort führen die in etwa parallel verlaufenden Hauptachsen Tala Kebira (Rue du Grand Tala) und Tala Seghira (Rue du Petit Tala) zu den wichtigsten Sehenswürdigkeiten im Zentrum der Medina.

Unmittelbar rechter Hand des Bab Boujeloud liegt das in einer Wesirsresidenz aus dem späten 19. Jh. untergebrachte **Volkskunstmu-**

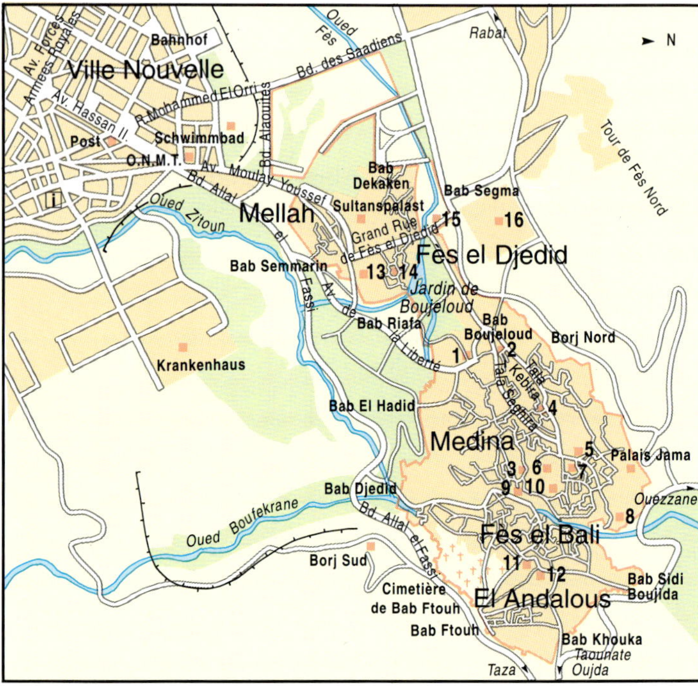

Fès 1 Musée du Batha 2 Medersa Bou Inania 3 Medersa Cherratine 4 Moschee Cherablyyin 5 Fontaine en Nejjarin 6 Zaouia Moulay Idriss II. 7 Medersa Attarine 8 Medersa Misbahiya 9 Medersa Seffarine 10 Universität Kairaouine 11 Medersa Sahrija/Sebbaine 12 Moschee El Andalous 13 Moschee Djemaa el Hamra 14 Moschee Djemaa el Beida 15 Vieux Mechouar/Makina 16 Kasbah des Cherada

seum Musée du Batha (✆ 63 41 16; geöffnet, außer Di, 9–12 und 15–18 Uhr). Die Sammlungen, die zu den landesweit reichhaltigsten ihrer Art zählen, umfassen Buchkunst und Kalligraphien, islamische Sakralkunst, Holzschnitzereien, Teppiche, Keramik, Minbars (Gebetskanzeln), Waffen, Schmuck und archäologische Exponate. Ebenfalls in unmittelbarer Nähe des Bab Boujeloud befindet sich die **Medersa Bou Ina-**

nia, die, zwischen 1350 und 1357 erbaut, nach dem Meriniden-Sultan Abou Inan benannt wurde. Die größte und wohl berühmteste Medersa von Fès (sehenswert sind auch die Medersas Attarine, Seffarine, Sahrija und Sebbaine aus der Meriniden-Ära sowie die Medersa Cherratine aus dem späten 17. Jh.) gehört mit ihrem vollendeten Flächendekor (Kachelmosaiken, Inschriftenfriese, filigran durchbrochene Gipsstukkatur), mit ihren Reliefschnitzereien aus Zedernholz und dem quadratischen, mit Carrara-Marmor ausgelegten Innenhof zu den prächtigsten Sakralbauten des gesamten maurischen Mittelalters. Der Bou Inania gegenüber befindet sich das **Haus des Glockenspiels**, ein 1357 konstruiertes, aus 13 Bronzeschalen bestehendes Glockenspiel, das derzeit von der UNESCO restauriert wird.

Die Verlängerung der Tala Kebira führt östlich der Moschee Cherablyyin talwärts in die wie überall nach Branchen gegliederten **Souks** – Babouchenhersteller, Lederwaren, Gewürzhändler, Lebensmittel, Wollweber, Färber, Kupferschmiede, Töpfer etc. Von inzwischen als Lagerhäuser genutzten Fondouks umgeben, liegt hier die Place Nejjarin, berühmt durch den fliesenmosaikgefaßten, mit einem Zedernholzvordach versehenen Brunnen **Fontaine en Nejjarin** – ein Ort zum Innehalten inmitten der lärmerfüllten Tischler-Souks. Nur wenige Schritte von der Place Nejjarin entfernt befindet sich ein prachtvoller Grabbau im Zentrum eines bis in die jüngste Vergangenheit als heilig und unverletzlich geltenden Bezirks: die **Zaouia** des Stadtgründers **Moulay Idriss II.** Erst 1437 wiederentdeckt, wurde die Grabstätte von den Meriniden als Heiligtum errichtet, von den Alaouiten wurde der bis heute bedeutende Wallfahrtsort im 18. Jh. restauriert. Die Zaouia, die aus Mausoleum, Moschee, Innenhof, Absolutions- und Reinigungsräumen besteht, ist Nicht-Muslimen nicht zugänglich, allenfalls läßt sich durch das tagsüber angelehnte Hauptportal ein Blick ins Innere werfen. Im Mausoleum der Zaouia steht der mit üppig verzierten Brokatbahnen bedeckte Katafalk des Stadtgründers, der zugleich Stadtheiliger ist. Wer hierher pilgert, vermag der Baraka teilhaftig zu werden: Die vorbeiziehenden Pilger strecken dazu die Hand durch die Öffnung einer in die Fassade eingelassenen Kupferplatte, um das Grabmal im Inneren zu berühren. Im August ist die Zaouia Schauplatz eines großen *Moussem*, wenn die Handwerksgilden mit Opfern und Spenden Moulay Idriss II. gedenken. (In der Umgebung der Zaouia sollte man, gerade auch beim Fotografieren, äußerste Zurückhaltung üben; alles andere ist in den Augen gläubiger Muslime eine Provokation!)

Direkt östlich der Grabstätte schließt sich die **Kissaria** an, jener Teil der Souks, der traditionsgemäß besonders kostbaren Produkten (hochwertige Textilien, Schmuck)

Gerberviertel in Fès

Gerber mit Lastpferd

vorbehalten ist. Wiederum östlich der Kissaria – umgeben von den Medersas Attarine, Misbahiya, Seffarine und Cherratine, unweit des Gerber- sowie Färberviertels – befindet sich der Komplex der **Moschee und Universität Kairaouine**, das bedeutendste Bauwerk von Fès el Bali. Um 860 gegründet, im 12. Jh. erweitert und umgebaut (das Minarett stammt vermutlich noch aus dem 10. Jh.), unter Abou Youssef Yacoub (1258/59–1286) nochmals erweitert, war die Kairaouine, Gotteshaus und interdisziplinäre Hochschule in einem, jahrhundertelang ein wissenschaftlich-intellektuelles Zentrum des westlichen Islam. Diesen Status hat sie inzwischen verloren – seit 1960 sind ihre Fakultäten (an der Kairaouine wurden nicht nur Theologie und islamisches Recht unterrichtet, sondern auch Naturwissenschaften, Geschichte und Philosophie) überwiegend in die neugegründete Universität Sidi Mohammed Ben Abdallah im Südosten der Neustadt ausgelagert worden. Ihre Blütezeit erlebte die Kairaouine unter der Dynastie der Meriniden, als hier über 8000 Studenten eingeschrieben waren, als hier ein Universalgenie vom Format eines Ibn Khaldoun (1332–1406) lehrte. Imponierend bis heute sind allein schon die äußeren Dimensionen der Kairaouine: 16 000 m^2 Grundfläche, 14 Monumentaltore, 16 Schiffe mit je 21 Gewölbebögen, ein Wald von 270 Säulen, ein Sakralraum, der 22 000 Gläubigen Platz bietet. Die Bibliothek und Handschriftensammlung der Kairaouine zählen zu den bedeutendsten der arabischen Welt. Der Zutritt zu Moschee und Universität ist Nicht-Muslimen untersagt; vom Dach der der Kairaouine unmittelbar benachbarten Medersa Attarine kann man aber einen Blick in den der Alhambra von Granada nachempfundenen, architektonisch streng strukturierten Innenhof der Moschee werfen. Die Restaurierung der Kairaouine und der umliegenden Medersas ist ein besonderes Anliegen der UNESCO-Projekte in Fès.

Ungerfähr 200 m nordöstlich der Kairaouine, an den Ufern des Oued Fès, stößt man auf das mittelalterlich anmutende **Gerberviertel** (Quartier des tanneurs), wo nach alter Sitte in riesigen Bottichen Naturfarben gemischt, wo Felle bearbeitet und verschiedene Ledersorten eingefärbt, wo Häute in allen Größen zum Trocknen aufgespannt werden. Unter extrem harten Bedingungen ›malochen‹ die Gerber hier in der prallen Sonne, bis zu den Knien in den Farbbottichen stehend, den ätzenden Laugen wie einem bestialischen Gestank ausgesetzt – die Touristen knipsen derweil von der Panoramaterrasse aus, ein »Maroc-typique«-Erlebnis, das, wie der Abstecher in den unweit der Place Seffarine gelegenen Wollfärber-Souk, in kaum einer Stadtführung ausgelassen wird. Auf der anderen Seite des Oued Fès zieht sich, allmählich ansteigend, das **Andalusierviertel** hin, von den alten Stadtmauern eingefaßt, die von den mächtigen Toren Bab Khouka und Bab Ftouh (in dessen Nähe das Töpferviertel und der weitläufige Friedhof Cimetière de Bab Ftouh) unterbrochen werden. Von den meridinischen Medersas Sahrija und Sebbaine einmal abgesehen, lohnt im Andalusierviertel, das inzwischen ein ausgesprochenes Armenviertel geworden ist, allenfalls die **Moschee El Andalous** (862 gegründet, 956 um ein Minarett erweitert, 1203–1207 erweitert, 1307 Anbau eines Wandbrunnens an der Portalseite, seit 1415 Angliederung einer Bibliothek) einen Besuch.

Fès el Djedid, der südwestlich des schön angelegten Parks Jardin du Boujeloud gelegene, ab 1276 von den Meriniden-Sultanen erbaute Stadtteil, weist weit weniger

Vor dem Bab Schorfa

Sehenswürdigkeiten auf als der alte Medina-Kern Fès el Bali. Den Südwesten von Fès el Djedid nimmt die ausgedehnte Mellah ein, in der die Juden, steuerpflichtige Schutzbefohlene der marokkanischen Sultane, vom frühen 14. Jh. bis ins Jahr 1912 (Protektoratsverträge) ghettoisiert waren. Die von hohen Bürgerhäusern (auffällig die Holzbalkone zur Straße hin und die schmiedeeisernen Verzierungen) gesäumte Grande Rue des Merinides verläuft von der Place du Commerce bis zum Bab Semmarin quer durch die Mellah, die zur Neustadt hin vom alten jüdischen Friedhof begrenzt wird. Am Bab Semmarin zweigt die Grande Rue de Fès el Djedid nach links (Richtung Norden) ab; die Straße mündet, rechter Hand liegen die beiden Moscheen Djemaa el Hamra und Djemaa el Beida (14. Jh.), am Bab Dekaken in die Avenue des Français. Westlich dieser Achse befindet sich der **Dar el Makhzen** (Sultanspalast), der seit der Meriniden-Ära bis in die Gegenwart immer wieder umgebaute und erweiterte Residenzbezirk, immerhin ein Terrain von etwa 80 ha Ausdehnung. Der Dar el Makhzen, für Hassan II. bis heute die königliche Residenz während seiner Visiten in Fès, kann nicht besichtigt werden.

Zwischen den Toren Bab es Seba (in unmittelbarer Nähe des Bab Dekaken) und Bab Segma (Do Schauplatz eines sehenswerten Viehmarktes) liegt der **Vieux Mechouar**, angrenzend die Makina, im 19. Jh. eine Waffenschmiede, heute eine staatliche Teppichmanufaktur mit angeschlossener Fachschule (Besuch möglich und überaus lohnend!). Hinter dem Bab Segma liegen der wuchtige Festungskomplex Kasbah des Cherarda (17. Jh.), ein Krankenhaus und die ausgelagerten Fakultäten der Kairaouine-Universität. Südlich der Makina erstreckt sich der **Stadtteil Moulay Abdallah** (zugänglich nur durch ein unscheinbares Tor unmittelbar am Bab Dekaken), se-

Avenue Hassan II./Boulevard Mohammed V.; Polizei: Commissariat Central, Boulevard Mohammed V.; Leihwagen-Agenturen: im Zentrum der Neustadt, Boulevard Mohammed V., Avenue Hassan II., Boulevard Chefchaouni, Avenue des F.A.R.; Banken und Wechselstuben: in den größeren Hotels, im Neustadt-Zentrum; Marché Municipal: Boulevard Mohammed V. (etwa 200 m nördlich der Place Mohammed V., gutes Obst-, Gemüse- und Fleischangebot, zumeist Fixpreise); Reisebüros: im Neustadt-Zentrum; Automobilclub: Avenue Hassan II.; Sammeltaxis: Rue Ksar el Kebir, Avenue Mohammed es Slaoui.

Innerstädtischer Verkehr: Stadtbusse: Fès el Bali am Bab Ftouh, Place Boujeloud, Fès el Djedid Place du Commerce, Neustadt Avenue Hassan II., Place Florence; die wichtigsten Linien: Nr. 2 (Avenue Hassan II. – Fès el Dje-

In der Medina von Fès el Bali

henswert dort die Große Moschee von Fès el Djedid (1276 von dem Meriniden-Sultan Abou el Haq erbaut) und die Moschee Moulay Abdallah (zugleich Grabstätte des Alaouiten-Sultans). Vom Bab es Seba führt die Avenue des Français am Jardin du Boujeloud vorbei Richtung Fès el Bali.

Information: ✆ Vorwahl 05; Délégation du Tourisme: Place de la Resistance, ✆ 62 34 60, Fax 65 43 70; Syndicat d'Initiative: Place Mohammed V. (im Gebäude der Banque Marocaine du Commerce Exterieur), ✆ 62 47 69; Hauptpost und Telefonzentrale (geöffnet täglich 8–21 Uhr): Ecke

did), Nr. 3 (Avenue Hassan II. – Bab Ftouh, Nr. 9 (Avenue Hassan II. – Bab Boujeloud), Nr. 10 (HBF–Bab Boujeloud), Nr. 12 (Bab Boujeloud – Bab Ftouh), Nr. 19 (HBF – Bab Djedid, Südeinfahrt nach Fès el Bali).

Fernverkehr: Hauptbahnhof: Nähe der Avenue des Almohades (gegenüber Hotel Moussafir/Nordwesten der Neustadt), ✆ 62 50 01/ 62 51 32; weiterer kleinerer Bahnhof außerhalb des Bab Ftouh /Fès el Bali; gute Verbindungen nach Rabat, Casablanca, Tanger, Oujda, Meknes, Marrakesch. **CTM-Fernbusbahnhof:** Boulevard Mohammed V. (Nähe Place Mohammed V.), ✆ 62 20 41; häufige Verbindungen nach Rabat, Casablanca, Meknes; weitere Verbindungen nach Taza, Oujda, Tetouan, Marrakesch, Beni-Mellal, Tanger. **Privatlinien:** Place Boujeloud, Place el Baghdadi, in alle größeren Städte gute Verbindungen, seltener in die östlichen Landesteile; Bab Ftouh, gute Verbindungen nach Osten und Nordosten, Ketama, Al Hoceima, Nador, Taza, Oujda. Touren in den Mittleren Atlas (Sefrou, Ifrane, Azrou): Busbahnhof Laghzaoui, Rue Ksar el Kebir, hinter dem CTM-LN-Busbahnhof.

Flughafen: Fès-Sais, ✆ 62 43 00/ 62 47 12), etwa 15 km südöstlich von Fès an der Route d'Imouzzer; Zubringerbus Nr. 16 verbindet Flughafen und HBF; nationale Flüge nach Rabat, Casablanca, Tanger, Marrakesch, Agadir, Er Rachidia, Ouarzazate, Laayoune; internationale Flüge nach Lyon (Mo), Marseille (Do), Paris (Mi, So), Frankfurt a. M. (Di); Royal Air Maroc: 54, Avenue Hassan II., ✆ 62 04 56/57 und 62 55 16/17.

Unterkunft: Hotels – gehobener Standard: Les Merinides, Avenue Borj du Nord, ✆ 64 52 25/26/ 64 60 40, Fax 64 52 29; Palais Jamai, Bab el Guissa, ✆ 63 43 31/32/33, Fax 63 50 96; Jnane Palace, Avenue Ahmed Chaouki, ✆ 65 39 65, Fax 65 19 17; Sheraton Fès Hotel, Avenue des F.A.R., ✆ 62 50 02/62 30 06, Fax 62 04 86. **Mittelklassehotels:** Moussafir, Avenue des Almohades, ✆ 65 19 02/03/04, Fax 65 19 09 (sehr günstig am Bahnhof gelegen); Salam Zalagh, 10, Rue Mohamed Diouri, ✆ 62 28 10/62 55 31; Splendid, 9, Rue Abdelkrim El Khattabi, ✆ 65 21 43, Fax 65 48 92; Hotel de la Paix, 44, Avenue Hassan II., ✆ 62 50 72/ 62 68 80. **Einfache Hotels:** Errabia, 1, Rue de Tanger, ✆ 64 01 00; Grand Hôtel, Boulevard Chefchaouni, ✆ 62 55 11/12; Olympic, Boulevard Mohammed V., ✆ 62 24 03/62 45 29; Amor, 31, Rue Arabie Saoudite, ✆ 62 27 24/62 33 04. **Unklassifizierte Hotels:** Nähe des Bab Boujeloud, Bab Ftouh, Place des Alaouites, Grande Rue de Fès el Djedid, Boulevard Mohammed V., Boulevard Chefchaouni. Jugendherberge: 18, Rue Abdeslam Serghini, ✆ 62 40 85 (in der Neustadt, Parallelstraße zum Boulevard Chefchaouni).

Camping: Diamant Vert, etwa 6 km südlich der Neustadt, Stadtausfahrt über die Avenue de Sefrou (Richtung Ifrane) oder mit Bus Nr. 17 ab Place de Florence (schön gelegen, mit Schwimmbad, Läden und Restaurant); Camping Sefrou, an der Route de Sefrou, ✆ 66 00 01/66 00 03.

Restaurants: Gute, allerdings recht teure à-la-carte-Gastronomie in den Luxushotels (etwa Restaurant Al Fassia im Hotel Palais Jamai); renommiert außerdem Al Ferdaous, Bab Guissa (gleich neben Palais Jamai); El Ambra, 47, Route d'Immouzer; Palais de Fès, 16, Rue Boutouil Kairaouine; weitere Restaurants: Dar Saada, 21, Rue Attarine; Dar Tajine, 15, Ross Rhi; Palais Vizir, 35, Derb Touil Blida (Nähe Medersa Attarine); La Cheminée, 6, Avenue Lalla Asmae; Le Nautilus, 44, Avenue Hassan II.; Tijani, 4, Souikt Debban; Yangstse, 23, Rue Iman Chafai (vietnamesische Spezialitäten); Billigrestaurants in Fès el Bali, Nähe Bab Boujeloud und Bab Ftouh; Pizzeria La Mamia, 53, Place Florence (Fastfood).

Medizinische Versorgung: Ambulanznotruf ✆ 15; Nachtapotheke (geöffnet: 20–8 Uhr), Avenue Abdelkrim El Khattabi, ✆ 62 33 80; Krankenhaus: Hôpital Ghassani, Quartier Dhar Mehraz (1 km östlich des Neustadt-Zentrums über die Avenue Mohammed es Slaoui), ✆ 62 27 76/77.

Kunsthandwerk: Ensemble Artisanal, Avenue Allal Ben Abdallah, Neustadt-Zentrum, Nähe Parc Moulay Slimane, vernünftige Fixpreise, sehr reichhaltiges Teppichangebot, ✆ 62 56 62.

Sport: Reitclub, Avenue Mohammed El Kourri, ✆ 62 34 38; Tennisclub, Avenue Mohammed El Kourri, ✆ 62 42 72; Skiclub: Délégation de la jeunesse et sport, Boulevard Chefchaouni, ✆ 62 31 61/62 36 61; Schwimmbad: Ain Chkeff, 8 km südlich der Stadt, Richtung Sefrou.

Marrakesch

Die Provinzhauptstadt (ca. 600 000 Einwohner) gilt als kulturelles Zentrum Südmarokkos, als Schnittstelle des Handels zwischen dem Norden und den Sahara-Regionen. Die alte Königsstadt liegt inmitten einer etwa 150 km² großen Dattelpalmen-Oase in der fruchtbaren Haouz-Ebene vor dem Panorama des Hohen Atlas. Neben bedeutenden Kulturdenkmälern und Kunstschätzen (Koutoubia-Moschee, Bahia-Palast, Dar Si Said-Museum, Medersa Ben Youssef, Saadier-Gräber) findet man hier die größten Souks Marokkos.

Die Medina ist neben der von Fès die weitläufigste des Landes; alle wichtigen Sehenswürdigkeiten der Stadt liegen innerhalb ihrer 12 km langen Umwallung. Beherrscht wird Marrakeschs Altstadt von der quirligen Place Djemaa el Fna, daher empfiehlt es sich, in der Nähe des Platzes Quartier zu nehmen. Westlich der Medina breitet sich die von den Franzosen angelegte Neustadt mit ihren Vierteln Guéliz und Hivernage aus. Ihr Geschäftszentrum erstreckt sich über die Avenue Mohammed V. und deren Seitenstraßen zwischen Place du 16. Novembre und Place Abd el Moumen Ben Ali. Südlich der Geschäftszone, im Villenviertel Hivernage, befinden sich die meisten Luxushotels und Nachtclubs sowie ein Spielcasino und der Campingplatz.

Lohnende Spaziergänge führen in den Südwesten Marrakeschs zu den Menara-Gärten (Richtung Flughafen; der Pavillon an der Stirnseite des riesigen Bassins ist eines der am häufigsten abgebildeten

Die arabische Medina

»In blinde Mauern eingeschlossene Intimität, jedes Eindringen aus der überfüllten Straße wird durch die kleinen Türen verwehrt, die man nie ganz, immer nur einen Spalt weit öffnet, und die schwere Schlösser haben.« (Claude Ollier: ›Marrakch Medina‹)

Die lyrischen Meditationen des französischen Autors Ollier in ›Marrakch Medina‹ kreisen um den Versuch, die Altstadt von Marrakesch als Inbegriff der arabisch-islamischen Stadt schlechthin zu kennzeichnen. In immer neuen Variationen konkretisiert Ollier, der jahrelang in Marokko gelebt hat, den für jeden Europäer vorherrschenden Eindruck einer »in blinde Mauern eingeschlossenen Intimität« als Charakteristikum der arabischen Medina. Schrundige Außenmauern, bröckelnde Gesimse, rissiger Verputz, hier und da ein Gitterfensterchen, Türen, die eher Einstiegsluken sind: Die Fassaden des arabischen Hauses wehren den Besucher ab, sie errichten einen Schutzschild zwischen Innen und Außen.

Der Anlage des antiken römischen Patio verpflichtet, die die Araber bei der Eroberung Nordafrikas vorfanden, sind die Räume des arabischen Hauses in der Regel auf einen zentralen Innenhof ausgerichtet – eine Oase der Ruhe, ein Ort der Kontemplation, der dem lärmigen Getriebe draußen auf der Straße entrückt ist. Wer die Medina von Marrakesch durchstreift und ein paar Schritte aus den Gassen heraustritt, wer einen Blick durch die spaltbreit geöffneten Türen erhascht oder durch ein nur angelehntes Tor tritt – den kann es treffen wie ein harter Filmschnitt. In den engen Schattengassen draußen ein Getöse, und hier, in den Innenhöfen, vollendete Ruhe, lichtdurchflutete Stille. Die Fenster des Hauses öffnen sich auf den Innenhof; Springbrunnen plätschern, Kachelmosaiken und geometrisch arrangierte Gartenanlagen gliedern den Raum, Vogelgezwitscher in den Baumwipfeln . . . Das arabische Haus ist, jenseits seiner architektonischen Konstruktion, purer Innen-Raum; in seinen Höfen vermittelt sich immerhin eine Ahnung davon, wie sehr die nahezu heiligen Bezirke des Privaten, der

Familie, der Intimität hier gegen eine als feindlich empfundene Außenwelt abgeschirmt werden.

Manchmal machen die Fassaden, häßlich wie sie sind, in Understatement. So lassen etwa die blinden Mauern des Dar es Salam im Nordteil der Medina von Marrakesch – bis 1950 die Residenz des Paschas Ben Daoud, inzwischen in ein Restaurant umgewandelt – den üppigen Prunk des maurischen Dekors im Inneren nicht vermuten. Die meisten Häuser der Medina jedoch sind Wohnstätten der Armen. Wer es sich leisten kann, zieht eine Wohnung in den von den Franzosen oder Spaniern angelegten *Villes Nouvelles* den düsteren Gelassen der Medina allemal vor; gerade der aufstrebende marokkanische Mittelstand ist bemüht, soziales Prestige zu signalisieren, indem er sich in den Neustädten ansiedelt, in Marrakesch vor allem im Stadtteil Guéliz. Wer in der Medina wohnt, ist oft genug mit dem schieren Überleben beschäftigt. Undenkbar, daß diese Menschen Gelder in die Erhaltung wertvoller Altbau-Substanz investieren könnten. So verfallen allmählich ganze Stadtviertel oder gehen unaufhaltsam in Slums über. In einem großangelegten Projekt wird derzeit der Versuch gestartet, Teile der Altstadt von Fès mit Finanzhilfen der UNESCO zu retten.

Hallende Schritte, huschende Schatten, irgendwo maunzt eine Katze, Stimmengemurmel, ein quäkender Transistor. Eine Bogenlampe wirft fahles Licht, eine tiefgebeugte Gestalt schlurft vorbei und taucht in das Dunkel eines Hauseingangs, in den Winkeln Geraschel. Die nächtliche Medina, spärlich illuminiert, hat etwas Beklemmendes, ja Gespenstisches. Von keinem Straßenschild geleitet, irrt der Fremde in wachsender Unruhe durch ein Gewirr verwinkelter Gassen und Gäßchen, das sich zunehmend labyrinthisch verzweigt, ihn vom ursprünglichen Kurs auch immer weiter zu entfernen droht. Er tastet sich an feuchten Wänden entlang, schleicht durch überwölbte Gänge, biegt erneut um eine Ecke – und steht wieder nur vor einer Mauer. Die Medina, sie ist und bleibt für den Europäer ein unheimliches Labyrinth. Nicht zu Unrecht vermuteten die Franzosen während der Protektoratszeit die Nester des antikolonialen Widerstands im Gewinkel der arabischen Altstädte. Und sie setzten mit der Anlage der *Villes Nouvelles* diesem unbotmäßigen Chaos eine aus dem Geist planender Vernunft schöpfende, europäische Stadtkonstruktion entgegen: mit breiten Avenuen, schachbrettartig geführten Straßenzügen, mit behäbigen Villen und ausladenden Vorgärten, mit Terrassen, Veranden und Balkonen.

Die Medina, fast immer von einer wuchtigen Stadtmauer eingeschlossen, ist in ihrem Kernbereich eine autofreie Zone. Allenfalls

Eselskarren können ihre Gassen passieren, an den engsten Stellen müssen Fußgänger sich an die Hauswände pressen, um ein Mofa durchzulassen. Mittelalterlich anmutende Werkstätten, in denen nach alter Überlieferung in Handarbeit gefertigt wird, kaum schrankgroße Läden, in denen Kesselflicker oder Schneider auf ihrer Ware thronen, winzige Kammern, in denen gehämmert und gefeilt, gesägt und geleimt wird. Schätzungsweise 30 000 Kunsthandwerker sind in der Medina von Marrakesch zu Hause, ohne deren Produktion für denTourismusmarkt die Stadt längst dem wirtschaftlichen Ruin überantwortet wäre. Freilich, das quirlige Leben in der Altstadt, zumal im touristischen Teil der Souks, kann auch hier nicht darüber hinwegtäuschen, daß sich die Zentren der politischen Macht, der Verwaltung, der Ökonomie im Zuge der Kolonialisierung in die *Ville Nouvelle* ausgelagert haben. Die Medina, obschon hartnäckig als alterslos schön gepriesen, verrottet derweil in stiller Würde. Man sollte sich davor hüten, sie und das alltägliche Leben in ihr allzusehr zu romantisieren.

›Maroc typique‹-Motive) und in die Agdal-Gärten, die sich an das alte Kasbah-Viertel am Südrand der Medina anschließen.

600 000 Touristen besuchen die Stadt jährlich; als marokkanisches Reiseziel wird sie nur von Agadir übertroffen. Besonders zwischen Weihnachten und Neujahr sowie während des großen nationalen Folklorefestes im Mai/Juni ist Marrakesch hoffnungslos überfüllt.

Geschichte

Die Entwicklung der zweitältesten Königsstadt in Marokko, die zweimal lange Jahre Reichshauptstadt war, begann um 1062 mit der Anlage eines almoravidischen Heerlagers unter Abou Bekr. Sein Nachfolger Youssef Ben Tachfine ließ den Platz 1070 befestigen und als Siedlung ausbauen. Marrakesch wurde Almoraviden-Hauptstadt und entwickelte sich zu einem bedeutenden Handelszentrum. Um 1126/27 legte man die Stadtmauern an. 1147 eroberte der Almohaden-Sultan Abd el Moumen die Stadt. Er ließ alle almoravidischen Baudenkmäler zerstören und Marrakesch zur almohadischen Hauptstadt ausbauen. Die Koutoubia-Moschee (1157/58) wurde erbaut und das Kasbah-Viertel angelegt. Nach einer Pestepidemie erlebte die Stadt wieder eine kulturelle Blütezeit unter Yacoub el Mansour (1184–1199). 1269 eroberten die Meriniden Marrakesch, wählten jedoch Fès als neue Reichshauptstadt.

In den folgenden Jahrhunderten unterstand Marrakesch meist den Meriniden-Herrschern, war aber auch mehrfach für kurze Zeit unabhängig. Die Saadier eroberten die Stadt 1521 und erhoben sie 1554 erneut zur Reichshauptstadt. Wieder setzte eine Blütezeit ein: den Beutezügen Ahmed el Mansours (1578–1603) folgte ein wirtschaftlicher Aufschwung durch den Gold- und Sklavenhandel mit Timbuktu und Westafrika. Marrakesch wurde zu einer prächtigen Metropole ausgebaut. Der Alaouiten-Sultan Moulay Ismail (1672–1727) verlegte seine Hauptstadt dann nach Meknes und ließ die prächtigen Bauten der Saadier zerstören, ihre Gräber zumauern.

Marrakesch verlor erheblich an politischer Bedeutung, bis Sultan Moulay Hassan es 1873 zu seiner Residenz erhob. 1912 erobert der Rebell El Hiba die Stadt, und kurz darauf erfolgt ihre Besetzung durch die Franzosen. Die Kolonialherren machten den verbündeten Berberfürsten El Glaoui zum Pascha von Marrakesch. Erst mit der Unabhängigkeit 1956 wurde El Glaouis Macht gebrochen.

Heute ist Marrakesch, die einzige marokkanische Metropole mit einer überwiegend berberischen Bevölkerung, außerdem Provinzhauptstadt und bedeutendes Zentrum von Kultur, Handel und Handwerk.

Place Djemaa el Fna in Marrakesch

Besichtigung

Am besten, man verschafft sich vor dem Einstieg in die Gassen der Souks und vor dem Spaziergang durch die Medina einen Überblick von einer der zahlreichen Dachterrassen über das verwinkelte Gelände der **Place Djemaa el Fna;** von hier aus sind die Sehenswürdigkeiten der Medina relativ leicht zu finden.

Die Place Djemaa el Fna ist Schnittstelle zwischen Heiligem und Profanem: Von hier aus ist auch das Minarett der **Koutoubia-Moschee,** Wahrzeichen der Stadt, zu sehen. Die Koutoubia, 1157/58 erbaut, verdankt ihren Namen dem Souk der Buchhändler (der *Koutoubijn*), der sich einst auf diesem Gelände befunden haben soll. Wie ihre baugeschichtliche Vorgängerin in Tinmal (s. S. 141) weist die Moschee mit ihren 17 Längsschiffen und dem parallel zur Qibla verlaufenden Querschiff einen T-förmigen Grundriß auf. Wie alle Moscheen darf auch die Koutoubia nur von Muslimen betreten werden, ihr prächtiger Innendekor bleibt Andersgläubigen verborgen. Der Ruhm der Koutoubia gründet vor allem auf ihrem 77 m hohen Minarett, dem einzigen vollendeten Gebetsturm (1196) der Almohaden-Zeit. Er diente dem Hassanturm von Rabat, später der Giralda von Sevilla als architektonisches Vorbild, und noch heute werden in Marokko Minarette nach seinem Muster gebaut.

Fes, Ouarzazate
Bab er Rharaza
Souk el Khemis
0
N
500 m
Friedhof Sidi Ahmed es Zaouia
Route des Remparts
Bab Kbour Chou
Friedhof Sidi Bel Abbes
Bab el Khemis
Oued Issil
Bab el Arset Ben Brahim
Zaouia Sidi Bel Abbes
Krankenhaus el Antaki
Rue de Bab Tarhzout
Rue Assouel
Rue de Bab el Khemis
Bab el Fakharine
Zaouia Sidi Ben Slimane
Friedhof Sidi Mahta Ben Salal
Medina
Bab ed Debbarh
Ben Youssef-Moschee
Rue de Bab Debbarh
Bab er Rachidia
Rue de Bab Doukkala
Rue Dar el Glaoui
Medersa Ben Youssef
Fatima
Souks
Bab Ailen
Zohra
Remparts
Mohammed V
Place Djemaa el Fna
Rue Bab Arhmad
Rue el Mouahidine
Rue Riad Zitoun el Kedim
Rue Riad Zitoun el Djedid
Museum Dar Si Said
Agdal-Gärten
Bab Arhmad
Koutoubia-Moschee
Avenue Houmman el Fetouaki
Pl. Youssef Ben Tachfine
Bahia-Palast
Belaid
Pl. des Ferblantiers
Mellah
Friedhof Bab Rhemat
El Badi-Palast
Kasbah-Moschee
Bab Agnaou
Saadier-Gräber
Bab er Robb
Friedhof Sidi es Soheili
Rue
Kasbah
Dar el Makhzen
Bab Ahmar
Rue de Bab Ahmar
Bab Bou Oukkaz
Bab Ksiba
Bab el Arhdar
Agdal-Gärten
Taroudannt
Oukaimeden
Bab Irhli

Die Place Djemaa el Fna

Die ›Versammlung der Toten‹ ist eine Tribüne des Lebens. Ein Marktplatz. Ein buntscheckiges Spektakel. Ein Open-air-Forum. Jahrmarkt und Rummelplatz, Bühne und Arena, Karneval und Theater. Die Place Djemaa el Fna liegt im Herzen der Medina von Marrakesch, zwischen dem Minarett der Koutoubia-Moschee und den Labyrinthen der Souks, also zwischen den Bezirken des Heiligen und des Profanen, zudem etwa an der Schnittstelle zwischen der arabischen Medina und der von den Franzosen angelegten Neustadt. Schon mit seinem Namen verweist der Platz auf jenen grausigen Hintergrund, der hier einst den Kitzel der Attraktionen garantierte. Djemaa el Fna – die ›Versammlung der Toten‹. Die Köpfe der enthaupteten Delinquenten, auf Speerspitzen gespießt, wurden in früheren Jahrhunderten hier dem gaffenden Volk als abschreckendes, blutrünstiges Mahnmal präsentiert. Das Volk, das touristische zumal, gafft auch heute noch; freilich ist das Geschehen inzwischen profanisiert, hat an geschäftstüchtiger Emsigkeit gewonnen, was es an tödlichem Ernst einbüßte. Wo einst eine Richtstätte war, wird heute Orangensaft gepreßt, wo früher Köpfe rollten, werden heute Socken und Trainingsanzüge verscherbelt. Der Lauf der Zeit.

Schon am frühen Vormittag ist das näselnde Locken der Flöten über dem Platz zu hören, die Erkennungsmelodie des Ortes, ein Ohrwurm, den man so schnell nicht mehr los wird. Die ersten Schlangenbeschwörer, die ersten Affendresseure haben ihr Tagwerk begonnen, der Zahnreißer hat sein Tablett voll gezogener Beweiszähne aufgebaut, die Märchenerzähler, die Wunderheiler und Wahrsager, die Marktschreier und Feuerschlucker sind in Position gegangen. Die öffentlichen Schreiber, hinter aufgespannten Regenschirmen vor der Sonne geschützt, bitten ihre Klienten auf kleine bereitstehende Hocker. Auf diese Armsünderbänklein gekauert, schildern die des Schreibens Unkundigen dem Schreiber ihr Begehren – so wird für eine Anfrage, einen Antrag, eine Eingabe ein offizieller Schriftsatz destilliert.

Fliegende Händler, die ihr Sortiment auf Wolldecken ausbreiten: Silberschmuck, Plastikspielzeug, Gummistiefel, Armbanduhren … Ein Ring Schaulustiger drängt sich um die Akrobaten, Menschentrauben umlagern die Possenreißer, die Pantomimen, die Stegreifschauspieler. Man muß nicht Arabisch können, um diese komischen Inszenierungen zu verstehen – und wo zwei schmächtige Kerlchen mit klobigen Boxhandschuhen aufeinander einzudreschen versuchen, weit ausholen und hintenüber kippen, da kennt die Begeisterung schier keine Grenzen. Nicht schwer, sich vorzustellen, daß das marokkanische Volkstheater diesen der Commedia dell'arte ähnlichen Rollenspielen wichtige Impulse verdankt.

Jedes Entertainment hat seinen Preis, und auf der Place Djemaa el Fna ist schon mal gar nichts umsonst. Die Eckensteher, die Eintreiber, die Assistenten haben die Menge genau im Auge und fordern gebieterisch Tribut. Wer auch nur kurz verweilt, wird zur Kasse gebeten, diskret oder harsch, je nachdem. Und es gibt kein Pardon für den Touristen, der ohne angemessene Entlohnung das bunte Treiben fotografiert. Das Schauspiel hat feste Mindesttarife und überaus rigide Spielregeln. Marrakesch, nach Agadir längst das zweite touristische Zentrum des Landes, kann es sich auch nicht leisten, jene rund 600000 Touristen, die die Stadt jährlich besuchen, ›ungemolken‹ davonziehen zu lassen. Und einer der gewinnträchtigsten Melkplätze, von den Souks einmal abgesehen, ist zweifellos die Place Djemaa el Fna mit ihrem permanenten Spektakel. So verwundert es nicht, daß es die größte Sorge der Wasserverkäufer ist, einmal fotografiert zu werden, ohne es zu bemerken!

Was auf den ersten Blick ein regelloses, fröhlich-anarchisches Durcheinander zu sein scheint, erweist sich bei näherem Hinsehen als durchaus geordnet. Die Stände haben ihren festen Platz und sind durchnumeriert. Noch der letzte der fliegenden Händler breitet sein armseliges Sortiment Tag für Tag an derselben Stelle aus. Selbst die allnächtliche Reinigung des Platzes durch die Müllabfuhr ist genau organisiert. Die Place Djemaa el Fna mag ein einziger großer, gärender Brodeltopf sein; die Hitze im Kessel ist allerdings präzise dosiert.

Dieser Platz hat seine Gezeiten. Abends, wenn die Touristen sich verlieren, gehört er den Marrakchi, oder zumindest: den Marokkanern. Abends, wenn die Essensstände aufgebaut werden, wenn es in den Garküchen brutzelt und duftet, ist der Platz eine vielgenutzte Volksküche. Erst tief in der Nacht werden die glitzernden Lichter der Karbidlampen allmählich weniger. Irgendwann zwischen zwei und drei ist der Platz nur noch ein schmutziges, leeres, ordinäres Gelände, das endlich seine Dimensionen preisgibt. Es ist die Stunde der Lumpensammler, die den Müll nach Brauchbarem durchsuchen; brauchbar ist vieles ... Es ist die Stunde des Innehaltens, des Atemholens. Eine kurze Ruhepause nur, bevor am nächsten Morgen alles aufs neue beginnt. Diese näselnden Flöten – hallen sie durch die nächtlichen Träume noch nach oder leiten sie bereits den nächsten Tag ein?

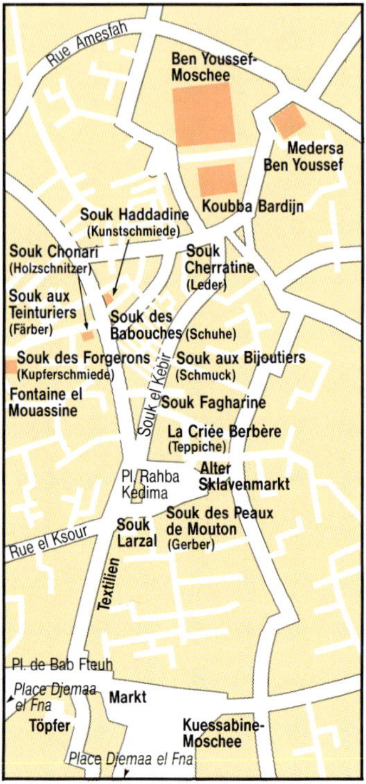

Souks

Im Südteil der Medina (in einer Quergasse der Rue Riad Zitoun el Djedid) liegt das **Museum Dar Si Said,** das in einem Wesirspalast aus dem späten 19. Jh. untergebracht ist. Nach Sälen geordnet, vermittelt die Sammlung einen ausgezeichneten Überblick über Stilrichtungen und Materialien berberischen Kunsthandwerks; die Exponate umfassen vornehmlich Silberschmuck, Kaftane, Waffen, Kupfer- und Messinggefäße, Möbel, Holzarbeiten und Teppiche (✆ 44 24 64).

Einige hundert Meter weiter südlich liegt eine weitere bedeutende Sehenswürdigkeit: das **Palais de la Bahia** (von der Rue Riad Zitoun el Djedid unmittelbar vor der Place des Ferblantiers nach links abbiegen). Der Bahia-Palast wurde um 1900 von den Großwesiren Si Moussa und Bou Ahmed (letzterer übte die Vormundschaft über den jungen Sultan Abd el Aziz aus) mit orientalischer Prachtentfaltung angelegt. Auch ohne Möblierung vermitteln die mit Zedernholzschnitzereien, Kachelmosaiken und Stuckarabesken ausgeschmückten Räume einen Eindruck von der maghrebinischen Wohnkultur. Die Innenhöfe mit ihren Gärten und Springbrunnen, die prächtigen Empfangssäle, die Galerien und Privatgemächer fügen sich zu einem kostbaren Repräsentativbau. Dem *genius loci* entsprechend – Bou Ahmed soll neben seinen vier Ehefrauen hier Konkubinen sonder Zahl beherbergt haben und seine Favoritin gilt als Namensgeberin des Palastes – dient der Ort immer wieder als Kulissenzauber für orientalisch-kitschige Filmszenen. Zuletzt waren Nastassja Kinski und Ben Kingsley bei den Dreharbeiten zu ›Harem‹ hier in Aktion.

Südlich der Place des Ferblantiers, an der Westseite der Mellah, ragen die Ruinen des **El Badi-Palastes** auf. Zwischen 1578 und 1603 als Residenz des Saadier-Sultans

Ahmed el Mansour erbaut, galt die Palastanlage einst als die größte des Maghreb. Der Alaouite Moulay Ismail ließ den Bau um 1700 abtragen und verwandte den Carrara-Marmor für seine Repräsentationsbauten in Meknes. Erhalten sind heute nur noch die Außenmauern, die Fundamente, einige Bodenmosaiken, Säulenstümpfe, Kellergewölbe und Zwischendecken – ein mächtiges Ruinen-Gemäuer, das eine Anschauung von den Dimensionen der früheren Palastanlage vermittelt. Im Mai/Juni dient der El Badi-Palast als Schauplatz des nationalen Folklore-Festivals.

An den El Badi-Palast schließt sich südlich der **Dar el Makhzen** an, in dem Hassan II. während seiner Marrakesch-Aufenthalte residiert; südlich dieses Komplexes erstrekken sich die **Agdal-Gartenanlagen.**

Westlich der Place des Ferblantiers erheben sich die beiden imposantesten Stadttore von Marrakesch, das **Bab Agnaou,** und das **Bab er Robb.** Beide führen in das alte Kasbah-Viertel auf dem Terrain der einstigen Almohaden-Stadt. Zu den **Saadier-Gräbern** gelangt man durch ein Tor rechts neben der Moschee Yacoub el Mansour (Kasbah-Moschee). Unter Moulay Ismail mit einer Mauer verschlossen, wurde der Zugang zu den Gräbern erst 1917 bei Bauarbeiten wiederentdeckt. Die Nekropole (Tombeaux des Saadiens) vom Ende des 16. Jh. enthält zwei Mausoleen in einem ummauerten Garten. In den prächtig mit Carrara-Marmor, Mosaiken sowie Stuck- und Zedernholzarbeiten ausgeschmückten Grabbauten sind vier Sultane und 62 Mitglieder ihrer Familien beigesetzt. Das größere Mausoleum birgt die letzte Ruhestätte von Ahmed el Mansour (1578–1603), jenem Saadier-Sultan, der von seinen legendären Kriegs- und Beutezügen nach Timbuktu mit märchenhaftem Reichtum zurückgekehrt sein soll. In

Bahia-Palast

Die Medersa Ben Youssef

Wo die Bilder des Teufels sind, lassen die Bilderstürmer nicht lange auf sich warten. Das Verbot figürlicher Abbildung, in der Sunna mehrfach ausgesprochen, hat in der sakralen Kunst der arabisch-islamischen Welt zur Ausprägung einer abstrakten Formensprache geführt, deren wichtigste Schöpfungen das Ornament und die Arabeske sind. Was in der Kunstgeschichte des Abendlandes um die Jahrhundertwende als Revolution des Bildes ausgerufen wurde – die Verabschiedung jedes Realismus-Konzeptes und die Erprobung nicht gegenständlicher Malerei –, das war für die islamischen Künstler des Maghreb seit Jahrhunderten eine Selbstverständlichkeit.

Die islamischen Sakralräume, zumal die Innenhöfe, Ausdruck der reinen Form ebenso wie einer vollendeten Symmetrie, strahlen vielleicht gerade deshalb eine so ungeheuer meditative Wirkung aus, weil der Betrachter sich an kein Detail halten kann, das vor allen anderen das Auge auf sich zieht. Der Dekor dieser Räume verliert sich nicht in der Fixierung des Sichtbaren; er zielt gerade umgekehrt auf die Transparenz einer ewiggültigen Ordnung ab.

Die im nördlichen Teil der Medina von Marrakesch gelegene Ben Youssef-Medersa entfaltet diesen maurischen Flächendekor in höchster künstlerischer Vollendung. Ein mit weißem Marmor ausgelegter Innenhof, in der Mitte ein rechteckiges Bassin, die reich verzierten Hofmauern spiegeln sich zitternd, die ganze Pracht verdoppelnd, auf der Wasseroberfläche. Lasierte Majolikakacheln an den unteren Mauerabschnitten, darüber ein umlaufendes schwarzes Schriftband, in einen Gipsstuckfries geschnittene Koransuren, Blendarkaden und Hufeisenbögen, in den Gewölben wabenförmige, in Gips gegossene Stalakti-

dem anderen Mausoleum wurden die Mutter Ahmed el Mansours, die Saadier-Sultane Mohammed ech Cheikh und Moulay Abdallah sowie die Favoritinnen unter den Haremsdamen bestattet. Etwa 100 weitere Gräber von Dienern und Haremsdamen, mit Kachelmosaiken geschmückt, befinden sich in der umgebenden Gartenanlage (Besichtigung der Gräber täglich außer Fr von 9–12 und 14–18 Uhr).

Im Nordteil der Medina, nördlich des Lederwaren-Souk, liegt die **Moschee Ben Youssef** (Grundmauern aus der Almoraviden-Zeit, in späteren Jahrhunderten mehrfach umgebaut). Ihr gegenüber gelangt

ten, ornamentaler Flächenstuck aus feinen Rautennetzen, gedrechseltes Schnitzwerk in den schweren Zedernholzbalken.

Die Ben Youssef-Medersa, wie alle marokkanischen Medersas theologische Lehranstalt und muslimisches Gotteshaus in einem, wurde unter den Meriniden errichtet und etwa 200 Jahre später von dem Saadier-Sultan Moulay Abdallah el Ghalib (1557–1574) zur größten Medersa des Maghreb ausgebaut. Die ornamentale Architektur, der geometrische Wandschmuck dieses sakralen Gebäudes korrespondieren auf vollkommene Weise mit seiner Funktion: Versenkung in den Willen Allahs. Es ist alles andere als historischer Zufall, daß fast alle bedeutenden Baudenkmäler Marokkos Sakralbauten sind; die Religion ist hier die Basis, auf der jeder künstlerische Formwille gründet. Und dies in einem Maße, daß sogar die Offenbarungen Allahs selbst zu einem gestalterischen Element maurischer Dekorkunst transformiert werden: In der Kalligraphie, die die arabischen Lettern der Koransuren in den Rang des reinen Ornamentes erhebt, manifestiert sich der Gipfel einer Synthese, in der Religion und Kunst eins werden.

Obschon die Lehrtätigkeit in der Ben Youssef-Medersa 1960 eingestellt wurde, künden die Wohnzellen im Obergeschoß des Gebäudes noch heute von der Askese der Studenten. Nichts sollte hier die Konzentration stören, nichts vom Wesentlichen ablenken. Diese meditative, allem Weltlichen entrückte Energie prägt auch den Ornamentalstil der Ben Youssef-Medersa. Sie durchdringt das Rankenwerk der Arabeske, das weder Anfang noch Ende kennt, das aus einer Mitte kommt und auf eine Mitte zustrebt, gerade noch geometrische Figur – und noch nicht konkretes Abbild.

Die heraldischen Adler auf dem Marmorsarkophag in der Vorhalle der Ben Youssef-Medersa sind die einzigen Tierdarstellungen in einem marokkanischen Sakralbau: die Ausnahme, die die Regel bestätigt.

man durch eine nach rechts abzweigende Gasse zur berühmten **Medersa Ben Youssef,** die in der Saadier-Ära die größte Koranschule des Maghreb war. Im Nordwesten der Medina, zu erreichen über die Rue Baroudienne und die halblinks von ihr abzweigende Rue de Bab Tarhzout, befinden sich zwei der bedeutendsten Wallfahrtsstätten Marrakeschs: die **Zaouia von Sidi Ben Slimane** aus dem 16. Jh. und, 200 m weiter nördlich, die **Zaouia von Sidi Bel Abbes** (1605 errichtet, Moschee und Brunnenanlage).

Marrakesch ist eine touristische Attraktion ersten Ranges: Reisende sollten sich einige Tage Zeit nehmen für diese Stadt, von der sich der Staatsname Marokko etymologisch ableitet und in der sich, so versichern intime Kenner des Landes, die Wurzeln des wahren Marokko geheimnisvoll verzweigen.

Information: ✆ Vorwahl 04; Délégation du Tourisme: Place Abd el Moumen (Kreuzung Boulevard Mohammed V./Boulevard Zerktouni), ✆ 43 61 31,Fax 43 60 57; Syndicat d'Initiative: 176, Boulevard Mohammed V., ✆ 43 20 97/43 47 97; Polizei: Place Djemaa el Fna, Notruf ✆ 19; Hauptpost: Boulevard Mohammed V./Place du 16. Novembre (Telefonvermittlung bis 21 Uhr geöffnet); Banken: Neustadt-Zentrum und um die Place Djemaa el Fna, in den großen Hotels; Royal Automobile Club Marocaine: Rue Oued el Makhazine, ✆ 43 14 90; Reisebüros: Boulevard Mohammed V., Avenue Abdelkrim el Khattabi, Boulevard Zerktouni; Marché Central: Boulevard Mohammed V. (zwischen Place du 16. Novembre und Place Abd el Moumen, großes Frischwarenangebot).

Innerstädtischer Verkehr: Stadtbusse: Place Youssef Ben Tachfine, Place Djemaa el Fna; die wichtigsten Buslinien: Nr. 1 (nach Gueliz), Nr. 8 (zum Hauptbahnhof), Nr. 10 (zum Busbahnhof am Bab Doukkala), Nr. 11 (Richtung Menara-Gärten); Mietwagenagenturen: Avenue Mohammed V., Boulevard Zerktouni und Nebenstraßen; Taxistände: Place Djemaa el Fna, Bab er Robb, Bab Doukkala; Pferdekutschen (*calèches*)*:* Hauptstandort Place Djemaa el Fna.

Fernverkehr: ONCF-Bahnhof: Avenue Hassan II. (zweigt an der Place 16. Novembre von der Avenue Mohammed V. ab), ✆ 44 77 68/03. Verbindungen nach Casablanca/Rabat (von dort in alle Landesteile), Fès, Meknes, Tanger; **Moderner Busbahnhof** (sowohl CTM-LN als auch private Linien): Place el Mourabitène (Nähe Bab Doukkala), ✆ 43 39 33, Verkaufsbüro ✆ 44 78 93, Verbindungen mehrmals täglich nach Agadir, Safi, Casablanca, El Jadida, Essaouira, Fès, Meknes, Ouarzazate, Rabat, Taroudannt, seltener nach Zagora, Tafraoute, ein- bis zweimal/Woche nach Tagounite-Mhamid, Er Rachidia, Nachtbus nach Laayoune; Busfahrten an den Nordrand des Hohen Atlas (Amizmiz, Asni, Ourika-Tal, Setti Fatma): Privatlinien am Bab er Robb; **CTM-Nebenstelle:** Boulevard Zerktouni; **Sammeltaxis:** Fernbus-Terminal Bab Doukkala, Place Djemaa el Fna.

Flughafen: Marrakesch-Menara, ✆ 44 78 62 (etwa 6 km südwestlich des Stadtzentrums), keine direkten Zubringerbusse; Binnenflüge nach Agadir, Casablanca (von dort Anschlüsse in alle Landesteile), Fès, Ouarzazate, Al Hoceima, Tanger; internationale Flugverbindungen u. a. nach Brüssel, Genf, Paris, Lyon, Straßburg, Zürich; Royal Air Maroc: 197, Boulevard Mohammed V., ✆ 43 62 05 (weiteres Büro im Hotel Atlas Asni, ✆ 43 09 39).

Unterkunft: Hotels – gehobener Standard: Hotel Mamounia, Avenue Bab el Djedid (Traumhotel Marokkos, Inbegriff von Luxus und Jetset), ✆ 44 89 81, Fax 44 46 60/44 49 40; Es Saâdi, Avenue Quadissia, ✆ 44 88 11/44 70 10, Fax 44 76 44; Semiramis, Route de Casablanca, Quartier Semlalisa, ✆ 43 13 77/44 64 46, Fax 44 71 27; Safir, Avenue Kennedy, ✆ 44 89 52, Fax 44 69 27; **Mittelklassehotels:** Amalay, 87, Boulevard Mohammed V.,

Innenhof des Hotel Mamounia

✆ 43 13 67/43 14 08, Fax 43 15 54; Ibn Batouta, Avenue Yacoub el Marini, ✆ 43 41 45/43 40 62; Le Grand Imilchil, Avenue Echouhada, Hivernage, ✆ 44 76 53, Fax 43 01 71; Moussafir, Avenue Hassan II., ✆ 43 59 29/30, Fax 43 59 36; **Einfache Hotels:** Les Ambassadeurs, 2, Boulevard Mohammed V., ✆ 44 71 59; El Hamra, Avenue Abdelkrim El Khattabi, ✆ 44 80 42; Islane, 279, Boulevard Mohammed V., ✆ 44 00 81/83/85; Koutoubia, 51, Boulevard Mansour Eddahbi, ✆ 43 09 21; **Unklassifizierte Hotels:** sehr empfehlenswert Hotel Ali, ✆ 44 49 79, Fax 44 05 22, Rue Moulay Ismail, Place Djemaa el Fna, an den Haupttoren der Medina; **Clubhotels:** Club Méditerranée, Place Djemaa el Fna; Palmariva, Issil, Sangho, Valtur; **Appartementanlagen:** Grand Sud, El Bahja, Zahia, El Hamra. **Jugendherberge:** Rue El-Jahdid (Nähe HBF), ✆ 43 28 31.

Camping: Camping Municipal, an der Straße nach Casablanca gelegen, ca. 12 km vom Stadtzentrum entfernt.

Restaurants: In den Hotels gehobenen Standards: a-la-carte; obere und mittlere Preisklasse: Zentrum der Neustadt, Hivernage-Viertel, zwischen Koutoubia und der Place Djemaa el Fna; einfache Essensstände: Place Djemaa el Fna und Umgebung, in der Nähe des Markthallenkomplexes an der Nordseite.

Medizinische Versorgung: Ambulanznotruf ✆ 15; Krankenhäuser: Hôpital Ibn Tofail, Rue Ibn Aicha, ✆ 44 80 11/44 85 85; Polyclinique du Sud (auch Notfallaufnahme), 2, Rue Yougoslavie (Stadtteil Gueliz), ✆ 44 79 99; Nachtapotheke: Rue Khalid Ibn el Oualid (zweigt von der Place de la Liberté ab, zwischen Gueliz und Medina), ✆ 43 04 15; Pharmacie Centrale: 166, Boulevard Mohammed V., ✆ 43 01 58.

Kunsthandwerk: Ensemble Artisanal, Boulevard Mohammed V. (bei der Municipalité), ✆ 44 35 03.

Sport: Schwimmbad: Rue Abou el Abbes Sebti (Nähe Koutoubia).

Ausflüge in die Umgebung von Marrakesch

Ourika-Tal

Etwa 45 km südöstlich von Marrakesch beginnt das tief eingeschnittene Tal des Oued Ourika, das sich bis in die Flanken des Djebel Toubkal-Massivs hineinzieht. Besonders zur Zeit der Kirsch- und Apfelblüte ist es landschaftlich überaus reizvoll. Die Straße reicht nach den Hochwasser-Katastrophen von 1988/89 nur noch bis Setti Fatma (1500 m hoch, dort sehenswert: die Ourika-Wasserfälle; gut geeignet als Ausgangspunkt für Wanderungen in den Hohen Atlas oder für Maultier-Exkursionen). An der Nordostseite des Djebel Toubkal-Mas-

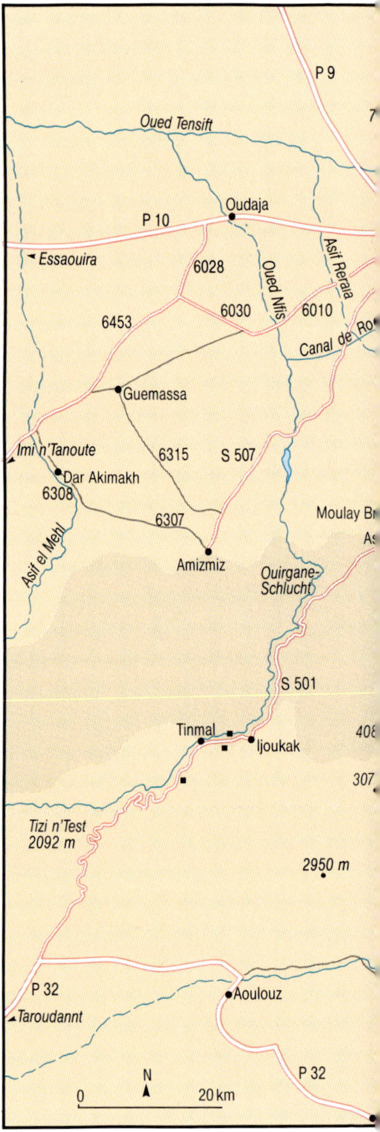

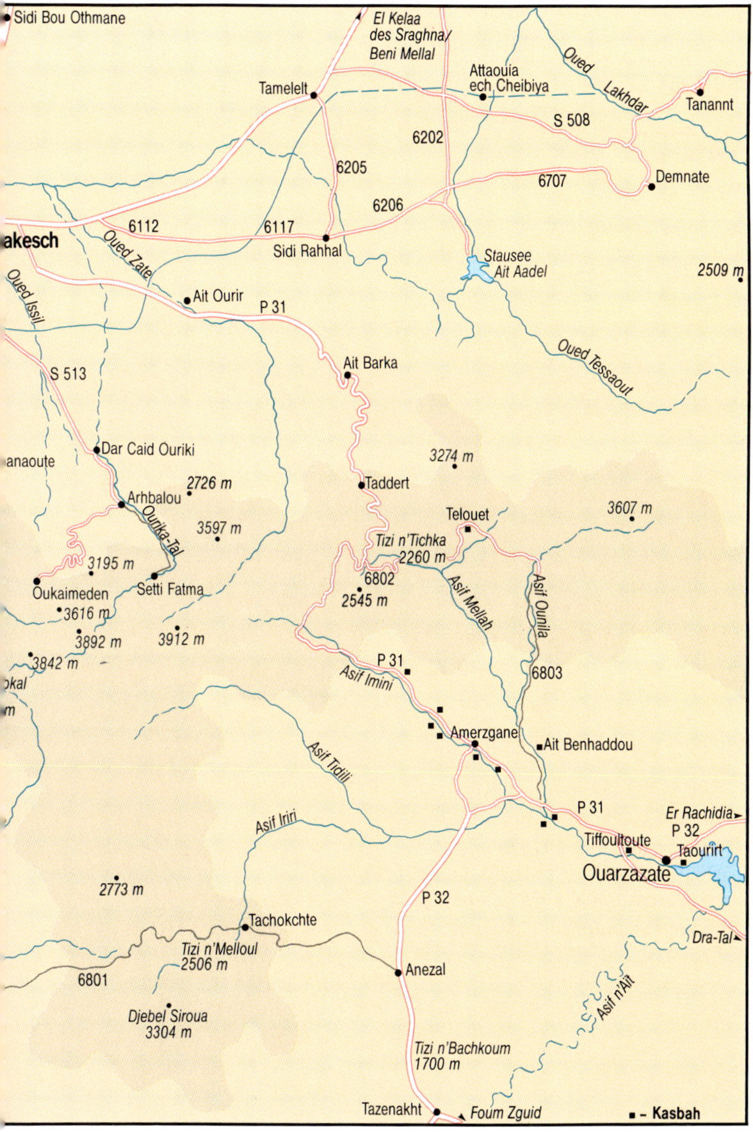

Sidi Bou Othmane
El Kelaa des Sraghna/ Beni Mellal
Tamelelt
Attaouia ech Cheibiya
Oued Lakhdar
Tanannt
S 508
6202
6205
6707
Demnate
6206
6112
6117
akesch
Oued Zate
Sidi Rahhal
Stausee Ait Aadel
2509 m
Oued Issil
Ait Ourir
P 31
Oued Tessaout
S 513
Ait Barka
Dar Caid Ouriki
anaoute
3274 m
2726 m
Taddert
Arhbalou
Ourika-Tal
3597 m
Telouet
3607 m
Tizi n'Tichka 2260 m
3195 m
6802
Oukaimeden
Setti Fatma
2545 m
Asif Mellah
Asif Ounila
3616 m
3892 m
3912 m
3842 m
P 31
Asif Imini
6803
Amerzgane
Ait Benhaddou
Asif Tidili
P 31
Er Rachidia
P 32
Asif Iriri
Tiffoultoute
Taourirt
Ouarzazate
2773 m
P 32
Tachokchte
Tizi n'Melloul 2506 m
Dra-Tal
6801
Anezal
Asif n'Ait
Djebel Siroua 3304 m
Tizi n'Bachkoum 1700 m
Tazenakht
Foum Zguid
▪ - Kasbah

Der Löwe des Atlas

El Glaoui

Wer hier residiert, dem liegt das Land zu Füßen. Der Blick durch die schmiedeeisernen Fenstergitter schweift kilometerweit, über die Hochebene, die Karsthänge, die Schneegipfel der Dreitausender im Hohen Atlas. Ein überwältigendes Panorama. Ein Blick in die Ferne, der Pro-

Schneegipfel des Hohen Atlas

portionen zurechtrückt: Wer hier residiert, auf hoher Warte, hat Überblick, ist bemüht, alle kleinlichen Händel anderen zu überlassen. Die bröckelnden Fassaden, die verfallenden Außenmauern lassen den Prunk im Inneren kaum vermuten. Weißer Carrara-Marmor, Kachelmosaiken, Wandfriese, Gipsstukkaturen, geschnitzte Flügeltüren, arabeskengeschmückte Holzdecken. Wer hier residiert, beschäftigt Spezialisten ihres Faches.

Telouet, etwa 20 km östlich des Tizi n'Tichka, liegt in 1800 m Höhe. Telouet verfällt, die Residenz ist verwaist, der Hausherr ist Legende. Von hier aus beherrschten die mächtigen Caids, die Stammesfürsten der Glaoua, das Land, im Norden bis Marrakesch, im Süden bis in die Region des heutigen Ouarzazate. Von hier aus kontrollierten sie den ›Weidepaß‹, den 2260 m hoch gelegenen Tizi n'Tichka, die wichtigste Nordsüdverbindung im Hohen Atlas. Von hier aus trieben sie Steuern ein, erhoben Abgaben, führten Kriege gegen die rebellischen Stämme des Südens und unterjochten die seßhaften Bauern des Umlandes. Die zinnenbewehrte Kasbah von Telouet, ein Mahnmal der Despotie, beherbergte noch bis in die frühen 50er Jahre einen fürstlichen Hofstaat von annähernd 1000 Personen. Ein kühler Hauch weht heute durch das in Ruinen liegende Gemäuer.

Pascha von Marrakesch, Sultan des Südens, Löwe des Atlas – die Beinamen lassen Rang und Macht des legendären El Glaoui ahnen, der den Süden Marokkos zwischen 1912 und 1955 als souveräner Regent beherrschte. 1875 geboren, gehörte Thami Ben Mohammed el Mezouari Glaoui beim Abschluß der Protektoratsverträge zwischen Marokko, Frankreich und Spanien zu den ersten, die mit der Besatzungsmacht kollaborierten. Von den Franzosen zum Pascha von Marrakesch ernannt und mit weitreichenden, vor allem wirtschaftlichen Privilegien ausgestattet, stellte El Glaoui im Gegenzug den französischen Kolonialherren seine Berberheere für jene blutigen Feldzüge zur Verfügung, die die Geschichtsschreibung der Sieger seit jeher Befriedung nennt und die auch in Marokko jahrzehntelang das genaue Gegenteil waren. So kämpften Berbertruppen Seite an Seite mit französischen Legionären gegen die Rebellen in den Städten und gegen die aufrührerischen Stämme des Vorsahara-Gebietes. Ein Pakt, der sich für beide Seiten auszahlte: Die Franzosen verpflichteten sich einen willfährigen Helfer und sorgten ihrerseits dafür, daß die Einheimischen untereinander zerstritten blieben; El Glaoui, anders als der Sultan in Rabat ein wahrhaft autonomer Potentat, ernannte im Süden Marokkos Beamte und Minister, zog Steuern ein, vergab Schürfrechte für Phosphat und Eisenerz, verteilte Grund und Boden und diktierte die Handelskonditionen. Anders als der legendäre Rif-Kabylen-Führer Abd el Krim, der im Norden die Spanier von 1921–27 in einen verlustreichen Stellungskrieg verwickelte, der eine selbständige Rif-Republik proklamierte und drauf und dran war, den Spaniern eine vernichtende militärische Niederlage beizubringen – anders als Abd el Krim versuchte El Glaoui ohne jeden Skrupel, seine Machtstellung durch die Komplizenschaft mit den Protektoratsherren zu sichern und auszubauen.

Das Scheitern des 1930 von den Franzosen erlassenen (und 1934 wieder kassierten) Berberediktes (s. S. 53), nach dem das islamische

Recht der Scharia durch das Gewohnheitsrecht der Berberstämme ersetzt werden sollte, war ein erstes Indiz dafür, daß der in den 30er Jahren erstarkende marokkanische Nationalismus neue, politische Organisationsformen suchte. Träger dieser Widerstandsbewegung waren immer weniger die einzelnen Stämme, sondern landesweite Zusammenschlüsse – eine Tendenz, die schließlich 1943 in der Gründung der Istiqlal-Partei gipfelte, dem Sammelbecken des bürgerlichen Nationalismus. Die Partei fand in Mohammed V. eine Integrationsfigur, als sich der Sultan 1947 in einer programmatischen Rede in Tanger mit den Zielen der Istiqlal solidarisch erklärte.

El Glaoui, inzwischen ein Patriarch hoch in den Siebzigern, hat diese Zeitströmungen in ihrer Sogwirkung kaum richtig einschätzen können. 1952 bemühte er sich vergeblich, den von den marokkanischen Gewerkschaften als Reaktion auf die Ermordung des tunesischen Gewerkschaftsführers Ferhad Hachet ausgerufenen Generalstreik zu unterminieren. 1953 wurde auf Betreiben El Glaouis Ben Arafa zum Gegensultan ernannt; am 20. August desselben Jahres schickten die Franzosen Mohammed V., nun vollends ein nationaler Märtyrer, ins Exil, zuerst nach Korsika, dann nach Madagaskar. Der Aufruhr im Land entwickelte sich schnell zu einem Flächenbrand, dessen das französische Militär nicht mehr Herr wurde. Als Mohammed V. 1955, emphatisch gefeiert, als Triumphator und nationaler ›Befreier‹ aus dem Exil zurückkehrte, war der Zusammenbruch der Protektoratsherrschaft und damit auch das Schicksal El Glaouis besiegelt. In Paris warf sich der greise Berberfürst dem Sultan zu Füßen und erflehte dessen Verzeihung – eine hochdramatische Szene und eine Demütigung, die El Glaoui nur um wenige Monate überlebte. Das märchenhafte Vermögen der Sippe wurde vom Staat konfisziert, die Erinnerung an El Glaoui aus der offiziellen Geschichtsschreibung getilgt.

Gäbe es Vergleichbares in der marokkanischen Epochengeschichte, man könnte ihn eine ›barocke Figur‹ nennen. Prunkvoll seine Hofhaltung, legendär seine Feste, autokratisch-herablassend sein Gebaren. Ein Potentat, der noch Leibeigene und Sklaven hielt; ein Machtmensch, um den herum nur Subalterne denkbar waren. Er hinterließ tiefe Spuren in der Geschichte Marokkos. Als Despot und machtgieriger Kollaborateur wird er von offizieller Seite totgeschwiegen – und ragt gerade deshalb weit in die marokkanische Gegenwart hinein.

Wer hier in Telouet residierte, schaute auf alle und alles herab. Was wunder, daß El Glaoui den einzigen Kniefall seines Lebens nie verwand.

sivs liegt einer der beiden Nationalparks des Landes.

Anreise und Verkehr: Setti Fatma, über die S 513, 67 km südöstlich von Marrakesch.

Gute Busverbindung: die Busse von Marrakesch starten am Bab er Robb, an der Südseite der Medina.

Unterkunft: Ourika Hotel ****, bei Dar Caid Ouriki; Auberge le Marquis **, bei Arhbalou; Hotel Ramuntcho **, bei Irhef; Hotel Amnougour *, bei Irhef; einfache Unterkunft in Setti Fatma.

Oukaimeden

Das marokkanische Sankt Moritz im Hohen Atlas – *das* Skiparadies in Nordafrika, in 2650 m Höhe gelegen, ist ein überaus fashionabler Wintersportort. Oukaimeden am Nordrand des Djebel Toubkal-Massivs (Djebel Toubkal 4165 m, Djebel Oukaimeden 3273 m) wirkt wie eine alpine Kontrastlandschaft zu den saharischen Regionen Marokkos. Allein die Anfahrt, die Panoramen der Haouz-Ebene sowie der Schneegipfel des Toubkal-Massivs, lohnt diesen Abstecher allemal.

In Oukaimeden sind sieben Skilifte in Betrieb (drei bis auf 3000 m Höhe, Sessellift zum Djebel Oukaimeden), es gibt diverse Abfahrten mit unterschiedlichen Schwierigkeitsgraden, Verleih von Wintersport-Ausrüstung und eine Skischule. Im Ort (beim Hotel-Restaurant Chez Juju, hinter dem Refuge du Service de la Jeunesse et des Sports sowie bei der Schutzhütte des Club Alpin) finden sich die am leichtesten zugänglichen **jungsteinzeitlichen Felszeichnungen** Marokkos. Während der Saison (Dezember bis April) ist Oukaimeden stark frequentiert, an den Wochenenden überlaufen.

Im Sommer lohnen Bergtouren ins Toubkal-Massiv, teils mehrtägig, mit Übernachtungsmöglichkeiten in Schutzhütten. Schwierigere Touren erfordern einen Bergführer.

Anreise und Verkehr: Über die S 513 (bis Arhbalou) und die Route Nr. 6035 A, 72 km südlich von Marrakesch. Ab Arhbalou etwa 30 km langer Serpentinen-Anstieg; Straßengebühr (5 DH) am Ortseingang.

Busverbindung mit Marrakesch.

Unterkunft: Hotel Imlil ***; Auberge Chez Juju **; Hotel de l'Angour *; Hotel Panoramique *; zahlreiche Chalets im Ort und in der Umgebung zu mieten (Reservierungen über Fremdenverkehrsamt Marrakesch).

Camping: Spartanischer Campingplatz.

Tinmal

Das kleine, 2000 m hoch gelegene Bergdorf nordöstlich des Passes Tizi n'Test ist ein Kristallisationspunkt marokkanischer Geschichte, die Wiege des Almohadenreichs. Um 1120 floh der von den Almoraviden verfolgte Glaubenskämpfer

Ibn Toumert nach Tinmal, wo er wenige Jahre später ein befestigtes Kloster gründete. Von dort aus islamisierte er die Masmouda-Berber der Region und mobilisierte sie zum heiligen Krieg gegen die Almoraviden. Unter Ibn Toumerts Nachfolger Abd el Moumen eroberten die Almohaden (von *el Mowahidun,* Bekenner der Einheit) große Teile Marokkos und übernahmen 1147 die Sultanatsgewalt. Sie verlegten die Hauptstadt des Reiches nach Marrakesch, beließen den Staatsschatz jedoch in Tinmal, das sie als heilige Stadt verehrten. 100 Jahre später wurde die Wiege des Almohadenreichs zum letzten Zufluchtsort dieser Dynastie, als die Meriniden zur Eroberung Marokkos ansetzten. 1276 zerstörten sie Tinmal.

Die Moschee von Tinmal, 1153/54 unter Abd el Moumen erbaut, ist architekturgeschichtlich der Prototyp der klassischen almohadischen Moschee, der in der Koutoubia von Marrakesch seine reifste Ausformung fand und bis in die Gegenwart den marokkanischen Moscheebau wesentlich prägt. Von Tinmal stehen noch das Minarett, das Karree der Außenmauern und die Hufeisenbögen und Pfeilerarkaden der neun Längsschiffe. Der Gebetsturm befindet sich hier – einzigartig in der marokkanischen Sakralarchitektur – an der Seite der nach Mekka ausgerichteten Gebetsmauer, der Qibla. Lohnend ist das Panorama vom Dach des Minaretts (Blick auf das

Tinmal

Nfis-Tal und die Dreitausender des Hohen Atlas). Tinmal vermittelt einen guten Eindruck von der architektonischen Gesamtanlage einer almohadischen Moschee, deshalb empfiehlt sich für kunsthistorisch Interessierte die Besichtigung (nur mit Führung).

Lohnende Abstecher auf der Route nach Tinmal, die südlich von Tahanaoute landschaftlich überaus reizvoll ist, führen in den 1500 m hoch gelegenen Wallfahrtsort **Moulay Brahim** (grandioses Panorama) und in den Berber-Marktflecken **Asni** (Sommerfrische vieler Marrakchi; Blick auf den zentralen Hohen Atlas, 1150 m hoch gelegener Standort für Bergtouren ins Toubkal-Massiv, schöner Samstagsmarkt).

Anreise und Verkehr: Über die S 501, 105 km südwestlich von Marrakesch. Etwa 8 km hinter Ijoukak westlich der Paßstraße gelegen (rechts; von der Straße sichtbar, ausgeschildert). Die Brücke über den Oued Nfis war im Frühjahr 1990 infolge Hochwassers zwar geborsten, konnte zu Fuß aber passiert werden; Tinmal liegt auf einer Anhöhe über dem Fluß, nach kurzem Spaziergang erreichbar.

Häufige Busverbindungen (Marrakesch – Taroudannt) über den Tizi n'Test, die Paßstraße.

Unterkunft: Residence de la Roseraie ****, in Ouirgane; Auberge Au Sanglier qui Fume **, in Ouirgane; einfache Unterkünfte in Ijoukak und in Idni.

Telouet

Mehrere Jahrhunderte lang war die Kasbah Stammsitz der mächtigen Glaoua-Berber; Residenz El Glaouis, des Paschas von Marrakesch. Telouet, inmitten der grandiosen Landschaft des Hohen Atlas gelegen, gehört zu den schönsten und größten Kasbahs des Landes. Eine Besichtigung der Innenräume ist möglich (Führung) und, was die verfallenden Fassaden kaum vermuten lassen, überaus lohnend; vom Dach hat man eine überwältigende Fernsicht. – Einkehrmöglichkeit im nahen Dorf Telouet.

Anreise und Verkehr: Die Route von Marrakesch nach Ouarzazate (196 km) über den Tizi n'Tichka (2260 m) gehört zu den landschaftlich schönsten Strecken Marokkos. Über die Stichstraße Nr. 6802 (21 km lange, schlechte, aber befahrbare Piste), die wenige Kilometer südlich des Tizi n'Tichka-Passes von der Hauptstraße nach links abzweigt.

Mehrmals täglich Busverbindungen von Marrakesch nach Ouarzazate; vom Tizi n'Tichka allenfalls Sammeltaxis (selten!) nach Telouet.

Unterkunft: Einfache Hotels in der Region findet man in Taddert, Irherm n'Ougdal und, etwa 35 km vor Ouarzazate, in Amerzgane.

Reisen von Ouarzazate aus

Ouarzazate – Tor zu den schönsten Tälern Marokkos

Das Dra-Tal von Agdz über Zagora nach Tamegroute

Vorposten der Wüste: Tagounite-Mhamid

Landschaft bei Zagora

Ouarzazate und das Dra-Tal

Wüstenplateau und Hoher Atlas, zerklüftete Schluchten und Dattelpalmen-Oasen: ein einmaliger landschaftlicher Gegensatz. Dazu – Manifestationen einer Sippenherrschaft: Die Kasbahs, Burgen aus Lehm und Maisstroh; Mandel-, Aprikosen-, Ölbaumkulturen, und Timbuktu liegt nur 52 Tage entfernt.

Ouarzazate

Die Provinzhauptstadt (ca. 60 000 Einwohner) liegt vor dem Panorama des Hohen Atlas auf einem Wüstenplateau in 1160 m Höhe. Das Marktzentrum ist nach Er Rachidia größter Ort der vorsaharischen Oasenketten. Wegen seiner Lage am Zusammenfluß von Dra und Dades (El Mansour Eddahbi-Stausee) bietet Ouarzazate einen günstigen Ausgangspunkt für Touren in beide Flußtäler sowie ins Tafilalet. Der rapide Aufschwung, den die Stadt in den letzten Jahren genommen hat, beruht besonders auf der Entwicklung des organisierten Tourismus in Süd- und Südostmarokko; in Ouarzazate kreuzen sich die Verkehrswege zwischen Agadir und Er Rachidia sowie zwischen Marrakesch und Zagora.

1928 als Garnison der französischen Fremdenlegion gegründet, hat Ouarzazate sich längst zu einem bedeutenden Verwaltungs- und Handelszentrum entwickelt (Herstellung von Keramik sowie Schmuck und Teppichen; Markttage: So und Do). Der Ortskern, von der vierspurigen Avenue Mohammed V. durchquert, ist freilich ohne jede Sehenswürdigkeit. Im Osten von Ouarzazate, auf einem Höhenzug, der spitzwinklig auf die Hauptstraße zuläuft, befindet sich das Touristenzentrum.

Etwa 1 km südöstlich des Ortes, an der Straße nach Er Rachidia, liegt die **Kasbah Taourirt,** eine ehemalige Residenz des berühmten Berberfürsten El Glaoui. Was nachts einer scheußlich angestrahlten Disneyland-Imitation gleicht, entpuppt sich am Tage als wuchtiger, verschachtelter Wohnburg-Komplex, der noch heute teilweise bewohnt ist. Die Kasbah, die früher eine eigene, abgeteilte Mellah enthielt, gehört zu den größten des Landes. Zu besichtigen ist nur ein kleiner Trakt der mächtigen Festung von El Glaoui – ein paar Privaträume mit ausgemalten Stuckverzierungen und herrlichen Ausblicken aus vergitterten Fensterchen. Im Eingangshof die Essener Krupp-Kanone Nr. 3 aus dem Jahre 1884, ein Geschenk des marokkanischen Sultans an einen der Glaoua-Fürsten. Gegenüber der Kasbah befindet sich der stark touristisch geprägte Centre Artisanal.

Ein lohnender Ausflug führt zum imponierenden Kasbah-Komplex **Ait Benhaddou**, ca. 30 km nordwestlich von Ouarzazate (Anfahrt auf der P 31 Richtung Marrakesch; nach 20 km Abzweigung nach rechts auf die Stichstraße Route 6803; dann noch ca. 10 km).

Information: ✆ Vorwahl: 04; Délégation du Tourisme: Place Mohammed V., ✆ 88 24 85, Fax 88 52 90; Syndicat d'Initiative: in der Kasbah Taourirt; CTM-LN-Büro: Boulevard Mohammed V., in der Nähe der Hauptpost; Satas-Büro: Place du 3. Mars, ✆ 88 31 66; Leihwagen-Agenturen: am Flughafen Taourirt, etliche am Boulevard Mohammed V., einige an der Place du 3. Mars; Reisebüros: Mehrere in der Rue de la Poste/Place du 3. Mars; Banken: mehrere am Boulevard Mohammed V.; Nachtapotheke: Boulevard Mohammed V., gegenüber der Hauptpost, ✆ 88 27 08; Hauptpost: Place Mohammed V.

Anreise und Verkehr: Von Agadir über die P 32 (377 km), von Marrakesch aus über die P 31 (195 km). Busbahnhof: ca. 1,5 km vom Ortszentrum entfernt im Stadtteil Douar Chems (Nähe Kongreßpalast) tägliche Verbindungen nach Er Rachidia und Zagora; ausgezeichnete Verbindungen nach Marrakesch, gute nach Taroudannt/Agadir; Nachtbus nach Casablanca.

Flugzeug: Flughafen Taourirt, ✆ 88 23 83; Verbindungen nach Marrakesch, Agadir, Casablanca; dreimal wöchentlich Flüge nach Paris; Royal Air Maroc: 1, Boulevard Mohammed V., ✆ 88 51 02.

Unterkunft: **Hotels**: Hotel Azghor****, Avenue Prince Moulay Rachid, ✆ 88 65 01; Bélère****, 22, Avenue Prince Moulay Rachid (größtes Hotel am Ort), ✆ 88 28 03; Oscar****, Tamassint; Es Saâda***, Avenue de la Poste, ✆ 88 32 31; La Gazelle**, Boulevard Mohammed V. (etwa 1 km außerhalb, schöner Innenhof, kleiner Hotelpool); **Clubhotels**: Berbère Palace, Rue Mansour Eddahbi, ✆ 88 31 05; Club Méditerranée, Avenue Prince Moulay Rachid, ✆ 88 26 50; Karam, Avenue Prince Moulay Rachid. **Unklassifizierte Hotels**: im Stadtzentrum am Boulevard Mohammed V. sowie beim Busbahnhof (empfehlenswert: Hotel La Palmerie, ✆ 88 57 70, Hotel Royal, Hotel Atlas, etwas außerhalb: Hotel La Vallée).

Camping: Camping municipal, etwa 4 km vom Zentrum entfernt, nach der Kasbah Taourirt rechts halten in Richtung Tinerhir, ✆ 88 25 78 (nebenan das städtische Schwimmbad).

Souvenirs: Complexe Artisanal: bei der Kasbah Taourirt, ✆ 88 34 49.

Südöstlich von Ouarzazate hat sich der Oued Dra ein tief eingeschnittenes Tal durch das nahezu vegetationslose Gebirgsmassiv des Djebel

Kasbah Ait Benhaddou ▷

Die Kasbah Ait Benhaddou

Über Sergio Leones filmisches Vermächtnis mag man geteilter Meinung sein – daß der Meister hingegen einen untrüglichen Instinkt für bildmächtige Kulissen, für konkrete Schauplätze und Topographien hatte, läßt sich nicht von der Hand weisen. Was wunder also, daß Leone genau hier gedreht hat, als er 1961 zusammen mit Robert Aldrich an dem Film ›Sodom und Gomorrha‹ arbeitete. Vor dem Panorama der schneebedeckten Gipfelketten des Hohen Atlas sieht der wuchtige Wohnburg-Komplex aus, als wäre er an einem einzigen Tag aus Lehm gebacken und in diesen Abhang hineingeklebt worden. Abweisend nach außen, ein trutziges Zeugnis vergangener Macht, ein Relikt aus jener Zeit, als die mächtigen Caids der Berberstämme den Süden Marokkos fast wie souveräne Fürsten beherrschten.

Es ist für uns nicht leicht, nach Ait Benhaddou zu gelangen. Der Asif el Mellah, für gewöhnlich ein dürftiges Rinnsal, führt nach den schweren Regenfällen des Winters Hochwasser und ist zu einem Fluß von beachtlicher Breite angeschwollen. Um trockenen Fußes auf die andere Seite zu kommen, muß man etwas flußabwärts eine Furt auf einem Esel durchqueren. Wie alle Kasbahs im Süden des Landes ist Ait Benhaddou aus Stampflehm gebaut, in dessen breiige Masse etwas Maisstroh eingeschnitten wurde – ein Baumaterial, das in der Sonne schnell zu extremer Härte trocknet. Und zugleich eine Substanz, die in fatalem Ausmaß witterungsanfällig ist; durch die Regengüsse, die zwar selten, dann aber wie Blei auf das Land niederprasseln, weicht das Gemäuer auf und fällt in schlammigen Placken auseinander. Weshalb denn auch nach jeder dieser Regenperioden umfangreiche Ausbesserungen und Renovierungen an den Festungsanlagen nötig sind.

Ait Benhaddou hat im Lauf der Jahre schwer gelitten, aber noch in diesem heruntergekommenen Zustand vermittelt die weitläufige Anlage einen imponierenden Eindruck. Fluchtburg und Herrensitz, Festung und Gemeinschaftsspeicher, Sippenwohnung und Machtzentrum: Die Kasbah, in den arabischen Städten eine reine Festung, erfüllt in den von Berbern besiedelten Regionen Südmarokkos, besonders im Dra- und Dades-Tal, höchst unterschiedliche Funktionen, den Burgen des europäischen Mittelalters durchaus vergleichbar. In Ait Benhaddou sind gleich sechs, sieben solcher Kasbahs zu einer einzigen ummauerten Wohnburg verschmolzen, in der noch heute – wenn auch wenige – Menschen leben.

Die architektonische Anlage der südmarokkanischen Lehmburgen bleibt, allenfalls in Details variiert, im Grundriß immer gleich. Ein mehrstöckiger, in den unteren Geschossen meist fensterloser Zentralbau wird von vier hoch aufragenden, sich nach oben verjüngenden, oft zinnenbewehrten Ecktürmen eingefaßt. Diese *Agadire* genannten Ecktürme wurden als Speichersilos genutzt, in deren abgeteilten Kammern die Familien des Clans ihre Obst- und Getreideernte einlagerten. Noch heute sind in Ait Benhaddou die ausgeklügelten hölzernen Zapfenschlösser zu sehen, mit denen die Vorratslager verriegelt werden konnten. Die Agadire weisen in ihrem oberen Drittel reichhaltigen geometrischen Flächendekor auf, in die Lehmfassaden eingeritzt oder mit luftgetrockneten Lehmziegeln in die Außenmauern eingearbeitet. Die Ornamente sollten böse Geister abwehren und die *Baraka*, die heilige Kraft, an das jeweilige Gebäude binden.

Das Hauptgebäude der Kasbah umschließt in der Regel einen Innenhof. In den ebenerdigen Trakten befinden sich die Stallungen für Ziegen und Schafe. Die Wohn- und Schlafräume in den oberen Stockwerken erreicht man über eine Treppe in einem der Ecktürme. Aus den vergitterten Fensterchen der spärlich eingerichteten Wohnräume – das Mobiliar besteht meist aus ein paar Truhen, einigen Decken, Matten und Polstern – bietet sich oft ein überwältigender Ausblick, so etwa im Wohntrakt der bei Ouarzazate gelegenen Glaoua-Kasbah Taourirt.

Die auffälligen, in regelmäßigen Abständen auftretenden Löcher in den Fassaden sind, entgegen dem Augenschein, keine Verzierung: Beim Hochziehen der Lehmmauern benutzt man kastenförmige, oben und unten offene Verschalungen, die auf quergelegte Rundhölzer aufgesetzt werden. Nach dem Trocknen der Lehmmassen werden die Verschalungen entfernt, die Rundhölzer werden aus dem Gemäuer gezogen und auf dem fertigen Mauerstück erneut als Unterlage verwendet. Roh behauene Balken, auf die ein Rohrgeflecht im Fischgrätmuster aufgelegt wird, tragen die Zwischendecken. Die hohen Lehmmauern, die das Areal der Kasbah nach außen abschließen, unterstreichen den Festungscharakter dieser Siedlungsform.

Der Verfall scheint in Ait Benhaddou unausweichlich. Ganze Gebäude sind eingestürzt, Decken eingefallen, Gesimse zerbröckelt, etliche Trägerkonstruktionen sind morsch, Durchgänge zugeschüttet. Die bis zu 25 m hohen Agadire verrotten, längst hat der Regen ihre Ornamente ausgewaschen. Es ist freilich nicht allein die Witterung, die den Kasbahs hart zusetzt. Viele Bewohner haben diesen klimatisch extremen Teil des Landes in den letzten Jahren verlassen, sind von ihren

Burgen in die großen Städte gezogen. Die sozialen Bindungen innerhalb des Clans und des Stammes, die in der Kasbah einst eine Art architektonische Entsprechung fanden, haben sich inzwischen gelokkert, wenn nicht aufgelöst.

Die Ära, in der die Kasbah, Sippenwohnung und Fluchtburg in einem, als Refugium vor Angriffen rivalisierender Berberstämme oder dreisten Attacken von Nomaden diente – diese Ära ist mit der Unabhängigkeit des modernen Marokko unwiderruflich dahin. Menschen, Vieh und Ernten müssen in den Trutzburgen der Kasbahs nicht länger gegen beutegierige Feinde verteidigt werden. Die neue Zeit eines zentralistisch gelenkten, modernen Nationalstaats, der sein Gewaltmonopol auch in den entlegensten Regionen durchzusetzen vermag, hat den einst hoheitlich-souveränen Berber-Kasbahs ihre historischen Funktionen ein für allemal genommen – auch in Ait Benhaddou. Heute brauchte Sergio Leone hier nichts mehr zu verändern, wollte er noch einmal ›Sodom und Gomorrha‹ in Szene setzen.

Sarhro gegraben; zwischen Agdz und Zagora bewässert der Fluß eine dichte Kette von Dattelpalmen-Oasen. Das Dra-Tal verengt sich in diesem Abschnitt immer wieder zu zerklüfteten Schluchten, weitet sich dann wieder zu ausgedehnten Hochebenen. Ein fast lükkenloses Palmenband säumt den mäandernden Flußlauf, Oase reiht sich an Oase, die einzelnen Kasbahs (besonders eindrucksvoll: Tamnougalt, Tansikht, Dar Caid el Arabi, Timasla, Tinzouline, Benizouli, Asrir) sind wie an einer Perlenschnur aufgereiht.

Marabout bei Ait Benhaddou

Typische Siedlungsform in dieser Region ist das von einer trutzigen Mauer umfaßte, von einer Kasbah beherrschte, befestigte Dorf (*Ksar*, s. S. 174), in dem oft mehrere hundert Menschen leben. Charakteristisch sind die ockerfarbenen, aus Lehmziegeln und sonnengehärteter Stampferde gebauten Häuser am Flußufer, umgeben von dichten Palmenhainen.

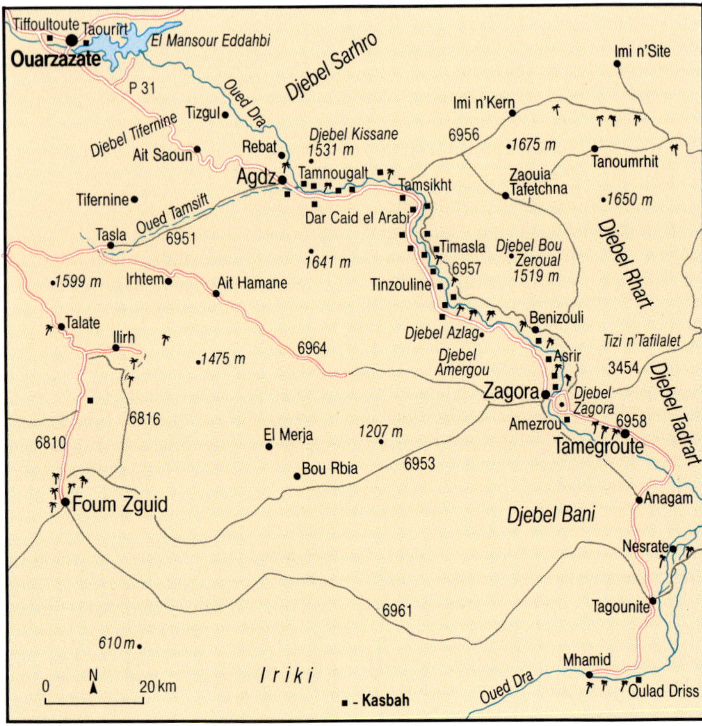

Dra-Tal

Das Dra-Tal, vornehmlich der Abschnitt zwischen Agdz und Zagora, gehört zweifellos zu den eindrucksvollsten Landschaften Südmarokkos. Den Südrand der Dra-Oasen markieren die Orte Tagounite und Mhamid. Nur nach starken Regenfällen führt der Fluß hier noch Wasser, und nur ganz selten hat der Dra in den letzten Jahren seine Mündung in den Atlantik, etwa 30 km nördlich von Tan Tan, erreicht.

Agdz

Der ehemalige französische Garnisonsort (ca. 5000 Einwohner) liegt am Fuß des 1531 m hohen Djebel Kissane, am Ausgang des Wüstentals des Khaneg Taghia, des Dra-

Durchbruchs im Djebel Sarhro-Massiv.

Ein rechteckiger Platz mit Springbrunnen in der Mitte markiert das moderne Ortszentrum, gesäumt von zahlreichen Arkadenläden. Ein verschlafenes Straßendorf oberhalb einer ausgedehnten Dattelpalmen-Oase am Dra-Ufer; etliche sehenswerte Kasbahs in der Umgebung. Jeden Donnerstag findet ein Markt mit reichhaltigem Teppichangebot statt.

Anreise und Verkehr: Über die P 31, 68 km südöstlich von Ouarzazate.

Die Busse starten vom Hauptplatz in der Ortsmitte; Verbindungen mehrmals täglich nach Ouarzazate und Zagora.

Unterkunft: **Hotels**: Hotel Kissane ***, Boulevard Mohammed V., Tel. 84 30 44, Fax 84 32 58 (von Ouarzazate kommend am Ortseingang rechts, ausgezeichnete Küche, Neubau); **unklassifizierte Hotels:** zwei in der Ortsmitte (Hotel Dra, Hotel Les Palmiers).

Camping: Casbah de la Palmeraie, 2 km vom Ortszentrum (sehr schön gelegen, überaus freundliches Personal).

Zagora

Sehr schön am Dra-Ufer in einer Dattelpalmen-Oase gelegen, ist Zagora (ca. 10 000 Einwohner) heute vornehmlich Marktort (Markt Mi und So), Töpfereizentrum und Militärstützpunkt.

Ein dichter Palmengürtel säumt den schmalen Streifen landwirtschaftlicher Nutzfläche mit Mandel-, Aprikosen- und Ölbaumkulturen. Zum Flußufer hin stehen viele Ksar-ähnliche Behausungen. Die topografischen Achsen im Ortskern werden (wie üblich) von den etwa parallel zum Dra laufenden Avenuen Mohammed V. und Hassan II. markiert. Zagora – ein Straßendorf ohne nennenswerte Sehenswürdigkeiten, mit einer etwas zu groß dimensionierten, wie übergestülpt wirkenden touristischen Infrastruktur (einige große Luxushotels, die im Winter nahezu leerstehen). ›Timbuktu 52 Tage‹: Das Hinweisschild am Ortsausgang ist Zeugnis der längst versunkenen, legendären Ära der Transsahara-Karawanen; heute ist Zagora nurmehr ein (militärischer) Vorposten vor der Großen Wüste.

Gegenüber der Stadt, am nördlichen Dra-Ufer, erhebt sich der 974 m hohe **Djebel Zagora** mit den Ruinen einer almoravidischen Festung aus dem 11. Jh. In der Nähe des Berges der sehenswerte **Ksar Amezrou**, bekannt für die Herstellung von Silberschmuck. Ebenfalls am nördlichen Flußufer lohnt **Tamegroute** (20 km südöstlich von Zagora; asphaltierte Piste, es verkehren Kleinbusse und Sammeltaxis) den Besuch: bedeutende Töpferei, große Zaouia des Nassirya-Ordens, Bibliothek mit kostbaren arabischen

Dra-Tal bei Zagora

Handschriften, bedeutende Wallfahrtsstätte mit Marabout-Heiligtum.

Information: ✆ Vorwahl, 04; CTM-Büro Av. Mohammed V., am Ortsausgang nach Mhamid. Die Strecke Zagora – Tagounite – Mhamid (95 km) darf derzeit ohne Ausnahmegenehmigung von Touristen befahren werden. Meist Ausweiskontrollen in Tagounite. (Falls sich die Regelung ändert: Ausnahmegenehmigung im Büro der Kreisverwaltung *[Cercle]* von Zagora, am Ortsausgang, wo die Straße nach Mhamid links abzweigt); Banque Populaire, Boulevard Mohammed V. (die einzige Bank im Ort!; Wechselschalter auch in den großen Hotels).

Anreise und Verkehr: Über die P 31, 96 km südöstlich von Agdz. Busbahnhof und Taxistand: neben dem Souk-Gelände an einem ummauerten Platz rechts am Ortseingang (von Agdz kommend). Busverbindungen mehrmals täglich nach Agdz/Ouarzazate; einige Busse weiter bis Marrakesch; Verbindung nach Tagounite/Mhamid; Sammeltaxis in Richtung Süden.

Unterkunft: **Hotels**: Club-Hotel Reda****, Route de Mhamid (im Ortszentrum), ✆ 84 72 49; Riad Salam****, Boulevard Mohammed V., am Ortseingang, ✆ 84 74 00; Hotel Kasbah Asmaa***, hinter der Dra-Brücke auf der linken Seite, ✆ 84 72 41; La Fibule du Dra**, am nördlichen Dra-Ufer, ✆ 84 73 18, Fax 84 72 71 (angenehmes Hotel im Kasbah-Stil, palmengesäumter Innenhof, Pool); Hotel La Palmeraie*, Boulevard Mohammed V. **Unklassifizierte Hotels**: (etwa La Vallée du Dra, Hotel des Amis etc.) am Boulevard Mohammed V. in der Ortsmitte.

Camping: Camping d'Amezrou (hinter dem Hotel La Fibule du Dra, rechts halten); Camping La Montagne (hinter dem Hotel La Fibule du Dra zweigt eine Piste nach links ab, der Campingplatz ist etwa 3 km vom Ortszentrum entfernt; Vermittlung von Kameltouren!); Camping Sindibad (neben dem Hotel Tinsouline, in einem Palmenhain am Dra-Ufer).

Von Zagora führt eine landschaftlich eindrucksvolle Route durch Geröllplateaus, ausgedehnte Palmenhaine und Sanddünen beidseits der Straße. Eine besonders schöne Ksour-Siedlung befindet sich bei **Oulad Driss**, etwa 7 km vor Mhamid.

Tagounite-Mhamid

Tagounite und vor allem Mhamid (s. S. 176) sind kaum mehr als triste Straßendörfer, in die Wüste vorgeschobene Siedlungen, letzte militärische Vorposten vor der etwa 30 km entfernten algerischen Grenze, die in ihrem Verlauf nicht genau festgelegt ist. Die beiden kleinen Marktflecken bestehen aus mehreren Ksour. Ihre Märkte (So in Tagounite, Mo in Mhamid) werden heute noch von den Ait Atta-Nomaden des Umlandes besucht.

Südlich von Mhamid ist der Dra fast immer ausgetrocknet – nach heftigen Regenfällen im Winter 1989/90 war er jedoch zu einem breiten Strom angeschwollen, ein seltenes Naturschauspiel. Direkt am palmenbestandenen Dra-Ufer gelegen, vermitteln beide Orte – Mhamid war im 16./17. Jh. immerhin ein wichtiges Karawanenzentrum – inzwischen ein Bild trostloser Armut. Diese sandsturmgepeitschten Plätze, diese Häusergewürfel aus Stampflehm, diese versandeten Gassen – die Wüste beginnt unmittelbar hinter den letzten Häusern, die Straße ist hier zu Ende, Mhamid, das ist das Ende der Welt! Die Wüste ist hier kein Phantom am fernen Horizont; in dieser von Sand bedrängten Siedlung ist die Wüste im Gegenteil eine überaus leibhaftige Bedrohung.

Anreise und Verkehr: Tagounite und Mhamid über die Route 6958 (gute Asphaltpiste bis Mhamid; bei Hochwasser des Dra starke Überschwemmungsgefahr; stellenweise versandet), 54 bzw. 88 km südlich von Zagora.

Busse von/bis Mhamid (selten); ansonsten Sammeltaxis (eventuell umsteigen in Tagounite).

Unterkunft: In Tagounite eventuell Unterkunftsmöglichkeit im Café-Restaurant Essada (ansonsten besteht ein Zelt-Biwak etwa 2 km abseits der Straße, die Piste zweigt vor dem Ortseingang nach links ab). – In Mhamid laden die Zimmer im Restaurant Sahara nicht gerade zu einer Übernachtung ein. Gute Alternative: Hotel Irigui, ✆ 84 80 23 (auch Exkursionen).

Camping: Sehr rudimentärer ›Campingplatz‹ in Mhamid oder, etwa 5 km entfernt, das Nomadenzeltlager »Kasbah Touareg«.

Heilung durch den Marabout

Die Zaouia von Tamegroute

Die Szenerie gehört, fremdartig und geheimnisvoll, wie sie ist, zu jenen Zeitsprüngen, die dem Reisenden in Marokko immer wieder begegnen. Ein rechteckiger Arkaden-Innenhof, in der Mitte ein Springbrunnen, Kieswege, ein paar Ziersträucher. In den Arkadennischen dösen an die 30 Personen vor sich hin, kauern in den Ecken, hingelagert auf zerschlissene Decken, einige scheinen zu schlafen, andere hocken mit leerem, nach innen gerichtetem Blick an die Mauern gelehnt, wieder andere im Schneidersitz murmeln unablässig irgendwelche Litaneien, ein gebetsmühlenhaftes Raunen, während sie den Oberkörper wie in Trance hin- und herwiegen. Ein leiser Chor sich überlagernder Stimmen – ein Bild, so rätselhaft wie unwirklich. Die Zeit hält den Atem an und scheint für einen Augenblick stillzustehen. Mittelalterliche Pilger mögen so ausgesehen haben, weltentrückte Gottsucher vielleicht, ich sehe plötzlich halbvergessene Filmbilder vor mir und Blätter aus alten Chroniken.

Wenn es denn Pilger sind: Sie scheinen sich auf eine lange Zeit des Wartens eingerichtet zu haben. Manche haben ihr Eßgeschirr mitgebracht, Bettzeug, Hausrat, Decken, Kleidung, Bücher. Einige sind in ihre Lektüre versunken, ein alter Mann rezitiert mit brüchiger Stimme einen Text. In diesem Innenhof scheint jeder in seiner Nische für sich zu sein, einsam in der Menge. Eine paradoxe Versammlung von Eremiten. Männer und Frauen dämmern in diesen strahlenden Nachmittag hinein, scheinen kaum noch recht zu wissen, warum sie eigentlich hier sind. Sämtliche Lebensalter sind vertreten, ein junges Mädchen mit aufgelöstem Haar, neben ihr ein verwitterter Greis. Einige, so ist zu erfahren, sind erst seit wenigen Wochen hier, manche schon Monate, der ein oder andere seit Jahren. Sie warten. Sie warten – und vielleicht vergessen sie allmählich worauf. . . Mag sein, daß dieser Zustand stumpfer Apathie, selbstvergessener Geduld im Lauf der Zeit jedes Ziel und jeden Wunsch verdunkelt – und also auch jeden Grund, der dieses Warten lohnt.

An der Stirnseite des Innenhofs schließt sich ein Mausoleum an, in dem acht Marabouts aufgebahrt sind, jene von der Nachwelt als Heilige verehrte Auserwählte, die die Berber *Igouramen* nennen, ›die von

Gott Trunkenen‹. Die Stätte hat Tradition: Tamegroute, ein kleines Dorf im Dra-Tal, etwa 20 km südöstlich von Zagora, war einst ein Zentrum des Islam. Hier befindet sich eine bedeutende Zaouia des Nassirya-Ordens, einer religiösen Bruderschaft, die im 16./17. Jh. immensen Einfluß im Dra- und Dades-Tal ausübte und die bis in die Sous-Ebene und in den Anti-Atlas hinein ihre Anhänger mobilisierte. Die Zaouia von Tamegroute – sie ist, wie die meisten dieser heiligen Stätten im Süden Marokkos, bis heute ein bedeutender Wallfahrtsort, der von der Aura jener ›von Gott Trunkenen‹ zehrt, die hier beigesetzt sind. An solchen Orten konzentriert sich religiöse Überlieferung in besonderer Weise. In Tamegroute konkretisiert sie sich in der im 17. Jh. von Abou Abdallah Mohamed Benacer gestifteten Bibliothek, die rund 4000 Bände umfaßt.

Über den Hof klingen helle Kinderstimmen aus der nahen Koranschule. Ein Singen eher als ein Beten. In einer Hofecke dampft ein Kessel über offenem Feuer, der Orden versorgt die in den Arkaden kauernden Bittsteller mit heißer Suppe. Es sind Geistesgestörte, so wird mir bedeutet, die hier auf wundersame Heilung warten. Es scheint, als verströmten die Gräber der Marabouts eine Ausstrahlung, an deren heilender und heiliger Kraft die Wartenden teilhaben wollen. Mag sein, daß sich in dieser Zaouia, gleichsam im Angesicht der Heiligen, für den Gläubigen jene spirituelle Energie materialisiert, die der Marokkaner *Baraka* nennt. Einer der Pilger – wie soll man diese Wartenden sonst bezeichnen? – klopft mit einem Metallring dreimal vernehmlich an die bunt bemalte Holztür des Marabout. Ob ihm der Segen der Baraka auf diese Weise zuteil wird? Es ist ihm zu wünschen.

Unter der Oberfläche des wissenschaftlichen Islam der Schriftgelehrten hat sich seit jeher ein tiefverwurzelter Volksislam gehalten, der sich, offenbar unausrottbar, nicht nur in Heiligenkulten und Reliquienverehrung manifestiert, sondern der auch sehr verschiedene Formen des Glaubens umfaßt, wie Totemismus, Animismus, Magie und Schamanismus. Die reine Lehre des Islam, die jede Heiligenverehrung nachdrücklich ablehnt – gilt doch selbst der Prophet nur als Mensch und nicht als höheres Wesen oder Sohn Gottes – , hat den Volksglauben nie vollständig auslöschen können. Für die Koran-Gelehrten wären die Baraka-Pilger in Tamegroute jedenfalls kaum mehr als religiöse Frevler.

Allmählich senkt sich der Abend über den Arkadenhof. Vielleicht ist es bloß eine Täuschung – oder ist das Gebetsraunen jetzt, bei Einfall der Dämmerung, tatsächlich inniger geworden, drängender auch?

Dades-Tal und Tafilalet

Die Route des Kasbahs zwischen Skoura und Goulmima

Von Boumalne du Dades hinauf in den Hohen Atlas

Entlang der Todrha-Schlucht und der Weg nach Er Rachidia

Das Tafilalet: größte Dattelpalmen-Oase Marokkos

Die Kasbah Ait Arbi im Dades-Tal

Traumhafte Landschaften und ganz alltägliches Leben

Über eine Reise mit dem Bus ins Dades-Tal vorbei an den eindrucksvollsten Lehmburgen des Landes oder durch grandiose Gebirgslandschaften. Über Handeln mit Datteln, Feigen, Mandeln, Nüssen und Parfüm – und ein Heiratsmarkt in Imilchil.

Die ›Route des Kasbahs‹

Der Dades entspringt südöstlich des Tizi n'Ouano im Hohen Atlas. Auf dem Weg durch die Gebirgsausläufer hat er sich eine bizarr zerklüftete Schlucht (Gorges du Dades) gegraben, die zu den überwältigendsten Landschaften Marokkos gehört. Bei Boumalne du Dades tritt der Fluß aus dem Gebirge aus und verläuft in südwestlicher Richtung weiter bis Ouarzazate, wobei er zwischen Boumalne und Skoura mehrere Dattelpalmen-Oasen bewassert. Bei Ouarzazate (Stausee El Mansour Eddahbi) vereinigt sich der Dades mit anderen Wasserläufen zum Dra.

Als ›Route des Kasbahs‹ gilt die Strecke Ouarzazate – Er Rachidia (P 32; 305 km, mehrmals täglich Busse, Fahrtzeit 7 Stunden). Diese Strecke gehört zu den schönsten Reiserouten in Südmarokko und führt zwischen den Südost-Ausläufern des Hohen Atlas und den Nordwest-Flanken des Djebel Sarhro bzw. Djebel Ougnat durch grandiose Gebirgspanoramen. Das Kernstück der ›Route des Kasbahs‹ mit den größten Oasen und eindrucksvollsten Lehmburgen liegt zwischen Skoura und Goulmima.

Skoura

Skoura ist eine Großoase mit Dattelpalmen, Granatapfel- und Feigenbäumen sowie ausgedehnten Rosenfeldern. Das aus den Blütenblättern destillierte Öl dient als Rohstoff bei der Parfümherstellung. Etliche Feudal-Kasbahs mit ungleichmäßig hohen Türmen beleben das Bild (Souk am Mo). Von Skoura aus sind über die Piste Nr. 6831 mehrere sehenswerte Kasbahs (etwa Toundoute) am Südrand des Hohen Atlas zu erreichen.

Almeridil bei Skoura

Anreise: Über die P 32, etwa 42 km nordöstlich von Ouarzazate.

Unterkunft: Bescheidene Übernachtungsmöglichkeit.

El Kelaa des Mgouna

Wie Skoura ist auch El Kelaa eine Großoase mit zahlreichen Kasbahs, von einer Feudal-Kasbah überragt, die einst El Glaoui gehörte. Man befindet sich hier im Zentrum des Berberstamms der Mgouna, die für ihre Unabhängigkeitsbestrebungen (gegenüber El Glaoui wie gegen die Franzosen) berühmt waren. Obstbaum- und Rosenkulturen für die Herstellung von Rosenöl prägen die Landschaft. Im Mai, während des im ganzen Land berühmten Rosenfestes, ist der Ort kurzzeitig eine Touristenattraktion.

Anreise: Über die P 32, 92 km nordöstlich von Ouarzazate.

Unterkunft: Hotel Les Roses du Dades****, ✆ u. Fax 04/88 60 07; mehrere einfache Hotels im Zentrum.

Boumalne du Dades

Im Zentrum dieses modernen Verwaltungs- und Marktorts (13 000 Einwohner) befindet sich ein großes,

Mit dem Bus über Land

Ein kleines Mädchen in zerschlissenem Petticoat huscht durch die Reihen, zupft die Passagiere routiniert-schüchtern am Ärmel und haucht seinen Satz: »Donnez moi un dirham, pour manger.« Wasserverkäufer und Obsthändler machen ihre Aufwartung, Süßigkeiten und Popcorn werden feilgeboten, fliegende Händler preisen Socken und Taschentücher an. Schmale Metalleitern werden an den Bus angelegt, das Gepäck auf dem Dach wird zu abenteuerlichen Gebirgen zusammengezurrt, mit einem dünnen Netz überspannt.

Während der Motor schon läuft, entern Wanderprediger den Bus (sind das Wanderprediger oder vielleicht politische Eiferer?), schmettern ihre inbrünstigen Tiraden ins Publikum, glühende Missionare ihrer Überzeugung – und wortgewandte Demagogen dazu. Reden ohne Punkt und Komma, wenden sich jedem einzelnen zu, mag der auch noch so angestrengt aus dem Fenster sehen. Der Motor heult auf, schwarze Abgasschwaden verdunkeln die Sicht, ein halbblinder Berbergreis fordert mit tonloser Gebetsmühlenstimme sein Scherflein, noch einmal wird das Fahrtziel über den Platz gebrüllt, ein letztes mißtönendes Hupen: dann geht es los.

Busfahren in Marokko – für den Neuankömmling, auf Fernstrecken allenfalls den zweifelhaften Charme europäischer Intercity-Verbindungen gewohnt, mag dieser Art des Reisens durchaus ein exotischer Reiz innewohnen. Zahnlose Alte mit runzliger Lederhaut; abgerissene, schmutzstarrende Jammergestalten neben behäbiger Eleganz; junge Mütter mit wimmernden Säuglingen im Arm neben schier alterslosen, grellbunt verhüllten, tief verschleierten Frauen; Hautfarben in allen Schattierungen.

von Mauern eingefaßtes Souk-Gelände. Schön am Hang gelegen, bietet sich dem Reisenden vom Ort aus eine großartige Sicht auf das Bergpanorama der Umgebung. Markant erhebt sich die mächtige Kasbah über die Kleinstadt. Boumalne gilt als wichtiger Ausgangspunkt für Touren in die Dades-Schlucht.

Anreise: Über die P 32, 116 km nordöstlich von Ouarzazate.

Unterkunft: Hotel El Madayek**** (zuweilen durch Pauschalarrangements ausgebucht), ✆ 04/83 07 63, Fax 04/83 07 67; Hotel Vallée des Oiseaux*, am Ortsrand direkt neben der Busstation (empfehlenswert, sehr freundliches Personal, gute Küche); ein-

Manchmal, bei längeren Nachtfahrten, flimmert ein kleiner Fernseher vorn über dem Gang, ein Radio quäkt, oder der hypnotisierende Singsang arabischer Musik entrückt die Passagiere in einen gnädigen Stumpfsinn. Während die Landschaft draußen vor den Fenstern allmählich in der Dämmerung versinkt, zuckelt der Überlandbus durch die Nacht, die Fahrgäste als transportierte Gegenstände an Bord. Kann sein, daß sich seine menschliche Fracht in Geduld üben muß, etwa wenn auf offener Strecke angehalten wird, damit der Fahrer, gen Mekka gewandt, am Straßenrand pflichtschuldig seine Gebete verrichten kann. Was sind schon Fahrpläne gegenüber der meditativen Zwiesprache mit Allah? Der Fahrer kniet nieder, im Refrain der Gebete versunken, derweil die europäischen Reisenden sich die Beine vertreten, und die Zeit, ein Metronom weltlicher Geschäftigkeit, hat sich aufgelöst.

Geduldsproben auch, wenn bei fälligen Reparaturen Improvisation mal wieder die Losung der Stunde ist. Wer mit dem Bus unterwegs ist, bewegt sich, zumal im Süden des Landes, oft genug in einem zeitlichen Ungefähr, in dem zwar die Abfahrtszeiten einigermaßen verläßlich, die Ankunftszeiten jedoch der Gnade des Allmächtigen anheimgestellt sind. Und jeder Anflug exotisierender Wahrnehmung ist dahin, wenn einer der Veteranen auf der Strecke geblieben ist, wenn alles Reparieren nichts mehr hilft und es dem Geschick jedes einzelnen überlassen bleibt, wie er, gepäckbeladen, vom Fleck kommt.

Draußen graut ein neuer Morgen, die Passagiere, in Zweier- und Dreierreihen gepfercht, ordentlich durchgerüttelt, dämmern in einem flachen Halbschlaf vor sich hin. Der Bus hält, ein Ziel ist erreicht. Der Ankunftsort wird durch den Bus posaunt – das Unbekannte hat einen Namen. Draußen ist es jetzt ganz hell. Der Bus spuckt seine Fracht aus. Die ersten fliegenden Händler haben die Neuankömmlinge bereits erspäht. So kommt man dann an . . .

fache Herbergen im Zentrum (Hotel Soleil Bleu, Hotel Salam, Hotel Adrar, Hotel Chems).

Die **Dades-Schlucht** zweigt etwa 1 km vor dem Ortseingang von Boumalne du Dades von der P 32 ab; auf der Stichstraße Nr. 6901 sind es bis Msemrir 61 km; die ersten 20 km (bis Ait Ali) sind asphaltiert, danach gelangt man auf eine schlechtere, aber befahrbare Piste. Durch Hochwasser des Dades kann das steilste Stück der Schlucht für Pkw unpassierbar sein; spätestens bei Imdiazen (etwa 35 km von Boumalne entfernt) ist dann kein Durchkommen mehr. Am Ende der

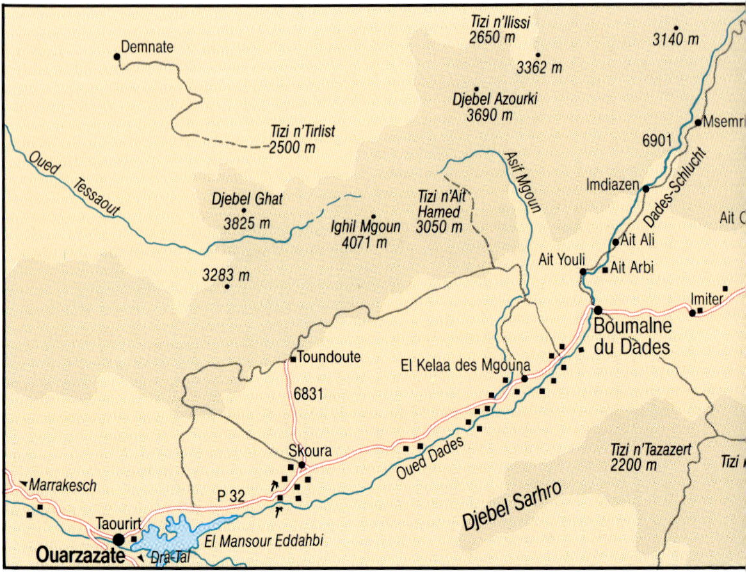

Dades-Tal und Tafilalet

Schlucht führen sehr schlechte Pisten weiter nach Imilchil (landesweit bekannt für seinen Heiratsmarkt) und zur Todrha-Schlucht (für Pkw kaum befahrbar). Einige einfache Hotels und Campingplätze (etwa bei Ait Oudinar und Msemrir), vor allem auf den ersten 30 km der Dades-Schlucht, bieten Übernachtungsmöglichkeiten.

Der Oberlauf des Dades hat sich am Südhang des Hohen Atlas tief in das Gestein eingeschnitten. Zahlreiche eindrucksvolle, in eine grandiose Gebirgslandschaft gesetzte Kasbahs (etwa Ait Youli, Ait Arbi), liegen am Wegesrand; ebenso winzige, oft terrassierte Anbauflächen direkt am Flußufer mit Mandel-, Nuß-, Granatapfel-, Pfirsich- und Feigenbäumen; außerdem werden Mais, Gerste, Bohnen, Minze und Kartoffeln angebaut – das alles in rund 1600 m Höhe. Die Bergketten, ein wild zerklüftetes Gelände mit bizarren Felsformationen, sind dagegen völlig vegetationslos; Hunderte von Metern fallen die Steilwände nahezu senkrecht zum Flußufer ab. Ein Landschaftserlebnis ersten Ranges; dieser Abstecher in die Dades-Schlucht ist unbedingt zu empfehlen!

Östlich von Boumalne verläßt die Hauptstraße (P 32) das Tal des Da-

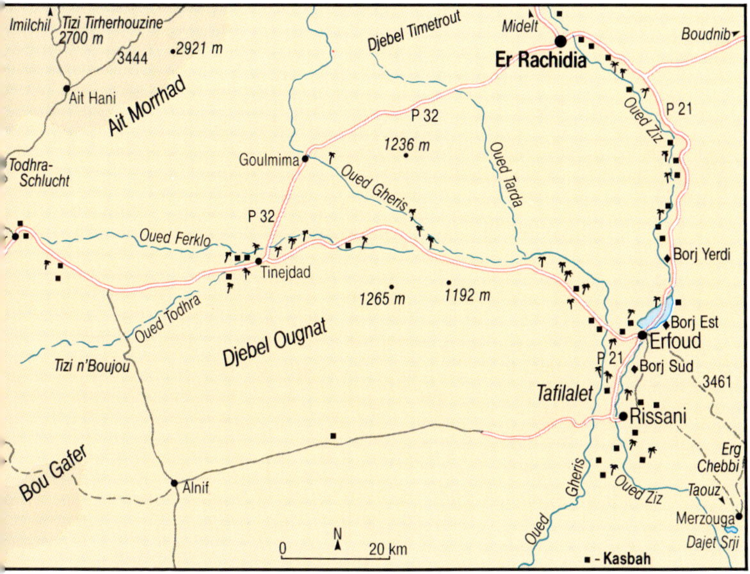

des; die Route des Kasbahs führt, obschon die Kasbah-Komplexe nun seltener werden, über Tinerhir weiter bis Goulmima.

Tinerhir

Der bedeutende Berber-Marktort des Sahara-Vorlands (ca. 6000 Einwohner) liegt in einer vom Oued Todrha bewässerten Oase.

In dem modernen Ortskern wird der Souk (immer Mo) von großen Mauern eingefaßt. Das Städtchen überragt eine große ehemalige Glaoua-Kasbah auf einem 1342 m hohen Plateau. In der Ebene liegen zahlreiche Lehmburgen. Überaus lohnend ist ein Spaziergang durch die ausgedehnte Palmenoase: Olivenkulturen, die üblichen kleinen Ackerflächen. Tinerhir ist günstig als Ausgangspunkt für Exkursionen in die Todrha-Schlucht und wird von Touristen, die von Ouarzazate nach Er Rachidia reisen, gern als Etappenziel auf halbem Weg genommen.

Anreise und Verkehr: Über die P 32, 169 km nordöstlich von Ouarzazate.

Busstation und CTM-Büro am großen Platz in der Ortsmitte. Verbindungen nach Ouarzazate und Er Rachidia, Sammeltaxis zum Eingang der Todrha-Schlucht; LKW-Transfer zum Samstagsmarkt nach Imilchil.

Handeln und Feilschen

Wer auch nur einen Augenblick stehenbleibt und zögert, um den ist es schon geschehen – und wer unbedacht einen Preis nennt, der hat den Handel schon eröffnet. Handeln und Feilschen gehört, keineswegs nur in den Souks, untrennbar zum marokkanischen Alltag, als Selbstverständlichkeit, sich über den Preis von Waren und Dienstleistungen im Gespräch zu verständigen, nach Maßgabe der spezifischen Eigenschaften der Ware und der Situation des Kunden. Auch wenn der Akt des Kaufens und Verkaufens durch feststehende Rituale geprägt wird – etwas Einmaliges wird den Vorgang in der Regel begleiten. In den Souks, so Elias Canetti (›Die Stimmen von Marrakesch‹), hat jede Ware unendlich viele Preise, hier entsteht das erste Angebot des Händlers auf rätselhafte Weise, ist es eine Kunst, den endgültigen Preis zu erringen. In Ländern mit Preisbindung hingegen, so Canetti, schafft es »jeder Dummkopf«, nicht übers Ohr gehauen zu werden.

Vor allem die Souks konfrontieren den Käufer mit einem ökonomischen System, in dem die Gepflogenheiten des westlichen Warentransfers außer Kraft gesetzt sind. In den Souks gibt es weder einheitliche Handelsmarken noch objektive Güteklassen, es gibt keine Werbung außer den Anpreisungen des Verkäufers, es gibt keine Verbraucherorganisationen, die als Ratgeber fungieren könnten, und keine Marktforschungsinstitute, deren statistische Raster an der puren Unerforschbarkeit dieses Marktes ohnehin scheitern müßten. Wo darüber hinaus verläßliche Informationen über das Warenangebot rar sind und schwer zu beschaffen, da tappt der Käufer, zumal der Tourist, fast immer im dunkeln. Bestenfalls kann er Kennerschaft vortäuschen, um beim Verkaufsgespräch, etwa beim Handeln um Teppiche oder Silberschmuck, einen möglichst ebenbürtigen Gegenpart abzugeben.

Ursprünglich stand der Versuch, auf einem unüberschaubaren Markt gültige Informationen über Material, Verarbeitung, Herkunft und Qualität einer Ware zu erhalten, im Zentrum allen Feilschens. Auch das begleitende, oft weitschweifende Geplänkel hatte seinen guten Grund, galt es doch, die Persönlichkeiten von Käufer und Verkäufer zu taxieren, also etwas über die familiären Hintergründe, die biographischen Umstände, die beruflichen Perspektiven der an dem Handel Beteiligten in Erfahrung zu bringen. So versuchten beide Parteien, durch einen auf gegenseitigem Vertrauen basierenden Austausch eine dauerhafte Wirtschaftsbeziehung aufzubauen. Mag sein, daß diese

Feinheiten einer immerhin uralten Prozedur längst einem unverhohlenen Preisschacher gewichen sind, bei dem astronomisch überhöhte Ausgangsforderungen lediglich dazu dienen, den ahnungslosen Touristen gehörig das Fell über die Ohren zu ziehen.

Wo Preise nicht festgelegt sind, werden Kauf und Verkauf zur Improvisationskunst, bei der psychologischer Instinkt, rhetorisches Geschick, gestische wie mimische Theatralik, die Lust an der Überrumpelung und der lange Atem der Beharrlichkeit einem an sich simplen Vorgang geradezu die Weihen des Erhabenen verleihen können. Zeit freilich spielt dabei keine Rolle – Geduld ist alles. Die Gefahren, bei einem solchen Handel gnadenlos übertölpelt zu werden, lauern überall. Die Souks – für Canettis »Dummköpfe« bleiben sie ein überaus gefährliches Gelände.

Es war einmal eine Zeit, in der jede Ware ein Unikat war, handgefertigt, einmalig und unverwechselbar. Einzelstücke freilich haben ihren Preis – und der ist oft genug nicht allein mit der reinen Arithmetik der Zahlen zu fassen. Desto lohnender mag es sein, gerade um solche Ware zäh und geduldig zu handeln. Selbst auf die Gefahr hin, daß der Handel am Ende doch noch platzt.

Unterkunft: Hotel Sarhro**** (Hügellage, schönes Panorama), ✆ 05/83 41 81; Hotel Bougafer**** (Neubau am Ortsanfang), ✆ 05/83 32 00, Fax 05/83 32 82; Hotel Todrha**, 37, Avenue Hassan II. , ✆ 05/83 42 49; einfache Hotels (Hotel de l'Avenir, Al Qods, Hotel des CTM) im Ortszentrum.

Camping: zwei neu angelegte Plätze (Camping Ourti, Camping Almou) am Ortseingang; sehr einfache Plätze am Anfang der Todrha-Schlucht.

Die **Todrha-Schlucht** beginnt etwa 1 km hinter dem Ortsausgang von Tinerhir (Straße nach Er Rachidia); die Stichstraße Nr. 6902 zweigt hier nach links von der P 32 ab. Bis Ait Hani sind es 68 km, die ersten 13 km der Strecke sind geteert und gut befahrbar; danach ist die Piste sehr schlecht. Nach etwa 20 km, hinter der Zaouia Sidi Abdalali, erreicht man die engste Stelle der Schlucht – hier beträgt der Abstand der etwa 300 m senkrecht abfallenden, rötlichen Felswände gerade noch 10 m! Wie weit man mit einem PKW in die Schlucht einfahren kann, hängt nicht zuletzt vom Wasserstand des Oued Todrha ab (die weiterführenden Pisten Nr. 3446 in die Dades-Schlucht, Nr. 3445 nach Imilchil und Nr. 3444 nach Imiter sind nur mit geländegängigen Wagen passierbar). Während des Frühjahr-Hochwassers ist eine Fahrt in die Todrha-Schlucht nur mit Lkw oder Landrover möglich.

Zur Todrha-Schlucht

Zwischen Tinerhir und der engsten Stelle der Todrha-Schlucht gibt es einige Übernachtungsmöglichkeiten (Hotel-Restaurant El Mansour, Hotel Yasmina, Hotel des Roches) sowie kleine Campingplätze (Camping du Lac; Camping de la Source des Poissons Sacrées – die Fische im Quellbecken werden als heilige Tiere verehrt –; Camping Atlas).

Ähnlich wie der Dades hat sich der Oued Todrha ein tiefes, canyon-artiges Flußbett in die Südhänge des Hohen Atlas geschnitten. Während man die Dades-Schlucht von den Serpentinen aus halber Höhe als Panorama von oben auf sich wirken lassen kann, führt die Tour in die Todrha-Schlucht auf der Talsohle entlang. Zu beiden Seiten türmen sich die bizarren rötlichen Felswände – ein Kletterparadies für Schwindelfreie. Eine Urlandschaft aus abenteuerlichen Gesteinsformationen, ein grandioses Landschaftserlebnis in jedem Fall, vergleichbar der Dades-Schlucht und doch ganz anders als diese!

Wer, von Tinerhir kommend, nicht über Er Rachidia, sondern direkt ins Tafilalet will, kann in Tinejdad nach rechts von der P 32 abbiegen. Die Asphaltstraße Nr. 3451 (auch von Bussen befahren) führt nach Erfoud.

Goulmima

Diese Großoase (ca. 4000 Einwohner) wird vom Oued Gheris bewässert; die 20 Wohnburgen des Ortes markieren das Ende der Route des Kasbahs.

Die Siedlung mit ihren rechtwinklig geführten Straßenzügen im Ortskern verfügt über keine nennenswerten Sehenswürdigkeiten. Überaus lohnend aber gestaltet sich ein Abstecher in den 2 km entfernt gelegenen **Ksar du Goulmima** (am Ortsausgang rechts, an der Piste Nr. 3453 in Richtung Erfoud). Der Ksar besteht aus über 500 Häusern und vermittelt ein eindrucksvolles Bild der für Südmarokko typischen befestigten Wehrdörfer.

Anreise: Über die P 32, 248 km nordöstlich von Ouarzazate.

Unterkunft: Hotel Gheris*, Avenue Hassan II. (gegenüber des Souk), ✆ 05/78 31 67.

Camping: der Campingplatz Tamaris de Goulmima liegt am Ortsausgang, Richtung Er Rachidia.

Er Rachidia

Die Provinzhauptstadt (ca. 50 000 Einwohner) gilt als Verwaltungs-, Schul- und Marktzentrum; in 1060 m Höhe in einer Oase am Mittellauf des Wüstenflusses Oued Ziz gelegen, ist sie neben Ouarzazate Hauptort der vorsaharischen Oasenketten: verkehrsgünstig am Schnittpunkt der Ost-West-Route P 32 und der Nord-Süd-Route P 21. Von Touristen wird sie oft als Ausgangspunkt für Fahrten in den Südosten Marokkos und ins Tafilalet genutzt.

1916 fand die Einquartierung einer französischen Garnison statt. In Folge blieb die Stadt auch Stützpunkt der französischen Fremdenlegion bis zur Unabhängigkeit Marokkos. Bis in die 70er Jahre Ksar es Souk genannt, besitzt sie ein modernes Zentrum mit Marktplatz (Markt So, Di und Do) und ehemaliger französischer Kaserne, weist allerdings keine nennenswerten Sehenswürdigkeiten auf. Hübsch dagegen die älteren Ksour in der Umgebung und die Oase mit Dattel- und Getreideanbau.

Information: ✆ Vorwahl: 05; Délégation du Tourisme, 44, Bd. Prince Moulay Abdallah Bou Talamine, ✆ 57 09 44, Fax 57 09 43; Syndicat d'Initiative: im Chambre de Commerce et d'Industrie; CTM-LN-Büro: ✆ 57 27 60; Polizeinotruf: ✆ 19

Anreise und Verkehr: Über die P 32, 305 km nordöstlich von Ouarzazate.

Busbahnhof in einem Neubau in der Ortsmitte, an der Av. Moulay Ali Cherif. (CTM-Büro in der Bahnhofshalle); Fernverbindungen nach Marrakesch, Rabat, Casablanca, Meknes, Fès, Figuig; häufige Verbindungen nach Erfoud/Rissani und nach Ouarzazate.

Flughafen: ✆ 57 23 50; Binnenflüge nach Agadir (Di), Casablanca, Fès.

Unterkunft: Hotel Rissani****, Avenue de la Marche Verte (an der Straße nach Erfoud, in der aktuellen Klassifizierung überbewertet), ✆ 57 21 86; Hotel Oasis**, 4, Rue Abou Abdallah (am nördlichen Ortseingang), ✆ 57 25 19; Hotel M´Daghara, Nähe Busbahnhof, ✆ 57 40 47, Fax 79 08 64 (gutes Mittelklassehotel); Hotel Meski**, Avenue Moulay Ali Cherif (mit Restaurant, Schwimmbad). Einfache Hotels (empfehlenswert: Hotel Renaissance; Hotel Marhaba, Hotel des Oliviers, Le Royal, Zitoune) am Hauptplatz und entlang der Durchgangsstraße.

Camping: La Source bleue de Meski, schön gelegen (aber miese sanitäre Anlagen), ca. 20 km südl. von Er Rachidia an der Straße Richtung Erfoud.

Medizinische Versorgung: Ambulanznotruf, ✆ 15; Nachtapotheke, Avenue Moulay Ali Cherif, ✆ 57 27 64.

Kunsthandwerk: Ensemble Artisanal, gegenüber der Banque Populaire, ✆ 57 23 04, 57 26 95.

Blick auf Erfoud

Das Tafilalet

Im Zentrum des Islam: vom Erbe Sijilmassas. Karawanen- und Sklavenhandel: lukrative Geschäfte mit der anderen ›Saharaseite‹. Probleme: Landflucht, Salz und Sand. Und trotzdem: ein großes Erlebnis.

Obwohl Dürreperioden, Wassermangel, Heuschreckenplagen und der verheerende *Bajoud* (›Palmenkrebs‹, ein Schlauchpilzbefall) den Palmenbestand in den 80er Jahren gewaltig gelichtet haben, ist das Tafilalet mit ca. 25 000 ha Fläche noch immer die größte zusammenhängende Dattelpalmen-Oase Marokkos. Das von Oued Ziz und Oued Gheris oft nur notdürftig bewässerte Gebiet dehnt sich um die Orte Erfoud und Rissani etwa 30 km in Nordsüdrichtung und zwischen 5 und 16 km in Ostwestrichtung aus.

Das Tafilalet ist ein Zentrum des Islam und eine der historisch bedeutendsten Regionen des Landes. Im Jahr 757, also ein halbes Jahrhundert vor Fès, wurde hier das sagenhafte Sijilmassa gegründet, die alte Hauptstadt des Tafilalet, von der es heißt, sie habe 600 Paläste aufgewiesen und über 100 000 Einwohner beherbergt. Zwischen dem 11. und 14./15. Jh. stieg Sijilmassa zu einem der wichtigsten Zentren des Karawanenhandels auf. Nomaden zerstörten die Stadt, doch blieb die Region wirtschaftlich bedeutsam durch den äußerst lukrativen Sklavenhandel mit Timbuktu.

Um die Mitte des 17. Jh. setzten die im Tafilalet beheimateten arabischen Alaouiten zur Eroberung von ganz Marokko an; 1669 nahmen sie schließlich Marrakesch ein. Mit dem Niedergang des Transsahara-Handels im 19. Jh. büßte das Tafilalet dann seine große wirtschaftliche Bedeutung ein. Anfang des 20. Jh. beherrschte der als Heiliger verehrte, greise Scheich Ma el Ainin das Gebiet. Bis zu seinem Tod (1910) bekämpfte er die französische Kolonialmacht und hatte erheblichen Einfluß im Süden Marokkos. Erst 1932 gelang es den Franzosen endgültig, das Tafilalet militärisch unter Kontrolle zu bringen.

In der Gegenwart ist gerade diese Region in besonderem Maße von der Landflucht betroffen: Die Bevölkerungszahl ist seit der Unabhängigkeit Marokkos (1956) auf etwa ein Drittel geschrumpft, etliche Dörfer sind völlig verlassen.

Die Flüsse führen immer weniger Wasser, die Brunnen versalzen, allenthalben droht Versandung – erbarmungslos frißt die Wüste eine einst blühende Oase. Die marokkanische Klimakatastrophe – sie ist längst Realität.

Von Er Rachidia führt die P 21 bis Rissani in etwa parallel zum Unterlauf des Oued Ziz, der sich

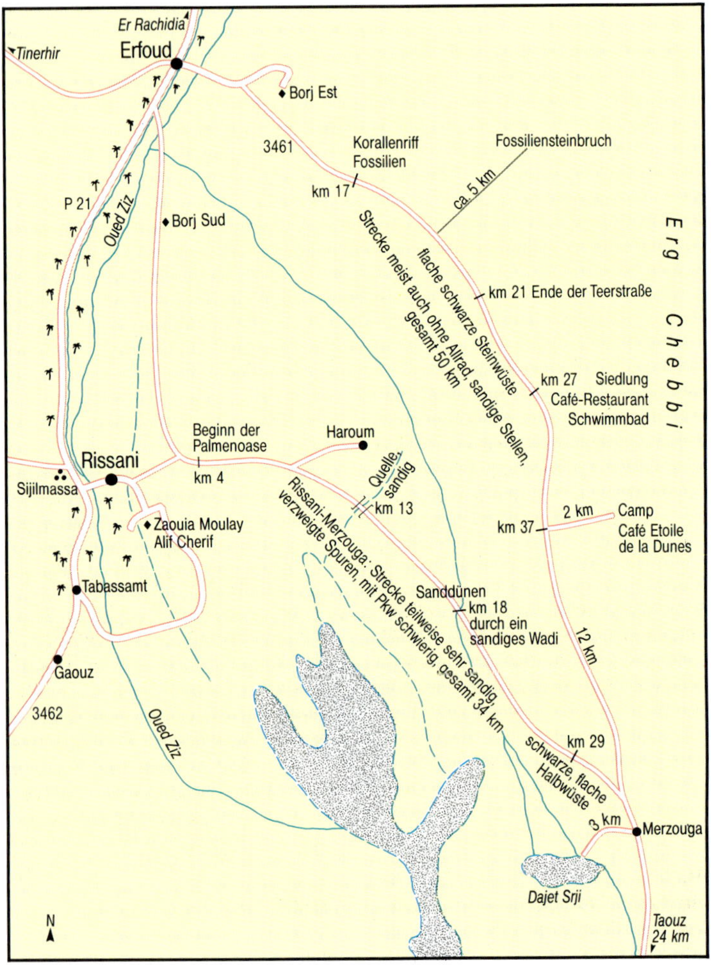

Tafilalet bei Erfoud

tief in die Felswände eingeschnitten hat. Dichte Palmenhaine säumen das Flußufer, das Schwemmland wird, in kleine Ackerparzellen aufgeteilt, landwirtschaftlich genutzt. Die Route bietet immer wieder schöne Panoramen hinunter ins Ziz-Tal, zwischen Meski und Erfoud/Rissani gibt es zahlreiche, sehr schön gelegene Ksour (besonders eindrucksvoll: Maadid) – kurz: eine Landschaft, die am ehesten dem Dra-Tal vergleichbar ist.

Erfoud

Auch wenn Er Rachidia die Provinzhauptstadt ist, so kann Erfoud (ca. 15 000 Einwohner) doch zumindest als Hauptort des Tafilalet gelten. 1917 von den Franzosen als Militärgarnison gegründet, ist der Ort heute eines der gesichtslosen südmarokkanischen Großdörfer ohne Sehenswürdigkeiten. Großer Sonntagsmarkt, bedeutende Lederwarenproduktion. Im Oktober ist Erfoud Schauplatz des Dattel-Moussem, eines der berühmtesten Feste in Südmarokko. Reisenden dient das Städtchen als Ausgangsort für Fahrten ins Tafilalet und zum Dünengebiet des Erg Chebbi.

Etwa 40 Ksour liegen in der 5000 ha großen Oase (ca. 300 000 Dattelpalmen), die Erfoud umgibt; neben Landwirtschaft wird hier auch ein wenig Viehzucht betrieben.

Leben im Ksar

Unter Ausschluß der Öffentlichkeit

Wir befinden uns in einem geschlossenen System, nahezu undurchlässig nach außen, hermetisch abgeriegelt. Wenn die mächtigen Portale abends geschlossen werden, gibt es nur noch Innen und Außen, Eingeschlossene und Ausgesperrte. Der Ksar Moulay Ismail in Rissani im Südosten Marokkos illustriert besonders eindrucksvoll die festungsartige Architektur, die die ländlichen Siedlungen vornehmlich im Dra-, Dades- und Ziz-Tal sowie im Tafilalet bestimmt.

In früheren Jahrhunderten oft von einem weit verzweigten Familienclan oder einer einzigen Stammesfraktion der marokkanischen Berbervölker bewohnt, waren diese Wehrdörfer einst ein weitgehend selbstverwalteter Kosmos, autonom und autark. Die Bewohner eines Ksar (Plural: Ksour) organisierten eigene Wochenmärkte, auf denen verkauft wurde, was die von Oasen bewässerten kleinen Ackerparzellen des Umlandes an landwirtschaftlichen Produkten hergaben. Der Ksar ist eine ländliche Siedlungsgemeinschaft und zugleich ein Verteidigungsbündnis; ein Karree wuchtiger, oft zinnenbekrönter Außenmauern mit Ecktürmen umschließt die niedrigen, braunroten oder ockerfarbenen Häuser. Der trutzig abweisende Festungscharakter sowie die Verwendung von Stampflehm als Baumaterial erinnern stark an die architektonische Anlage der Kasbahs im Süden Marokkos.

Wir irren durch ein Labyrinth. Alte hocken in den Ecken, große erstaunte Kinderaugen, Rumoren und Gescharre in den Ställen. Diese Gäßchen sind Hohlwege, und stellenweise, wo gar kein Licht mehr von oben ins Innere dringt, sind sie wie Tunnel. Der Ksar Moulay Ismail ist überwölbt, überdacht, überbaut. Kaum ein Lichtstrahl fällt in die Gassen; im Sommer ein wirkungsvoller Schutz vor der Sonne. Jetzt, im Winter, ist es in den Häusern bitterkalt. Die Wände sind feucht, der Boden schlammig aufgeweicht. In dieser Jahreszeit bedrückt der Aufenthalt im Ksar besonders.

Goulmima am östlichen Ende der Straße der Kasbahs: Kaum 2 km vom Ort entfernt liegt der Ksar du Goulmima, vor dem Hauptportal ein weitläufiger Platz, weidendes Vieh vor den Mauern, am Boden kauernde uralte Weiber zerstampfen Datteln, im Spätnachmittagslicht spielende Kinder. Über 500 Häuser umfaßt dieser Ksar, berichtet Mohamed, der uns durch das Gewinkel führt, vorbei an der kleinen Moschee, den blinden Fassaden. Der Bajoud, eine Art Palmenkrebs (ein Schlauchpilzbefall, der in Marokko bereits schätzungsweise 12–14 Mio. Dattelpalmen der besten Sorte zerstört hat), hat die Dattelpalmen-Kulturen im letzten Jahr wieder empfindlich dezimiert – für die Dorfbewohner ein schwerer Schlag. Die meisten betreiben Landwirtschaft (Gerste, Mais, Gemüse, verschiedene Obstbaum-Kulturen), etwas Viehzucht (Schafe und Ziegen), einige sind als Bienenzüchter tätig; der Honig ist in der Gegend berühmt. Der Bajoud, der stets drohende Wassermangel, das extreme Klima – ein karges, hartes Leben unter schwierigen Bedingungen. Viele Dorfbewohner sind in den letzten Jahren in die großen Städte abgewandert.

Die wehrhafte Architektur der Ksour ist inzwischen ein Anachronismus geworden, darin der ›Gestrigkeit‹ der Kasbahs vergleichbar. Es gibt keine feindlichen Nomadenstämme mehr, die kriegslüstern und beutegierig vor den Toren auftauchen. Neue Ksour werden nicht mehr angelegt, die bestehenden verfallen allmählich, viele sind längst verlassen und aufgegeben. Die Witterungsanfälligkeit der Stampflehmbauten tut ein übriges, diesen Dorfsiedlungen den Garaus zu machen. Nach jedem heftigen Regenguß sind umfangreiche Ausbesserungen an den Gebäuden notwendig, die freilich kaum noch jemand vornimmt. Und auch der Sippenverbund, die Stammesfraktion, denen der Ksar früher eine selbstverständliche Heimat war, haben in der Gegenwart rapide an Bedeutung verloren. Am Gemäuer der Ksour nagt der Zahn der Zeit – in mehr als nur einer Hinsicht. Noch sind sie zu bestaunen, diese merkwürdigen Festungsdörfer, die schönsten vielleicht im Dra-Tal, zwischen Agdz und Zagora/Mhamid.

Anreise und Verkehr: 79 km südöstlich von Er Rachidia über die P 21.

CTM-Büro: Av. Mohammed V.; Busstation im Ortszentrum. Häufige Verbindungen, auch Sammeltaxis, nach Er Rachidia und Rissani. Fernverbindungen nach Meknes und Fès, außerdem nach Casablanca und Rabat. Mehrere Agenturen vermieten Landrover für Exkursionen zum Erg Chebbi.

Unterkunft: Hotel Salam****, Route de Rissani (nobel, überteuert), ✆ 05/57 64 24; Hotel Tafilalet***, Avenue Moulay Ismail (Pool, organisierte Landrover-Touren nach Merzouga), ✆ 05/57 65 35; Hotel du Ziz**, Boulevard Mohammed V. (gute Küche, Vermittlung von Landrover-Touren, ✆ 05/57 61 54); unklassifizierte Hotels (u. a. La Gazelle, Hotel des Palmiers) am Boulevard Mohammed V.

Camping: Camping Municipal am Ufer des Oued Ziz gelegen, an der Route de Rissani; bescheidener Komfort, auch kleine Zimmer zu vermieten.

Die Wüste

Sand in der Nase, Sand zwischen den Zähnen, Sand in den Haaren. Die Sonne von einem grauen Staublicht verdunkelt, über die Plätze wirbeln Fetzen von Zeitungspapier. Dieser feine Flugsand fährt wie Schmirgelpapier über die Haut. Dabei ist das noch völlig harmlos, allenfalls der Vorgeschmack eines wirklichen Sandsturms. In Mhamid, etwa 90 km südöstlich von Zagora, ist die Welt endgültig zu Ende. Der Ort, noch im 17. Jh. ein wichtiges Karawanenzentrum, markiert heute

den Südrand der Dra-Oasen. Durch die Gassen des trostlosen Marktfleckens fegt der Sand, nimmt den Atem. Vereinzelt streben Gestalten dem Ortsausgang zu – und verlieren sich, kaum haben sie die letzten Gehöfte passiert, in der Einöde. Ein Soldat stapft zielstrebig in die Dünen – unterwegs wohin? Die Grenze zu Algerien verläuft irgendwo dahinten, eine von der französischen Kolonialmacht einst mit dem Lineal gezogene Kartenlinie, nah und unsichtbar. 1963 haben sich marokkanische und algerische Truppen in diesem Gebiet schwere Grenzgefechte geliefert – Blutzoll für einen Streifen Sand.

In Mhamid hat es jahrelang nicht geregnet, wird mir berichtet, die Dürreperiode hat zahlreiche Einwohner gezwungen, den Ort ein für allemal zu verlassen. Jetzt ist er vom Einsanden bedroht, nach den

Stürmen werden regelmäßig die Gassen freigeschaufelt. An den Rändern dieser gottverlassenen Siedlung frißt die Wüste, unbarmherzig und unablässig.

Szenenwechsel zum Erg Chebbi: Die ›Auberge‹ ist längst hinter den Dünen verschwunden; wir stapfen schweren Schrittes die Kammlinie entlang, unbeirrt dem höchsten Punkt entgegen. Gewellt, gekräuselt: Die Dünen bilden jetzt, in der tiefstehenden Sonne, dunkle Schattentäler, das Licht ist ein geädertes Violett, ein dunkles Orange. Ein Meer, die Gezeiten aus Sand. Erstarrte Dünung. Die Wüste ist, zumal in diesem Licht, eine erotische Phantasie, die pure Verführung, ein lockend hingestreckter weiblicher Körper. Die Geräusche sind verebbt, keine Stimmfetzen mehr, es herrscht absolute Lautlosigkeit, bis auf den Wind, der an den Ohren entlangstreicht. Konzentrierte Stille. Die Zeit hat sich aufgelöst. Eine Landschaft der Extreme, nicht nur klimatisch. Eine Landschaft aus Leere und Sand, die die geläufigen Raum- und Zeitwahrnehmungen außer Kraft setzt. Die Wüste – eine Ahnung von erbarmungsloser Unendlichkeit.

Freilich: die Wüste lebt. Frühmorgens, eine Stunde vor Sonnenaufgang, rollen die Landrover aus Erfoud und Rissani an. Auch der Erg Chebbi im Südosten des Tafilalet, das größte Sanddünengebiet Marokkos, ist inzwischen als touristische Attraktion ausgewiesen. Was der Reisende mit dem Stichwort ›Wüste‹ gemeinhin assoziiert, das wird hier im Erg Chebbi zum landschaftlichen Ereignis – und nicht in den endlosen Geröllplateaus, in den steinernen Mondlandschaften der West-Sahara-Provinzen. Das Nachtblau bleicht allmählich aus, der weitgespannte, für Europäer schier unvorstellbare Sternenhimmel verliert sein Funkeln. Im Osten beginnt es zu lodern: die Natur tut ihre Schuldigkeit, und die Kamele für die ausrittwilligen Landrover-Insassen, sie warten schon, die auf die Wüste Versessenen dem ersten Licht entgegenzutragen. Landrover Exkursion, Kamelausritt, Schnuppern in den Dünen: Die Wüste ist längst zum Pauschalpreis zu haben, Erlebniswert inbegriffen.

Das Tafilalet, das größte zusammenhängende Oasengebiet Marokkos, ist von Austrocknung und Versandung bedroht. Zahlreiche Dörfer sind verlassen, die Dattelpalmen-Kulturen haben in den letzten Jahren schweren Schaden genommen, die Ära der großen Karawanen nach Timbuktu ist verblichene Legende, die Bevölkerungszahl ist von etwa 100 000 nach dem Zweiten Weltkrieg auf heute etwa 30 000 geschrumpft. Wo, wie in Merzouga, unter den Dünen eingeschlossene Wasserreservoire lagern, verwandelt sich die Wüste unvermittelt in einen blühenden Garten Eden. Durch unterirdische, über Schächte zugängliche Kanäle (*Foggaras*) geleitet, wird das lebenspendende Grundwasser an der Erdoberfläche in ein weit verzweigtes Grabensystem eingespeist, dessen Rinnen je nach Bedarf geöffnet oder mit Lehm verschlossen werden. Am Rand des Erg Chebbi gibt es in Merzouga eine in Kleinstparzellen angelegte Plantagenwirtschaft, wo u. a. Peperoni, Möhren, Paprika, Minze, Kartoffeln angebaut werden. Die Wüste lebt – selbst hier.

Auch wenn es zunächst abwegig scheint: Es spricht einiges für jene Überlegungen von Peter Scholl-Latour (›Allah ist mit den Standhaften‹, 1983), der die extremen Lebensbedingungen in der Wüste mit dem Geist religiösen Eiferertums, mit dem Ingrimm missionarischer Unbedingtheit in Zusammenhang bringt. In der Wüste, in diesem Extrem an Landschaft und Klima, mag sich der einzelne sehr wohl von Allah auserwählt oder, je nachdem, verstoßen und verflucht wähnen. Es kann kein Zufall sein, daß der Maraboutismus gerade im Tafilalet kräftige Wurzeln hat, daß der als Heilige verehrte Mahdi Ma el Ainin um die Jahrhundertwende die Region unter seine Kontrolle bringen konnte, daß die Propheten-Nachfahren und Begründer der bis heute herrschenden Alaouiten-Dynastie vom Tafilalet aus ansetzten, den Norden Marokkos zu unterwerfen. Allah ist mit den Standhaften, und Standhaftigkeit bewährt sich nirgends so wie gerade in der Wüste.

Unterwegs von Merzouga nach Rissani, auf einer Wüstenpiste, deren Verlauf nur der einheimische Führer kennt, rufen die von kleinen Jungen feilgebotenen Versteinerungen das Unfaßbare ins Bewußtsein – daß die Wüste vor Urzeiten einmal ein Meer gewesen ist, ein Meer mit Seegetier und mit Korallenriffen.

Rissani

Nach der Zerstörung von Sijilmassa war Rissani lange Zeit das Verwaltungszentrum des Tafilalet, bevor es von Erfoud abgelöst wurde. Der Ort (ca. 10 000 Einwohner) ist von einer überaus weitläufigen Oase umgeben: auf etwa 11 000 ha wachsen knapp 300 000 Dattelpalmen (viele Kulturen sind inzwischen vom Bajoud gelichtet), in der Region liegen über 100 Ksour. Er gilt als bedeutender Marktort für die Nomaden des Einzugsgebiets (Markt: Di, Do und So), der große Viehmarkt wird in der Regel donnerstags abgehalten; Keramik- und Lederwaren werden hergestellt. Architektonisch interessant ist der im Ortszentrum gelegene Ksar Moulay Ismail, ein vollkommen überdachter Ksar mit einer kleinen Moschee, durch ein einziges Tor zugänglich. Das modern angelegte Ortszentrum besitzt einen quadratischen Hauptplatz. Außer dem Ksar bietet Rissani keine Sehenswürdigkeiten, eindrucksvoll aber sind die ausgedehnten Oasen der Umgebung.

1 km südöstlich von Rissani liegt die **Zaouia von Moulay Ali Cherif**, des Begründers der Alaouiten-Dynastie (Mausoleum und Moschee sind Nicht-Muslimen verschlossen). Der Kultbau wurde 1955 teilweise restauriert: So präsentiert sich ein schöner Arkaden-Innenhof mit einem Marmorbrunnen. Der **Ksar d'Abbar** schließt sich südlich an das Mausoleum an: Die Palastruinen aus dem frühen 19. Jh., mit der ehemaligen Residenz und Schatzkammer der Alaouiten, sind inzwischen arg verfallen.

Etwa 2 km südlich von Rissani liegt der heute noch bewohnte **Ksar Oulad Abd el Halim**, den eine um 1900 als Gouverneursresidenz erbaute Kasbah beherrscht. Sehenswert sind die wuchtigen ornamentverzierten Wehrtürme und alten Ziehbrunnen sowie das schöne Dekor an Torbögen und Holzdekken.

Etwa 2 km nordwestlich von Rissani (von der P 21 links abbiegen) befinden sich die Überreste von **Sijilmassa** (s. S. 171), der frühesten Hauptstadt des Tafilalet. Heute sieht man von der einst märchenhaft reichen Stadt – einst Zentrum des Karawanen- und Sklavenhandels mit Timbuktu – nur noch ein ausgedehntes Ruinenfeld mit ein paar zerbröckelnden Mauern.

Anreise und Verkehr: über die P 21, 22 km südlich von Erfoud.

Busstation vor, Fahrkartenschalter neben dem Hotel El Filalia im Ortszentrum. Mehrmals täglich Busse nach Erfoud und Er Rachidia, zwei Direktbusse täglich nach Meknes.

Unterkunft: Hotel El Filalia/Grande Place Rissani (einfache Ausstattung, hilfsbereites Personal, Landrover-Vermittlung, Führer zum Erg Chebbi), ✆ 05/57 50 96; Hotel Sijilmassa, Place Massira Khadra (etwas komfortabler als das El Filalia, mit Restaurant, erst kürzlich renoviert und komplett neu ausgebaut), ✆ 05/57 50 42.

Merzouga-Taouz

Ein Obstgarten am Rande der Wüste, von einer Dattelpalmen-Oase umgeben: Merzouga demonstriert, daß die Wüste lebt. Wenige Kilometer entfernt, im **Erg Chebbi**, erstreckt sich das größte Sandwüstengebiet Marokkos mit bis zu 150 m hohen Dünen, während in Merzouga dank unterirdischer Quellen und eines ausgeklügelten Systems von kleinen Bewässerungsgräben ein reichhaltiger Obst- und Gemüseanbau betrieben wird.

Der 1000-Seelen-Ort: ein ockerfarbenes Häusergewürfel am Rand des großen Sandes, eine kleine Moschee, ein kleines Hotel; letzter Vorposten vor der Wüste. Der Zufluß des Oued Ziz erreicht Merzouga freilich nicht mehr, die Dürre hat die flachen Seen der Umgebung ausgetrocknet, und wo einst Flamingos nisteten, ist inzwischen die Wüste auf dem Vormarsch.

Bei **Taouz**, schon im Grenzgebiet zu Algerien gelegen (die Piste dorthin kann gesperrt sein; in Merzouga erkundigen), sind allenfalls die prähistorischen Felszeichnungen von Interesse.

Anreise: Merzouga liegt etwa 50 km, Taouz 79 km südöstlich von Erfoud. Von Erfoud führt die Piste Nr. 3461 zu beiden Orten. Die Strecke ist bis 8 km jenseits des Borj Est geteert, danach folgt man den Telefonmasten. Gelegentlich ist die Piste versandet. Den Weg von Rissani hingegen sollte man nur mit einem ortskundigen Führer neh-

Eselsmarkt in Rissani

Straßenleben in Rissani

men: Die Piste (nach Merzouga 34 km) ist stellenweise stark versandet, weist überwiegend ›Wellblechcharakter‹ auf; erstaunlich genug: mit einem halbwegs robusten R 4 ist die Tour zu bewältigen!

Unterkunft: Von Erfoud kommend, bietet sich das Hotel-Restaurant Derkaoua an (etwa 23 km südöstlich von Erfoud, nach etwa 7 km Piste; kleines Schwimmbad, exzellente Küche, fantastische Lage!); in Merzouga kleines Hotel (Hotel des Amis), in Taouz (Ausweiskontrolle am Ortseingang, Weiterfahrt zu den Felszeichnungen nur mit Führer!), keine Übernachtungsmöglichkeit. – An der Strecke Erfoud – Merzouga und rund um den Erg Chebbi einige bescheidene Café-Restaurants (inzwischen auch mehrere einfache Campingplätze), die Übernachtungsmöglichkeiten anbieten.

Atlantikküste und Südwesten

Essaouira – einer der schönsten Badeorte Marokkos

Agadir und Umgebung

Vor den Toren der Sahara

Die West-Sahara-Provinzen: Laayoune und Smara

Im Hafen von Essaouira

Badefreuden und Wüste

Essaouira und Agadir garantieren Sonne, Strand und mehr. Die vielseitige Umgebung: kleine Fischerdörfchen und Honigfeste im Mai, Handwerk, Handel und Kamelmarkt. Und schließlich Laayoune, ein Schaufenster der West-Sahara: Moderne, Bidonvilles und andere Konflikte.

Essaouira

Die Provinzhauptstadt (ca. 70 000 Einwohner) mit ihrer vollständig erhaltenen Medina und dem Fischereihafen liegt am Rand einer weiten Bucht. Sie zählt zu den sehenswertesten Städten und schönsten Badeorten an der südlichen Atlantikküste Marokkos.

Geschichte

Die Essaouira vorgelagerten Purpurinseln wurden seit dem 7. Jh. v. Chr. von phönizischen und karthagischen Seefahrern als Ankerplatz genutzt. Die Römer bezeichneten die Inseln als *Insulae Purpurariae,* nach einer Purpurmanufaktur, die der Mauretanierkönig Juba II. (25 v. –23 n. Chr.) dort betreiben ließ. 1506 ließ der portugiesische König Manuel an der Stelle der heutigen Stadt die Festung Mogador bauen. Später nutzten Piraten den Ort als Schlupfwinkel.

Die eigentliche Gründung der Stadt (unter dem Namen Mogador) datiert aus dem Jahr 1760, als der Alaouiten-Sultan Sidi Mohammed Ben Abdallah (1757–1790) dem gefangenen französischen Architekten Théodore Cornut den Bauauftrag für die Altstadt und den Hafen erteilte. In Anlehnung an die europäische Militärarchitektur entwarf Cornut die streng rechtwinklige Stadtanlage – ein wohl einmaliger Grundriß für eine marokkanische Medina. Nach der Schließung des Hafens von Agadir (1765) entwickelte sich Essaouira zu einem der bedeutendsten Häfen des Landes und unterhielt ausgedehnte Handelsverbindungen mit Europa. Im 18./19. Jh. siedelten sich zahlreiche jüdische Händler an. Essaouira hatte damals einen der höchsten jüdischen Bevölkerungsanteile, die Mellah der Stadt (im Nordosten der Medina) war zeitweise die größte Marokkos. 1844 beschossen französische Kriegsschiffe die Stadt. Ende des 19. Jh. verlor der Hafen Essaouiras an Bedeutung. Viele jüdische Bewohner verließen um die Jahrhundertwende die Stadt.

Heute ist Essaouira vornehmlich als Badeort (in der Sommersaison stark von marokkanischen Familien aus dem Binnenland frequentiert) sowie als Kunsthandwerkszentrum bedeutend.

Besichtigung

Einen Rundgang durch die Medina startet man am besten am **Bab es Sebaa.** Das Tor schließt die lange Strandpromenade (Bd. Mohammed V.) ab, hinter der in den 80er Jahren ein modernes Wohn- und Verwaltungsviertel entstanden ist. Durch das Tonnengewölbe des Bab es Sebaa gelangt man in die Avenue du Caire, die die Hauptachse der Medina kreuzt, gebildet aus den Straßen Avenue Okba Ibn Nafi – Avenue de l'Istiqlal – Rue Mohammed Zerktouni. Im Südwesten endet der Straßenzug beim Vorplatz des Hafens (Sahat Moulay Abdallah), wo sich das Fremdenverkehrsamt befindet. In der Avenue de l'Istiqlal und ihrer Parallelstraße Rue Syaghin bieten zahlreiche Juweliere ihre Waren an, an ihrem Ende, durch Tore begrenzt, bildet der **Souk Djedid** das quirlige Zentrum der Medina mit dem Lebensmittel-, Getreide-, Fisch- und Gewürzmarkt sowie dem Trödlermarkt (Markttag: Fr). Die Rue Mohammed Zerktouni schließlich verbindet die Souks mit dem wuchtigen **Bab Doukkala,** dem von zahl-

Scala de la Kasbah

Im Hafen von Essaouira bessern die Fischer ihre Netze aus

reichen Imbißbuden gesäumten nordöstlichen Ausgang der Medina. Durch dieses Tor gelangt man zum Busbahnhof.

Die Geschützstellungen (Scala de la Kasbah) liegen an der Westseite der Medina. Man biegt von der Avenue de l'Istiqlal in die Rue el Attarin ein; in ihrer Verlängerung, der Rue Laalouj, befindet sich das **staatliche Kunsthandwerkszentrum.** Essaouira ist berühmt für Möbeltischlerei, Holzeinlegearbeiten und Silberschmuck. Ein paar Schritte weiter, gegenüber dem Hotel Majestic, liegt das sehenswerte **Musée Sidi Mohammed Ben Abdallah** (lokales Kunsthandwerk, Sammlung traditioneller Musikinstrumente, Dokumente zu religiösen Bruderschaften; täglich außer Di von 8.30–12 und 15–18 Uhr geöffnet, ✆ 47 23 00).

Am Ende der Rue Laalouj stößt man auf die Nordwest-Bastion mit der **Scala de la Kasbah.** In den ehemaligen Waffendepots und Festungsanlagen haben Kunsttischler ihre Werkstätten eingerichtet. Die Skala präsentiert sich heute als etwa 200 m lange Aussichtsplattform entlang des Kasbah-Walls, mit einem reichen Arsenal auf den Atlantik blickender Bronzekanonen. Die meisten wurden im späten 18. Jh. in Spanien gegossen; die ältesten Modelle freilich stammen be-

reits aus dem 16. Jh. Etwas weiter südlich liegt der **Fischereihafen** mit der 1769 erbauten Porte de la Marine (Bab Marsa). Bei den Hafenbecken befinden sich sechs traditionelle Bootswerften, auf denen von Hand in Präzisionsarbeit Fischerboote zusammengebaut werden. Am Hafen und am Anfang der von der Porte de la Marine ausgehenden Place Moulay Hassan kann man an zahlreichen Fisch-Grillständen und in Fischrestaurants sehr guten Fisch kosten.

Hier beginnt der etwa 6 km lange Strand von Essaouira. Baden ist fast das ganze Jahr über möglich, allerdings sorgen die heftigen Nord- und Nordostwinde immer wieder für eine empfindliche Trübung der Badefreuden. Im Süden der Strandzone liegt ein ausgedehntes Dünengelände. Die **Purpurinseln** rund 1 km vor der Küste befinden sich seit 1979 als ornithologisches Reservat (sehenswert) unter Naturschutz. Auf der Hauptinsel stehen Ruinen einer Festung und einer Moschee (Besuch nur mit Genehmigung der Provinzverwaltung. Kein regulärer Bootsverkehr; Leihboote sind über die Hafenkommandantur zu chartern; der Preis für vier Personen hin und zurück kaum unter 100 DH).

Information: ✆ Vorwahl 04; Syndicat d'Initiative: Rue de Caire, ✆ 47 42 47, 47 42 48; CTM- und Satas-Büro im neuen Busbahnhof, dort auch die Fahrkartenschalter weiterer Privatlinien; Post: Avenue Lalla Aicha (Neustadt).

Strandbucht von Agadir

Verkehr: **Busbahnhof** (CTM-LN und Privatlinien), ✆ 47 78 64: 1 km vom Bab Doukkala (Nordostausgang der Medina) in Richtung Neustadt in einem ummauerten Areal; die Privatlinien bieten ausgezeichnete Verbindungen nach Agadir, Casablanca und Marrakesch; außerdem Busverbindungen nach Safi/El Jadida, Tiznit und Tan Tan; hier auch Standort der Sammeltaxis.

Unterkunft: **Hotels:** Hotel des Iles****, Boulevard Mohammed V. (bestes Haus am Ort, im Sommer oft von Pauschaltouristen belegt), ✆ 78 46 20, Fax 47 54 72, Tafoukt***, Boulevard Mohammed V., ✆ 78 45 04, Fax 78 45 05, Villa Maroc***, 10, Rue Abdallah Ben Yacine (architektonisch sehr schönes, angenehmes Hotel in der Medina), ✆ 47 61 47, Fax 47 58 06; Hotel Riad Al Medina, 9, Rue Attarine, ✆ und Fax 47 57 27 (empfehlenswert) Sahara**, Avenue Okba Ibn Nafia, ✆ 47 22 92; Al Machouar*, Avenue Okba Ibn Nafia, ✆ 47 58 28; **nichtklassifizierte Hotels:** die meisten in der Medina; Hotel Tafraout, 7, Rue de Marrakech, ✆ 47 21 20; Hotel des Remparts, 18, Zankat Ibn Rochd, ✆ 47 22 82.

Camping: am Boulevard Mohammed V., ca. 100 Meter vom Strand, ✆ 47 38 17; der Campingplatz »Auberge Tangaro«, recht schön gelegen, befindet sich ca. 5 km stadtauswärts, an der Straße nach Agadir.

Souvenirs: Ensemble Artisanal: 11, Rue Laalouj (Medina, in der Nähe der Scala de la Kasbah).

Sport: Surfbretter-Verleih und Surfunterricht im Fanatic Surf Center am Boulevard Mohammed V., direkt am Strand.

Agadir

›Perle des Südens‹ oder ›weiße Stadt am Meer‹: Den Badeurlaub in Agadir (ca. 250 000 Einwohner) haben sämtliche großen Reiseveranstalter im Programm, und die Saison – die Hochglanzprospekte sprechen von 330 Sonnentagen im Jahr – nimmt schier kein Ende. Agadir ist das mit Abstand größte Touristikzentrum des Landes, ca. 25 000 Hotelbetten sind hier ausgewiesen; immer noch nicht genug, um die Jahr für Jahr anwachsenden Touristenströme zu fassen. Klimaverwöhnt, in einer weiten Bucht

mit breitem Sandstrand gelegen, die fruchtbare Sous-Ebene als Hinterland, vor der Kulisse der Ausläufer des Hohen Atlas, hat sich Agadir zu einem international beliebten Seebad entwickelt. Wirtschaftlich von Bedeutung sind außer dem Tourismus die fischverarbeitende Industrie, der Hafen, der zu den umschlagstärksten des Landes gehört, und die Zementwerke im Nordwesten der Stadt.

Geschichte

Unsicher ist, ob bereits in der Antike ein phönizischer oder römischer Hafen an dieser Stelle lag. Gegründet wurde der Ort 1505 als portugiesische Festung an der Atlantikküste durch den Großhändler Joao Lopes de Sequeira, der ihn 1513 an die portugiesische Krone verkaufte. Ab 1531 bedrängten die in der Sous-Ebene ansässigen Saadier die Festung. Erst zehn Jahre später gelang es ihnen, den Ort einzunehmen und die Portugiesen zu vertreiben. Unter den Saadiern stieg Agadir zu einer wichtigen Handels- und Hafenstadt auf; am Verkehrsknotenpunkt zwischen Sous-Ebene, Sahara und Sudan wurde vornehmlich Zuckerrohr umgeschlagen. Der Niedergang erfolgte im 18. Jh., als der Zuckerrohr-Export nach Europa gegenüber der südamerikanischen Handelskonkurrenz (Brasilien, Antillen) ins Hintertreffen geriet. Im Jahr 1765 wurde der Handelshafen zugunsten von Mogador, dem heutigen Essaouira, aufgegeben.

Zu Beginn des 20. Jh. entdeckte man die ersten großen Silber-, Kup-

Beobachten, schauen, spähen

Najib (der natürlich nicht so heißt) lebt gefährlich. Wenn die Polizei ihn schnappt, wird es bös' enden. Letztes Jahr hat er in Inezgane (10 km südlich von Agadir) eine achtmonatige Haftstrafe verbüßt. Die Polizei hatte ihn damals, offenbar von einem mißgünstigen Informanten alarmiert, mit einer größeren Haschischmenge gestellt. Najib hat nach seiner Entlassung einige Zeit gebraucht, um die brutalen Haftbedingungen zu verarbeiten. »Acht Monate Knast, da brauchst du acht Monate draußen, um wieder klarzukommen«, sagt er. Ohne jede Aussicht auf Arbeit, hat er kaum eine Chance, in so etwas wie ein geregeltes bürgerliches Leben zu finden. Er dealt wieder. Den Stoff hat er bei sich, auf der Haut. Wenn sie ihn erwischen, wird es bös' enden.

Najib gehört zu jenen allgegenwärtigen Spähern, die, auf Treppenstufen kauernd, an Hauswände gelehnt, ihr Revier im Auge behalten. Stundenlang, tagelang, wochenlang. Man kann absolut sicher sein: Niemand – und schon gar kein Tourist – geht oder fährt durch dieses Quartier, ohne genau taxiert zu werden, niemand drückt sich hier ungesehen in irgendeinen Hauseingang. Das Gelände um die Place Djemaa el Fna, die verwinkelten Labyrinthe der Medina von Marrakesch; das quirlige Talborjt-Viertel in Agadir; die Souks in den Provinzstädten des Südens: Die Späher, Gaffer und Voyeure sind überall.

Dealer wie Najib, Knirpse, die die Auslagen der Stände bewachen, alle möglichen Verkäufer, Schuhputzer, fliegende Händler, Nichtstuer, Tagediebe, Eckensteher, Herumlungerer. Sie warten. Sie warten, daß irgendetwas geschieht, irgendein Deal, ein Geschäft, ein Flirt.

Najib kennt sich aus. Wer ein privates Zimmer braucht für eine schnelle Nacht oder für ein paar Stunden, wer Stoff braucht, wer billigen Alkohol sucht, wer dringend jemanden sprechen will – der ist bei ihm an der richtigen Adresse. Er kennt sein Revier, und er kennt seine Pappenheimer. Vor allem: Er kennt die Preise.

Von der Café-Terrasse aus hat er alles im Visier. Ihm entgeht nichts. Er hat ein unerbittliches Auge – und ein phänomenales Gedächtnis. Ein Feldherr des Augen-Blicks, ein Platzhirsch in seinem Gelände, ein geduldiger Stratege, der viele Wege kennt, die zum Ziel führen. Manchmal beobachte ich ihn beim Beobachten. Ich sitze auf der anderen Straßenseite, auf ›meiner‹ Café-Terrasse. Das Revier liegt zwischen uns. Wir haben alles im Auge. Die Zeit löst sich auf. Wir blinzeln uns zu – als wären wir Komplizen. Wir sind Komplizen.

fer- und Bleivorkommen, was zur Niederlassung vieler ausländischer Firmen (u. a. Mannesmann) führte. 1911 entsandte der deutsche Kaiser Wilhelm II. das Kanonenboot Panther nach Agadir, um die deutschen Wirtschaftsinteressen gegenüber den Franzosen militärisch zu unterstützen. Der Vorfall, als ›Panthersprung nach Agadir‹ in die Historie eingegangen, entfesselte auf dem Höhepunkt der zweiten Marokkokrise einen diplomatischen Skandal und hätte bereits 1911 fast den Ersten Weltkrieg ausgelöst. 1917, fünf Jahre nach der Unterzeichnung der Protektoratsverträge, besetzten die Franzosen Agadir. Am 29. 2. 1960 wurde die Stadt durch ein Erdbeben nahezu vollständig zerstört, 15 000 der damals 50 000 Bewohner kamen dabei ums Leben. 1962 begann der Wiederaufbau Agadirs zu einem Seebad, unterstützt durch Spendengelder und eine nationale Erdbebensteuer. Das neue Zentrum wurde ca. 3 km nach Süden verlegt.

Heute gehört Agadir zu den modernsten Städten Marokkos, ohne historisches Zentrum oder besondere Sehenswürdigkeiten, dafür aber mit vielen schönen Grünanlagen und Parks.

Besichtigung

Agadir gliedert sich in vier Sektoren: das von der **Kasbah-Ruine** (16. Jh., lohnendes Panorama) überragte Industrieviertel mit Fischereihafen und Zementwerken im Nord-Westen; den parallel zum Strand verlaufenden Hotelgürtel; das Stadt- und Verwaltungszentrum mit dem landeinwärts sich anschließenden Talborjt-Viertel; im Südosten schließlich das Wohn- und Gewerbeviertel mit den Souks. Die großen, in etwa parallel verlaufenden Prachtboulevards der Stadt (Boulevard du 20. Août, Boulevard Mohammed V., Avenue Hassan II.) markieren im wesentlichen das Terrain der großen Hotelkomplexe und des Tourismusgeschäftes. Die touristischen Einkaufszentren sind hier zu finden, zahllose Cafés und Restaurants, die meisten Büros und Agenturen der großen Reiseveranstalter und Autovermietungen.

Das Stadtzentrum wird vom Boulevard Hassan II., der Avenue des Forces Armées Royales, der Avenue Prince Moulay Abdallah und der Avenue Prince Héritier Sidi Mohammed begrenzt. In diesem Areal liegen das ONMT-Tourismusbüro und das Souk-artig gestaffelte Gelände des **Marché Municipal;** auf der gegenüberliegenden Seite der Avenue P. H. Sidi Mohammed befinden sich **Rathaus** und Hauptpost. Zahlreiche Souvenirläden, Lederwarengeschäfte, Restaurants und Straßencafés haben sich hier angesiedelt.

Nordöstlich des Stadtzentrums erstreckt sich das sympathischste Viertel von Agadir: das **Talborjt,** das Wohn- und Geschäftsviertel der kleinen Leute, geprägt von Lä-

den und Werkstätten. Hier befinden sich auch die billigeren Hotels und die von Einheimischen bevorzugten Restaurants. In der Rue Yacoub el Mansour, an der Place Lahcen Tamri, liegt der Busbahnhof, schräg gegenüber die **staatliche Kunsthandwerksausstellung.**

Geht man vom Zentrum auf der Avenue Prince Moulay Abdallah nach Südosten, so erreicht man das weitläufige Wohn- und Marktviertel, das Quartier Industriel. Die 3 km vom Zentrum an den Stadtrand ausgelagerten, ummauerten **Souks** (Markttage: Sa, So) liegen am

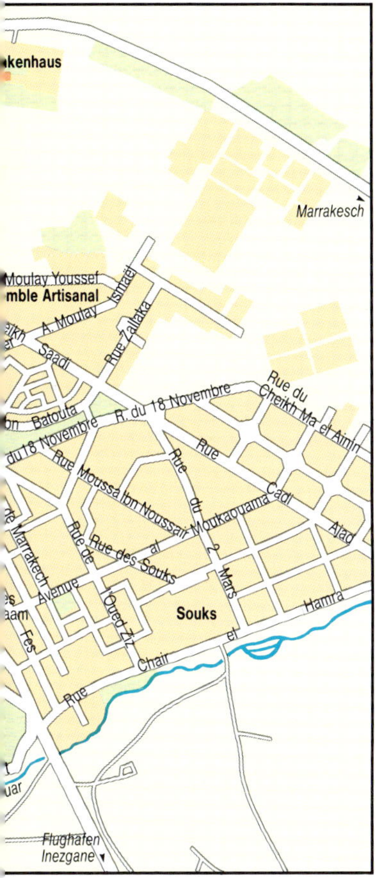

Stadtplan von Agadir

Ende der Rue des Souks. Etwa 500 m westlich, an der Place es Salaam, gegenüber dem schaurig-schönen, vom Erdbeben verschonten Cinéma Salaam, starten die Stadt- und Regionalbusse (u. a. Richtung Hafen, Inezgane, Taghazoute und Tamri).

Information: ✆ Vorwahl 08; ONMT-Büro: Place Prince Héritier Sidi Mohammed, Immeuble A, ✆ 84 63 77, Fax 84 63 78; Syndicat d'Initiative: Boulevard Mohammed V. (neben dem Restaurant Le Festival, für 10 DH brauchbarer Stadtplan), ✆ 84 03 07/84 06 95; Hauptpost: Ecke Avenue Prince Héritier Sidi Mohammed/Avenue Prince Moulay Abdallah (Telefonzentrale 8–21 Uhr geöffnet); Banken: Zentrum, Avenue Général Kettani, Avenue Hassan II.; Taxi-Vermittlung: ✆ 82 20 17; Leihwagenfirmen: Nordabschnitt des Boulevard Mohammed V., Avenue Hassan II., Luxushotels.

Innerstädtischer Verkehr: **Stadtbusse:** Place es Salaam; **zentrale Taxistände:** Avenue des Forces Armées Royales, Place es Salaam; **Motorradverleih:** Hotelviertel, Boulevard du 20. Août (auch Mofa- und Fahrradverleih).

Fernverkehr: **Busbahnhof** (CTM-LN, Satas, mehrere Privatlinien): Rue Yacoub el Mansour (Place Lahcen Tamri), Anschlüsse in alle Landesteile und alle marokkanischen Großstädte, gute Verbindungen nach Essaouira, Safi, El Jadida, Casablanca, Rabat, Tanger, Marrakesch, Taroudannt, Tiznit, seltene Verbindungen nach Beni Mellal, Smara, Ourazazate, Guelmim, Tan Tan, Akka, Tata, direkte Verbindungen auch nach Laayoune, Boujdour, Dakhla; zahlreiche Busse starten ab Inezgane, auch in etliche westeuropäische Städte, außerdem nach Tunis, Tripolis, Kairo; ONCF-Büro (Bahnbusse): 10, Rue des Orangers, ✆ 84 12 07; CTM-Büro (Fernbusse): ✆ 82 20 77.

Prostitution

Ich hätte es früher merken können, daß hier etwas nicht ganz stimmt. Ein Restaurant schräg gegenüber von einem der Fünfsterne-Luxushotels in Agadir, abends halb elf, die Terrasse ist jetzt nur spärlich besetzt. An drei der kleinen runden Tischchen sitzen drei auffällig schöne, auffällig elegant gekleidete, auffällig herausgeputzte Marokkanerinnen. Rauchen gelangweilt, nippen an ihren Drinks. Knisternde Seide, Minis, Netzstrümpfe, hochhackige Stöckel. Drei Grazien – ein Blickfang. Ein Zufall vielleicht, und keines weiteren Aufhebens wert.

Es ist alles andere als ein Zufall. Dieses Restaurant ist einer jener Anlaufpunkte, an denen die Kennenlern-Spiele gespielt werden, an denen Kontakte eingefädelt, Verabredungen getroffen, Preise ausgehandelt werden. Die Kellner, jedenfalls die meisten, sind eingeweiht. Es gibt in Marokko offiziell keine Prostitution – es gibt in Agadir einen florierenden Markt der Ware Liebe, der, mit den Touristenströmen, seine ganz eigenen Konjunkturen hat.

Sie ist sehr schön – und sie ist sehr teuer. Sie verdient in zwei Nächten, und manchmal auch in einer einzigen, den Monatslohn einer Verkäuferin, eines Zimmermädchens. Khadija (versteht sich von selbst, daß hier alle Namen frei erfunden sind) ist neunzehn, sie hat eine dreijährige Tochter, ihr marokkanischer Freund hat sie verlassen, als die Kleine zur Welt kam. Ohne Ausbildung, ohne berufliche Perspektive, allein mit einem Säugling: Damals ist Khadija von Rabat nach Agadir umgezogen, hat jenes Gewerbe aufgenommen, das ihr das einzig mögliche schien, um materiell zu überleben. Ob ihre Familie in Rabat, die sie hin und wieder besucht, etwas ahnt – sie sagt es nicht. Mit drei Freundinnen hat sie in Agadir eine Wohnung gemietet; die Kunden nimmt sie hierher mit, das ist ihr lieber, als in den Stundenhotels abzusteigen oder irgendwelche Empfangschefs zu bestechen. Zudem ist sie in dieser Wohnung den Freiern nicht allein ausgeliefert, eine Freundin ist immer in Rufweite. Und ihre kleine Tochter? Sie sieht sie fast jeden Tag, eine Bekannte kümmert sich um das Mädchen. An die Wand gelehnt, in diesem fast leeren, weiß getünchten Raum, ein großformatiges gerahmtes Foto: Khadija mit ihrer Tochter. Wie lange sie diesen Job – für sie ist es ein Job und sonst nichts – noch machen will? Ein Achselzucken, ein kleines, verlegenes Lächeln . . .

Hafsa, Najad, Djamila – auch diese drei arbeiten zusammen. Sie sind aus Casablanca nach Agadir gekommen, mit dem gezielten Vorhaben, hier in einem halben Jahr einiges Geld zu machen. In ihrer Heimatstadt zu arbeiten schien ihnen denn doch zu heikel; und es müßte schon ein dummer Zufall sein, in Agadir von Bekannten ertappt zu werden. Wenn sie nach Casablanca zurückkehren, werden sie etwas von einem *stage* erzählen, von einem Praktikum, das sie in Agadir absolviert haben. Die drei steuern am frühen Abend gewöhnlich einige ausgesuchte Hotels an, deren Telefonnummern sie interessierten Kunden gegeben haben. Außerdem erkundigen sie sich – die Rezeptionen geben diese Auskünfte manchmal bereitwillig, manchmal gegen Bezahlung und manchmal auch gar nicht – nach den neuen Gästen: wer woher kommt, wer allein reist, wer Geld hat, wer welchen Beruf auf dem Meldezettel angegeben hat. Ich mache die Probe aufs Exempel und bin doch einigermaßen perplex, wie exzellent die Damen über mich informiert sind! Hier im Hotel lassen sie sich zur festgelegten Stunde anrufen, machen Treffpunkte aus, führen so etwas wie Vorverhandlungen. Die drei kennen etliche der schwerreichen saudischen Geschäftsleute, die nicht nur des milden Klimas wegen in Agadir Ferien machen. In jedem Fall – für Hafsa, Najad und Djamila ist die Geschäftskalkulation für dieses halbe Jahr aufgegangen, ihre Erwartungen wurden sogar übertroffen, und die Sechsmonatsmiete für die gemeinsame Wohnung schlägt als lohnende Investition zu Buche.

Prostitution in Agadir: das ist kein ordinärer Straßenstrich, sondern ein mit dezenten Fassaden verkleidetes Gewerbe, eine Branche mit Wachstumschancen und vergleichsweise guten Verdienstmöglichkeiten. Diese Prostitution sucht und findet ihre Reviere in den einschlägigen Nachtclubs, Diskotheken und Hotelbars: in den bergenden Gehäusen, die der Animations- und Amüsierbetrieb der Tourismusindustrie allnächtlich bereitstellt. Zweifellos verweist die Prostitution in Marokko – zumal in den Hochburgen des Gewerbes wie Agadir, Safi, Casablanca und Tanger – mehr noch als in Europa auf die soziale Misere des Landes, in dem manche nichts zu verkaufen haben als ihren Körper. Und zu denen gehören auch die zahlreichen männlichen Jugendlichen, die bei Einfall der Dämmerung – »Monsieur, Monsieur!« – einsame Touristen recht gezielt angehen.

Flughafen: Agadir-Al Massira, 25 km südöstlich der Stadt, ✆ 83 90 02, Zubringerbus Nr. 22 von Place es Salaam, Einheitspreis für ein Grand Taxi (Flughafen-Stadt) 150 DH; Inlandflüge: Rabat, Casablanca, Tanger, Marrakesch, Oujda, Ouarzazate, Fès, Laayoune, Dakhla; Linienflüge: zahlreiche europäische Großstädte, während der Saison häufig Charterverbindungen: LTU von Düsseldorf, Frankfurt, Hamburg, München, Stuttgart; Royal Air Maroc, Avenue Général Kettani/Avenue Hassan II., ✆ 84 07 93/ 84 00 45.

Unterkunft: **Hotels – gehobener Standard**: Europa Safir, Boulevard du 20. Août, ✆ 82 12 12, Fax 82 34 35; Sheraton, Boulevard Mohammed V., ✆ 84 32 32, Fax 84 43 79; Sahara, Boulevard Mohammed V., ✆ 84 06 60, Fax 84 07 38; Medina Palace, Boulevard du 20. Août, ✆ 84 53 53, Fax 84 53 08; **Mittelklassehotels**: Aferni, Avenue Général Kettani, ✆ 84 07 30; Ali Baba, Boulevard Mohammed V., ✆ 84 33 26, Fax 84 12 47; Atlas Liwa, Boulevard Mohammed V., ✆ 84 32 32, Fax 84 43 79; Kamal, Avenue Hassan II., ✆ 84 44 89/84 28 17; **Einfache Hotels:** Atlantic, Avenue Hassan II., ✆ 84 36 62/61; Ayour, 4, Rue d'Entraide, ✆ 82 49 76; Karam, 10, Place de la Foire, ✆ 84 42 49, Fax 84 12 34; Les Palmiers, Avenue Prince Héritier Sidi Mohammed, ✆ 84 37 19; **Unklassifizierte Hotels**: im Talborjt-Viertel, Nähe des Busbahnhofs; **Clubhotels**: Beach Club, Club Méditerranée, Valtur, Les Dunes d'Or, Les Omayades, La Kasbah, Sangho; über 20 **Appartementanlagen**: Unterlagen und Preislisten bei den Fremdenverkehrsämtern.

Agadir-Hafen

Camping: nordwestlich des Zentrums, direkt am Boulevard Mohammed V. (Stadtausfahrt Richtung Hafen), ✆ 84 66 83, in den Sommermonaten ist der Platz allerdings meist überlaufen.

Restaurants: **gehobene Kategorie:** Stadtzentrum, Hotelzone (Boulevard Mohammed V., Avenue Hassan II.); in den Luxushotels oft gleich mehrere Restaurants (vorzügliche marokk. und franz. Küche); **Spezialitätenrestaurants:** La Langouste, Chemin de l'Oued Souss (Nouvelle cuisine in Vollendung); La Tonkinoise, Avenue P. H. Sidi Mohammed (vietnamesisch); La Pampa, Place P. H. Sidi Mohammed (marokk., franz.); Le Miramar, Boulevard Mohammed V. (ital./Fisch); Le Festival, Boulevard Mohammed V.; Darkoum, Avenue du Général Kettani (marokk.); **mittlere Preisklasse:** im Talborjt-Viertel/Rue Allal Ben Abdallah, Rue du 29. Février; deftige deutsche Küche: Marineheim, Boulevard Mohammed V.; **Billigrestaurants:** beim Busbahnhof, in den Souks und umgebenden Straßen; frische Fischspezialitäten, Langusten, Hummer am Hafen, Restaurant du Port (empfehlenswert). **Für**

Nachtschwärmer: Snack Bar Jour et Nuit, Secteur Balnéaire, direkt am Strand Richtung Hafen).

Medizinische Versorgung: Ambulanznotruf ✆ 15; Rotes Kreuz: ✆ 82 14 72; Krankenhäuser: Hôpital Hassan II., Route de Marrakesch, ✆ 84 14 77; Polyklinik, ✆ 82 49 56.

Kunsthandwerk: Ensemble Artisanal, Rue du 29. Février (Talborjt), ✆ 82 38 76; Stadtmuseum: Boulevard Mohammed V. (neben dem Freiluft-Theater).

Ausflüge in die Umgebung von Agadir

Taghazoute

Das kleine Fischerdorf liegt 21 km nördlich von Agadir. Weißes Häusergewürfel am Meer, netzeflickende Fischer, die Boote sind auf den Strand hochgezogen, auf den Dachterrassen ein schläfriger Mittag. Felsküste im Norden, unterbrochen von schönen Sandbuchten, Sandstrände im Süden. Möwen über der Gischt, das Ostinato der Brandung: Der kleine Ort ist in jeder Hinsicht ein Kontrast zum überlaufenen und teuren Agadir. In den 70er Jahren wurde Taghazoute – neben Mirhleft – von einer zivilisationsüberdrüssigen Hippie-Generation zum Aussteiger-Paradies erkoren. Auch dies ein Zeitzeichen: die Hippies von ehedem sind längst den Surfern gewichen (beliebter Treff: Surfer's Point, 2 km nördlich von Taghazoute). Heute wird der Ort, zumindest an den Wochenenden, auch viel von Marokkanern besucht. An einem normalen Wochentag im Winter jedoch ist Taghazoute nach wie vor eine Idylle.

Anreise und Verkehr: Über die P 8 Richtung Essaouira, 21 km nördlich von Agadir.

Häufige Busverbindung (Linien 12 und 14) mit Agadir.

Unterkunft: Keine Hotels im Ort, einige Cafés vermieten Zimmer, außerdem Privatunterkünfte.

Camping: Taghazoute Plage ca. 2 km südlich des Ortes.

Imouzzer des Ida Outanane

Die Anfahrt zu dem 1160 m hoch gelegenen Ort ist landschaftlich überaus lohnend. Die Straße folgt dem Tal des Asif Tamrhakht, bekannt als Paradise Valley, das am Anfang so paradiesisch nicht ist, dann aber, landschaftlich überwältigend, seinem Namen alle Ehre macht: eine tief eingeschnittene, palmengesäumte Schlucht mit Olivenbäumen, Bananenstauden und Arganien. Imouzzer ist berühmt für seinen Thymianhonig (Honigfest im Mai). Ca. 4 km hinter dem Ort befindet sich inmitten eines Talkessels Les Cascades, ein Wasserfall, der sich die farnüberwucherte Kalksteinwand hinunter in mehrere natürliche Felsbecken ergießt.

Umgebung von Agadir

Anreise: Von Agadir P 8 Richtung Tamri/Essaouira, nach 12 km kurz vor Tamrhakht Abzweigung (Route Nr. 7002), dann ca. 50 km auf passabler Asphaltstraße bis hinauf nach Imouzzer.

Unterkunft: Auberge des Cascades***.

Sidi Rbat

Das 200-Seelen-Dorf an der Atlantikküste ist ein ausgezeichnetes Refugium mit 3 km langem Sandstrand. Der Ort liegt inmitten eines Vogelreservats (Störche, Ibisse, Flamingos) im Mündungsgebiet des Oued Massa, der den Atlantik allerdings nur bei starker Wasserführung erreicht. Viele Wandermöglichkeiten bieten sich an den schilfbestandenen Flußufern an; ein Naturidyll.

Anreise: Von Agadir über die P 30 Richtung Tiznit; in Tiferhal (45 km südlich von Agadir) zweigt eine relativ schlechte Piste nach Sidi Rbat ab; die Zufahrt von Massa ist wegen des Naturschutzgebiets gesperrt.

Unterkunft: Der Club Balnéaire Sidi Rbat verfügt über 25 Zimmer (2–3 Betten) mit einfachem Komfort, kleines Restaurant; Campingplatz vor dem Club Balnéaire auf einem Plateau direkt am Meer.

Taroudannt

Die größte und schönste Stadt des Sous (50 000 Einwohner) gilt als Handels- und Handwerkszentrum.

Die Anfänge des Ortes sind unbekannt. Um 1030 war er Residenz eines schiitischen Berberfürsten. 1306 durch die Meriniden zerstört, stieg der Ort bald aber zu einem Zentrum der Sous-Ebene auf und wurde zwischen 1520 und 1540 Hauptstadt der Saadier. Im 17. Jh. erlebte Taroudannt seine Blütezeit als Handels- und Karawanenzentrum, wurde jedoch 1687 durch Moulay Ismail teilweise zerstört. Im 18. Jh. verlor die Stadt weiter an Bedeutung durch den sinkenden

Place Assarag in Taroudannt

Die ›Blauen Steine‹ von Jean Vérame

Zuckerrohr-Export aus der Sous-Ebene sowie durch die Schließung des Hafens von Agadir zugunsten des neuen Hafens in Essaouira im Jahr 1765. Anfang des 20. Jh. kämpfte der aus Tindouf stammende Rebell El Hiba von Taroudannt aus gegen die französischen Protektoratsherren. 1913 wurde er geschlagen; 1917 besetzten die Franzosen die Stadt, die sie erst 1956 wieder räumten.

Taroudannt wird ›Klein-Marrakesch‹ genannt wegen seiner Lage vor der Kulisse der meist schneebedeckten Gipfel des Hohen Atlas und wegen der 6–8 m hohen Lehmmauer, die die Stadt umgibt (8 km lang, im frühen 18. Jh. auf Resten aus der Almohadenzeit erbaut). Zentrum des Ortes ist die Place Assarag, arkadengesäumt, mit Straßencafés, Billighotels und dem Busbahnhof. Die labyrinthisch verwinkelten Souks, die zu den eindrucksvollsten Märkten Südmarokkos gehören, sind berühmt für Silberschmuck, Lederwaren und Kupferschmiedearbeiten (Markttage: Do und So).

Schöne Wanderungen führen durch die Oliven- und Orangenplantagen; lohnender Tagesausflug von Agadir.

Anreise und Verkehr: An der P 32 (über Oulad Teima), 81 km östlich von Agadir.

Busstation an der Place Assarag. Häufig Busse nach Agadir, täglich nach Marrakesch, Ouarzazate und Tafraoute; Fernbusse ab der Place Talmoklate.

Unterkunft: La Gazelle d'Or*****, 2 km außerhalb (eines der schönsten Hotels Marokkos; im August geschlossen), ✆ 05/85 20 39; Hotel Salaam****, in der Kasbah (ehemalige Pascharesidenz, schöne Gartenanlagen), ✆ 05/85 21 30, Fax 85 26 54; Hotel Saadiens**, in der Medina (gutes Mittelklassehotel mit Sonnenterrasse und kleinem Pool), ✆ 05/85 25 89; Hotel Taroudannt*, an der Place Assarag (schöner Innenhof, gute Küche); etliche Billighotels (etwa Belle Vue, Hotel de la Place, Roudani, Hotel des Oliviers, Liberté etc.) um die Place Assarag und am Anfang der zur Place Talmoklate führenden Hauptstraße.

Tafraoute

Die kleine Oasenstadt (5000 Einwohner) liegt 1000 m ü. M. in den Hängen des westlichen Anti-Atlas. Der Ort, Zentrum des Chleuh-Stammes der Ammeln, verfügt über keinerlei Befestigungsanlagen. Bizarre, je nach Sonneneinstrahlung rosarote Granitfelsen (berühmt der Chapeau de Napoléon 2 km südlich) umgeben Tafraoute. In den umliegenden Tälern werden Wintergerste, Mandeln und Oliven angebaut; bekannt ist die Gegend für die Mandelblüte im Februar. Es bieten sich gute Möglichkeiten für ausgiebige Wanderungen und Bergtouren an. Tafraoute verfügt über eine bescheidene touristische Infrastruktur, ausreichend für Selbstversorger. Jeden Mittwoch ist Markt.

Anreise und Verkehr: Über die S 509 etwa 170 km südöstlich von Agadir.

Busse ab Ortszentrum nach Tiznit, Agadir und Irherm/Taroudannt.

Unterkunft: Hotel Les Amandiers****, auf dem Felsen, der den Ort überragt; häufig von Pauschaltouristen belegt; drei einfache Hotels (empfehlenswert: La Tafraoute, außerdem Redouane und Tanger) im Zentrum.

Camping: Les trois Palmiers an der Straße nach Tiznit.

Die Strecke Agadir-Tafraoute mit zahlreichen Ksour und Speicherburgen sowie überwältigenden Landschaftspanoramen gehört zu den eindrucksvollsten Routen in Marokko. In Sidi Abd el Djebar (7 km nordöstlich von Tafraoute) bietet sich ein Abstecher ins Tal der Ammeln an. Man durchfährt es, wenn man von der S 509 in Richtung Taguenza abbiegt.

Das **Tal der Ammeln**, etwa 15 km lang, erstreckt sich an der Südflanke des 2359 m hohen Djebel Lekst. Schroffe Granitwände, in schwindelerregender Höhe auf die Felsvorsprünge gesetzte Gehöfte, auf der Talsohle üppige Öl- und Mandelbaumkulturen charakterisieren die landschaftliche Szenerie dieses Tales, das zu den schönsten im Anti-Atlas gehört. Aus der Ferne

Gewaltig erhebt sich das Bergmassiv über dem kleinen Ort Oumesnat

wirken die imposanten Kasbahs wie in den Felswänden klebende Adlerhorste. Die Bewohner der Gegend, Berber vom Stamm der Ammeln, sind in ganz Marokko ob ihrer Geschäftstüchtigkeit berühmt; viele betreiben florierende Handelsunternehmen in den Großstädten.

Tiznit

Die seit einigen Jahren schnell wachsende Oasensiedlung (ca. 30 000 Einwohner) ist Handelsstadt und Zentrum der Waffen- und Silberschmuckherstellung des südlichen Sous und westlichen Anti-Atlas.

1882 von Moulay Hassan I. gegründet, wurde sie 1917 französisch besetzt und später Garnison der Fremdenlegion. Heute gilt Tiznit im Zusammenhang mit dem West-Sahara-Konflikt erneut als wichtiger Militärstützpunkt. Die Stadt weist das für eine Sahara-Randsiedlung typische Stadtbild auf. Eine quadratisch angelegte, ca. 6 km lange Lehmmauer umgibt die Medina. Durch das Haupttor, das Bab Ait Djerrar, führt eine Straße zur zentralen Place du Mechouar, arkadengesäumt, mit Cafés, Billighotels und vielen kleinen Läden sowie dem Busbahnhof. In der Nähe die Große Moschee; der unschein-

N
0
100 km
Safi
P 8
Essaouira
Marrakesch
P 8
P 40
Tamanar
Imouzzer des
Ida Outanane
7002
Taroudannt
Agadir
Oued Sous
Inezgane
Oulad
Teima
P 30
S 509
Tiznit
Tafraoute
Ifni
P 30
Bou
Izakarne
Guelmim
P 41
Tadalt
Assa
Tan Tan Plage
Oued Dra
Tan Tan
Zag
Dar Chebika
P 41
Cap Juby
Tarfaya
Tindouf
P 44
El Mahbas
El Hagounia
Jdiriya
El Farciya
P 41
P 42
Hammada
Laayoune
Dchira
Dakhla
Smara
El Bir Lahlou
Amgala
Metmarfag
Tfariti
Bou Craa
Ain Ben Tili
Zemmour
MAURETANIEN

bare Brunnen an ihrer Seite ist die Blaue Quelle, die als Wallfahrtsziel verehrt wird. Einen Besuch lohnen die Souks, in denen schöne Silberschmuckarbeiten angeboten werden (Markttag: Do).

Information: ✆ Vorwahl 08; CTM-Büro an der Place du Mechouar; Post vor dem Haupttor Bab Ait Djerrar.

Anreise und Verkehr: Über die P 30 etwa 90 km südlich von Agadir.

Busstation der Privatlinien: zentrale Place du Mechouar; CTM-Busbahnhof: staubiges Areal ca. 200 Meter südwestlich außerhalb der Medina-Stadtmauern vor dem Haupttor (hier auch Standort der Sammeltaxis in die Umgebung, etwa nach Mirhleft und Aglou); mehrere Busse täglich nach Agadir, Nachtbus nach Casablanca; weitere Verbindungen nach Marrakesch, Guelmim, Tan Tan, Tata und Zagora; Europa-Bus nach Paris.

Unterkunft: Hotel de Tiznit***, Rue Bir Inzaran (an der Ausfallstraße nach Agadir, Swimmingpool), ✆ 86 24 11; Hotel de Paris**, Avenue Hassan II. (Neubau gegenüber dem Hotel de Tiznit, gutes Restaurant), ✆ 86 28 65; Mauritania*, Route de Guelmim, ✆ 86 20 72; etliche Billighotels um die Place du Mechouar.

Guelmim (Goulimine)

Die Fahrt über Tiznit führt durch die südliche Sous-Ebene, die hier landwirtschaftlich kaum mehr nutzbar ist (vereinzelte Arganien und Olivenbäume), und durch die landschaftlich eindrucksvollen südwestlichen Ausläufer des Anti-Atlas, die allmählich in Stein- und Geröllwüste übergehen.

Guelmim (ca. 25 000 Einwohner), einst als Karawanen- und Handelszentrum das Tor zur marokkanischen Sahara, wichtig als Warenumschlagplatz zwischen Maghreb und Schwarzafrika (Transsahara-Handel mit Timbuktu), wurde, ähnlich wie Tiznit, um 1882 von Moulay Hassan I. als Militärstützpunkt angelegt; der samstägliche Kamelmarkt (mit Vieh und Agrarprodukten) ist inzwischen fester Programmpunkt für Tagesausflüge von Agadir. Die Reguibat, die berühmten ›blauen Männer‹, einst die bedeutendsten Kamelhändler Nordafrikas, sind aus Guelmim fast verschwunden. Der Zentralregierung unterworfen, geht ihr Nomadentum, ihre Herrschaft über die Sahara-Oasen, unwiderruflich dem Ende entgegen (etwa 50 % der Reguibat sollen aber noch Nomaden sein). Guelmim, vom Hügel der Kasbah-Ruine aus gut zu überblicken, ist eine Art städtischer Vorposten vor der marokkanischen Sahara, bereits in einem nahezu vegetationslosen Gebiet gelegen.

Anreise und Verkehr: Etwa 200 km südwestlich von Agadir; erreichbar über die P 30 (bis zum Garnisonsstädtchen Bou Izakarne, dort Kontrollposten!), ab Bou Izakarne weiter über die P 41.

Busbahnhof am nordwestlichen Ortsrand, von dort Verbindungen nach Agadir, Tan Tan, Laayoune und Tiznit sowie täglich Busse nach Marrakesch und Casablanca.

Unterkunft: Hotel Salam**, Straße nach Tan Tan, ✆ 08/87 20 57; mehrere einfache Hotels am Hauptplatz (etwa Oued Dahab, Hotel de Jeunesse).

Camping: 15 km nordöstlich in Abeinou.

Tan Tan

Die aufstrebende, in den letzten Jahren stark expandierende Provinzhauptstadt (ca. 50 000 Einwohner) am Nordrand der West-Sahara, Tan Tan, wird von dem Wüstenfluß Oued Ben Khlil (der hier kaum Wasser führt) in zwei Stadthälften geteilt. Sie liegt etwa 25 km landeinwärts von dem kleinen Strandort Tan Tan Plage; dort befindet sich auch ein bedeutender neuer Fischereihafen mit Konservenindustrie. Ende Mai/Anfang Juni ist Tan Tan Schauplatz eines von Nomaden besuchten großen *Moussem* mit Kamelmarkt.

Als ehemaliger spanischer Militärposten wurde die Stadt, damals noch zur spanisch besetzten Tarfaya-Region gehörend, erst 1958 von Spanien an Marokko abgetreten. Auf einem Wüstenplateau zwischen zwei Hügelketten gelegen, ist Tan Tan heute Verwaltungszentrum und ein logistisch wichtiger Vorposten der West-Sahara.

Die Stadt selbst präsentiert sich, ›typischer‹ vielleicht noch als Guelmim, als echte Sahara-Randsiedlung: Beherrscht wird Tan Tan von der obligatorischen Avenue Mohammed V., der von zahlreichen kleinen Arkaden-Läden gesäumten Hauptdurchgangsstraße. Staubig, sandverweht – ein großes, nahezu rechtwinklig angelegtes Straßendorf; in den Seitenstraßen niedrige, höchstens zweistöckige Behausungen, fast alle mit Dachterrassen, die Fassaden von einem ausgebleichten, ins Gelbliche spielenden Ocker beherrscht. An den Ortsrändern ›zerfranst‹ die Siedlung in Barackenkomplexe, in notdürftig geflickte Gehöfte.

Ähnlich wie die Dörfer im südlichen Dra-Tal ist Tan Tan sehr stark von dunkelhäutigen Bewohnern geprägt. Sehenswert ist der Grabkomplex des als Heiliger verehrten Schutzpatrons der Stadt: Die Koubba des 1960 verstorbenen Scheichs Mohamed Laghdaf Ma el Ainin befindet sich auf einer tafelbergartigen Anhöhe im Westen des Ortes – von dort bietet sich ein eindrucksvoller Panoramablick auf die Sahara-Siedlung.

Anreise und Verkehr: Über die Sahara-Küstenstraße P 41, etwa 125 km südwestlich von Guelmim.

Binnenflüge nach Laayoune, Agadir und Casablanca; Busverbindungen nach Guelmim, Agadir, außerdem nach Tarfaya, Laayoune/Dakhla; Landrover-Sammeltaxis in die Umgebung.

Orient pauschal

Der Kamelmarkt in Guelmim

Sechs Uhr morgens, draußen noch stockdunkle Nacht. Die Hotel-Stopps in dichter Folge, eine ausgeklügelte Route: Der Bus sammelt seine Fracht ein. Verschlafene Passagiere drücken sich in die Polster, gemurmelte Guten-Morgen-Grüße allerseits – man spricht deutsch. Viertel nach sechs, der Bus verläßt Agadir, nimmt Kurs Richtung Tiznit. Einer jener klimatisierten Pullman-Busse, deren Fenster man nicht öffnen kann. Landschaften hinter Glas. Kurzer Frühstücksstopp in Tiznit, 90 km südlich von Agadir. Der Nachthimmel ist fadenscheinig geworden, hat an Schwärze verloren, allmählich bricht die Morgendämmerung durch, und das Gewölk löst sich auf. Die Straße führt an Geröllplateaus entlang, in die südwestlichen Ausläufer des Anti-Atlas hinein. Die Vegetation der Sous-Ebene liegt hinter uns, die Landschaft wird karger, wüstenähnlicher: Sandflächen, von Geröllfeldern durchsetzt. Ausweiskontrolle in Bou Izakarne, einem trostlosen Militärposten. Gegen neun Uhr erreicht der Bus Guelmim, seit 1979 Hauptstadt der gleichnamigen Prä-Sahara-Provinz, jenes ›Tor zur Sahara‹, von dem die Reiseprospekte raunen. Der Bus ist gut besetzt, nur wenige Plätze sind leer geblieben.

Agadir–Guelmim, diese 200-km-Tour ist einer jener Tagesausflüge, die nahezu alle in Agadir ansässigen Reiseveranstalter im Programm haben. Jeden Samstagmorgen wird die touristische Fracht hierher gekarrt, eine wohlorganisierte Visite im Sinne des ›Maroc-typique‹-Erlebnisses. Jeden Samstagmorgen wird hier in Guelmim ein Spektakel abgefeiert, das kaum noch einem anderen Zweck dient als diesem: Es gilt, eine pure touristische Illusion aufrechtzuerhalten, einen blassen Abglanz längst versunkener Zeiten als Realität zu inszenieren.

Guelmim war bis ins 19. Jh. hinein ein wichtiger Warenumschlagplatz, eine Etappenstation des Transsahara-Handels zwischen Maghreb und Schwarzafrika. Noch zu Beginn des 20. Jh. war der Ort Schauplatz eines der größten Kamelmärkte Nordafrikas. Die Dromedare machen sich zwar gut in den Prospekten, allein: diese Ära ist endgültig passé. Der Warentransfer in der Sahara wird längst mit LKW-Konvois und Flugzeugen abgewickelt. Auf dem staubigen Souk-Gelände in Guelmim findet ein wirklicher Kamelhandel denn auch kaum noch statt. Ein paar gelangweilt dreinschauende Dromedare ste-

hen an diesem Morgen in einer Ecke des Areals, bereit zum gebührenpflichtigen Fototermin. Die Kameraverschlüsse klicken – die Tiere haben ihre Schuldigkeit getan.

Die Nomaden vom Stamm der Reguibat, die legendären ›blauen Männer‹ (sie verdanken ihren Namen einer Verfärbung ihrer Haut, die im Lauf der Zeit das Indigoblau der Gewänder aufnimmt), die echten Saharouis, besuchen den Markt in Guelmim heute so gut wie gar nicht mehr – nicht zuletzt eine Reaktion auf den seit 1975/76 in den West-Sahara-Gebieten herrschenden Ausnahmezustand. Jene ›blauen Männer‹, die den Souk inzwischen bevölkern, sind denn auch eher willfährige Foto-Objekte als wirkliche Nomaden. Den Fotos sieht man das freilich nicht an. Die Illusion sucht sich ihre Bestätigung. Das Dekor dieses Marktes beglaubigt die Prospekte, und die Prospekte ihrerseits bauen ihre Bilddokumente auf Dekors wie diesen auf. So bestätigt dann das eine das andere . . .

Zum Mittagessen steuert der Bus das erste Haus am Platz an. Die Belegschaft ist auf den plötzlichen, doch keineswegs unvermuteten Einfall von 50–60 Essensgästen wohl vorbereitet. Ein routinierter Service wird aufgeboten, der allen Vergleichen mit der europäischen Gastronomie lässig standhält; die Bestellungen können auf deutsch aufgegeben werden – und sie werden mit jener gut trainierten, lächelnden Freundlichkeit entgegengenommen, die nur dem jüngeren Personal vollkommen gelingt. Nach dem Dessert: die Vorführung einer *Guedra,* jenes Schleiertanzes, der denn doch eher in ein Beduinenzelt gehört als auf das Parkett eines Restaurants. Die Ekstase der Solotänzerin, die sich nach und nach ihrer Schleier entledigt, kann in diesem Ambiente nur eine gespielte sein. Um freilich überhaupt einer Guedra ansichtig zu werden, ist es schon notwendig, sich einem dieser organisierten Tagesausflüge anzuschließen; als Touristenattraktion ausgewiesen, wird das Tanzspektakel inzwischen fast nur noch für angemeldete Reisegruppen präsentiert. Attraktionen einer Folklore, die sich von ihren Ursprüngen und Traditionen längst gelöst hat und die, zur bloßen Show heruntergekommen, heute zum Fototermin zugerichtet wird – oder zum allseits beklatschten Entertainment. Anders formuliert: Die Tourismus-Industrie als Illusionsmaschinerie, die in einem fort jene Vor-Urteile und Vor-Bilder bedient, die manch einer dann hartnäckig mit seinem Marokko verwechselt.

Es kann kein Zufall sein, daß sämtliche Reisebusse auf der Rückfahrt von Guelmim nach Tiznit vor einem ganz bestimmten Ensemble Artisanal anhalten, um den Touristen Gelegenheit zu geben, sich mit Berber-Silberschmuck einzudecken. Wer als Geschäftsmann die Konkurrenz aussticht, indem er mit den Reiseveranstaltern feste Verträge aushandelt, dem ist ein erklecklicher Batzen allemal sicher. Es kann für die einheimische Geschäftswelt überlebenswichtig sein, daß eine Busladung von Touristen eben im Restaurant X angeliefert wird statt im Restaurant Y; in der *Bijouterie X* und nicht in der *Bijouterie Y.* Allah allein weiß, bis zu welchen Grenzen hartgesottene Geschäftsmänner gehen, um ihrer Konkurrenz die Luft abzudrücken.

Unterkunft: Etoile du Sahara*, 17, Rue Al Fida (ziemlich heruntergekommen), ✆ 08/87 70 85; das Hotel Royal, früher ein **-Haus, ist inzwischen nicht mehr klassifiziert; etliche Billighotels, vor allem entlang der Avenue Mohammed V. und in den abzweigenden Querstraßen.

Camping: Unwirtlicher, sehr einfacher Campingplatz ohne sanitäre Anlagen in Tan Tan Plage.

Südwestlich von Tan Tan Plage geht die Hammada allmählich in ein nur noch von Kugelbüschen durchsetztes Wüstengebiet über. Landschaftlich eindrucksvoll: die Dünen der Chebeika-Mündung, etwa 35 km südwestlich von Tan Tan Plage. Vor Tarfaya tauchen die ersten Nomadenzelte auf. Ein nahezu vegetationsloser Wüstenstreifen – ein Gelände aus Sand, Leere und Wind.

Tarfaya

Das am Cap Juby gelegene Fischerstädtchen (ca. 3000 Einwohner), liegt nur 55 Seemeilen von der Ostküste Fuerteventuras (Kanarische Inseln) entfernt. Gelebt wird hier von Sardinenfischerei und Viehzucht; in der Umgebung sind seit einigen Jahren Versuchsbohrungen nach Erdöl im Gange.

Zwischen 1877 und 1884 von britischen Kaufleuten besiedelt, die sich unmittelbar an der Küste niederließen, wurde die Stadt 1916 von Spanien besetzt. Bis 1958 gehörte die Region Tarfaya zum Südteil des spanischen Protektorats; seitdem ist sie wieder marokkanisch. 1975 war das Städtchen Aufmarsch- und Basislager für die *Marche Verte*; 1980 wurde der mit weiten Molen gesicherte, für Küstenfrachter ausgelegte Fischereihafen in Betrieb genommen.

Die Reste der ehemaligen britischen Handelsniederlassung bilden heute als eine Art Souk-Karree das eigentliche Ortszentrum. Direkt an der Küste befinden sich die Ruinen der ehemaligen spanischen Befestigungsanlagen. Es gibt einen passablen Sandstrand. Tarfaya – ein ärmliches, bisher von keiner touristischen Infrastruktur behelligtes Küstenstädtchen: versandete Gassen, hingeduckte Häuser-Gevierte, ein paar Kaffeestuben.

Anreise und Verkehr: Über die P 41, etwa 235 km südwestlich von Tan Tan. Landrover-Sammeltaxis nach Laayoune und in die Umgebung.

Unterkunft: bescheidene Übernachtungsmöglichkeiten im Ort.

Laayoune (El Aioun)

Als Hauptstadt der 1976 nach dem Abzug der Spanier gegründeten gleichnamigen Provinz, liegt Laayoune (ca. 115 000 Einwohner) etwa 25 km nordöstlich von Laayoune Plage (dort bedeutender Handels-, Fischerei- und Phosphathafen) am Südufer des Wüstenflusses Saguia el Hamra.

Marokko hat Laayoune in den 80er Jahren zu einer Art Schaufenster der West-Sahara ausgebaut; die Provinzhauptstadt präsentiert sich inzwischen als modernes Handels- und Verwaltungszentrum mit gut entwickelter Infrastruktur (asphaltierte Straßen in die Nachbarprovinzen, ziviler Binnenflughafen, neue Schulen und Krankenhäuser). Gleichzeitig ist Laayoune ein logistisch wichtiges Militärcamp. Die Uniformierten in der Stadt sind Legion, große Armeekontingente patroullieren, weitläufige Kasernenkomplexe liegen an den Stadträndern, ein neuer, für Mirage-Bomber ausgelegter Militärflughafen.

Die Stadt, ehemals Hauptstadt der spanischen Übersee-Provinz West-Sahara, wurde 1932 vom spanischen Oberst De Oro als Garni-

Bidonvilles

Armut in einem armen Land

»Ich sehe ein unbebautes, mit Plastikflaschen und Steingutscherben übersätes Gelände. Ein Stück Land, das den Tod geatmet und den Tag ausgeschieden hat. Hier werden meine Kinder geboren, und hier sterben sie. [. . .] Ein Elendsviertel ist Gewalt, die vom Leben abgetrennten Menschen angetan wird. Gewalttätigkeit, die nicht vorwarnt, wenn sie ausbricht.«
(Tahar Ben Jelloun: ›Der Gedächtnisbaum‹)

Es ist ein Bild von trostloser Endgültigkeit. Eine Schwarze in schmutzstarrenden dunklen Lumpen hockt am Boden und hämmert auf einem Blech herum; apathisch in sich versunken, hämmert und hämmert sie auf einen jener flachgeklopften Kanister (franz.: *Bidon*) ein, die solchen Vierteln ihren Namen gegeben haben. Bidonvilles, Kanisterstädte – das sind die offenen, schwärenden Wunden in den marokkanischen Großstädten. Kinder greinen im Dreck, ein paar Hunde streunen zwischen den Baracken, der Wind wirbelt Staub auf.

Laayoune, Provinzhauptstadt in der West-Sahara, ist ein glitzerndes, hypermodernes Verwaltungszentrum. Laayoune, die 1932 von den spanischen Kolonialherren gegründete Garnisonsstadt, ist ein erbärmliches Drecknest. Unten, am Südufer des Wüstenflusses Saguia el Hamra, brütet der alte, spanisch geprägte Ortskern in der Mittagshitze. Das alte Stadtzentrum franst an seinen Rändern aus, zerfleddert zum Flußufer hin. Bruchbuden und Wellblechbaracken, der Boden von Müll und Exkrementen übersät, der Fluß eine stinkende Kloake, das Gelände eine einzige Müllkippe. Stapfen durch knöcheltiefen Morast. Etwa 2 km nach Westen: hier erst die eigentlichen Bidonvilles, Elendsquartiere aus Blech, Pappe und Plastikplanen. Kein Strom, kein Was-

sonsstadt gegründet; seit 1976 ist sie Hauptort der 39 360 km² umfassenden, von Marokko annektierten Provinz Laayoune, die 1985 von Hassan II. offiziell besucht wurde. In den letzten Jahren bemüht man sich verstärkt, die in der Region festgestellten Phosphat-, Eisenerz- und Kohlelager auszubeuten; Probebohrungen nach Erdöl wurden im Gebiet zwischen Laayoune und Tarfaya vorgenommen.

ser, keine Toiletten. Uringestank, tote Ratten. Ein Kind mit verschorfter Haut. Ein Säugling, in dessen Augenwinkeln die Fliegen sitzen.

In der neuen, von den Marokkanern großzügig angelegten Oberstadt auf dem vom Flußufer aus sichtbaren Plateau sind ganze Viertel noch gar nicht bezogen. Angestelltenwohnungen, schnieke und proper, architektonische Konstruktionen aus dem Geist Le Corbusiers, steingewordene Träume von Ordnung, Symmetrie und Sauberkeit. Oberstadt und Unterstadt: protzige Moderne auf der einen, schreiendes Elend auf der anderen Seite. Die zwei Gesichter einer Stadt. Als wären es Kulissen zu Fritz Langs Film ›Metropolis‹.

Es sind keine Kulissen. Die Schwarze hämmert ,ohne aufzusehen, ihr Stück Blech gerade, das eine Behausung abdichten soll, die nicht einmal eine Hütte ist. Mag sein, daß diese Elendsquartiere sich noch harmlos ausnehmen, harmlos gegenüber den Bidonvilles in Rabat oder in Casablanca – nur: harmlos eigentlich nach welchem Maßstab? Armut läßt sich nicht messen und Verzweiflung nicht vergleichen.

Man schätzt, daß in Marokko jährlich etwa eine halbe Million Menschen vom Land in die Städte strömt. Dieses Proletariat landet in den Bidonvilles, ohne Arbeit und vor allem: ohne Aussicht auf Arbeit. Schon heute lebt etwa ein Drittel der marokkanischen Bevölkerung unterhalb der Armutsgrenze, um diesen fragwürdigen Begriff der Statistik einmal zu bemühen. Die Brotaufstände von 1981 und 1984, die Hunderte von Toten forderten, sind seinerzeit nicht von ungefähr von den Bidonvilles ausgegangen. So hat sich beispielsweise zwischen 1971 und 1986 die Einwohnerzahl Casablancas nahezu verdoppelt, schätzungsweise ein Viertel der Stadtbevölkerung lebt inzwischen in den Kanisterstädten; in Rabat soll es etwa ein Fünftel sein. Die Kriminalitätsrate gerade in den Bidonvilles hat in den 80er Jahren stetig zugenommen. Die großen Städte sind gänzlich außerstande, diesen Zustrom der Landflüchtlinge zu verkraften – und es werden täglich mehr! In den Bidonvilles tickt eine soziale Zeitbombe, die, wenn sie hochgeht, das ganze Land mit einem Flächenbrand überziehen könnte.

Seit Mitte der 80er Jahre versucht das marokkanische Tourismus-Ministerium, die Atlantikküste des West-Sahara-Raumes touristisch zu erschließen; in Laayoune Plage etwa entstehen derzeit etliche Feriendörfer – ein Angebot auch an Kurzurlauber, die von den nahen Kanarischen Inseln aufs afrikanische Festland herüberkommen. (**Achtung!** Schwimmen ist an manchen Stellen wegen der Haie ge-

fährlich; Badegäste sollten sich beim ONMT-Büro oder bei Einheimischen nach sicheren Stränden erkundigen.)

Laayoune ist eine Stadt mit mindestens zwei Gesichtern: Die Unterstadt, noch sehr spanisch geprägt mit ihren kleinen Läden, den ockerfarbenen Verwaltungsgebäuden und der weißen, dem heiligen Franz von Assisi geweihten Kirche, geht direkt am Flußufer und gen Westen in erbärmliche Slumviertel über. Die Oberstadt mit ihren hypermodernen Wohnvierteln wird beherrscht von einem weitläufigen, von vier Flutlichttürmen begrenzten *Mechouar* (Paradeplatz) – Schauplatz der pompösen Empfangszeremonie anläßlich der Königsvisite im März 1985. An der Stirnseite des Platzes, nach Norden gelegen, befindet sich ein neu errichtetes Konferenzgebäude, in dem 1985 eine außerordentliche Parlamentssitzung abgehalten wurde. Unmittelbar an den Mechouar angrenzend: die 1978 fertiggestellte Moschee Moulay Abd el Aziz, einer der kostspieligsten Moschee-Neubauten Marokkos (der aufwendige Innendekor bleibt Nicht-Muslimen verborgen), inspiriert von den klassischen Moschee-Anlagen in Fès. In den Arkadengalerien und überkuppelten Läden der Oberstadt, vor allem in den Geschäften gegenüber der Moschee Moulay Abd el Aziz, wird schwerer Gold- und Silberschmuck zum Kauf angeboten.

Information: ✆ Vorwahl 08; ONMT-Büro: Rue Okba Ibn Nafi (ein gelbes Häuschen gegenüber dem Hotel Parador), ✆ 89 16 94; Hauptpost:

Rue des PTT, Unterstadt; Banken: mehrere in der Avenue Mohammed V.

Anreise und Verkehr: Über die Sahara-Küstenstraße P 41, 115 km südwestlich von Tarfaya.

Die CTM-LN-Busstation: Avenue du Mecque Nr. 80, Fahrkartenschalter im Gebäude der »Massira Travel Agency«, in der Oberstadt. CTM-Busse: täglich nach Boujdour/Dakhla sowie Richtung Norden über Tan Tan, Guelmim, Bou Izakarne und Tiznit bis Agadir; weitere Busverbindungen nach Smara, mit der »Compagnie Etoile du Sud« auch nach Tan Tan und Tarfaya. Taxistand: beim Souk Djemal/Marché Central, Westsektor der Unterstadt. Landrover-Sammeltaxis nach Boujdour und Smara.

Flughafen: Flugverbindungen nach Marrakesch, Casablanca, Agadir, Tan Tan, Smara, Dakhla und Las Palmas; Royal Air Maroc: 7, Place Bir Auzarane, ✆ 89 40 71.

Der weitläufige Strand bei Laayoune läßt die Nähe der Sahara nicht vermuten. In den letzten Jahren wird auch der Südwesten Marokkos dem Tourismus geöffnet.

Unterkunft: Hotel Parador*****, Rue Okba Ibn Nafi, ✆ 89 45 00; Hotel Nagjir****, Place Dchira, am Ende der Avenue du Mecque, ✆ 89 41 68; El Alya***, 1, Rue Kadi El Ghalaoui, ✆ 89 41 44; Hotel Lakouara**, Avenue Hassan II.; Marhaba*, Avenue Hassan II.; einfache Hotels in der Unterstadt in Flußnähe und am Souk Djemal (etwa Sidi Ifni, El Fath, Rif, Saguia el Hamra, Liberté, Tafilalet, Inezgane, Atlas etc.). Achtung: Die ****-Häuser (Parador, Al Massira, Nagjir) werden häufig von UNO-Mitarbeitern (Minurso) blockiert!

Medizinische Versorgung: Hôpital Hassan II., Place Prince Héritier Sidi Mohammed.

Der West-Sahara-Konflikt

Das umkämpfte Gebiet der West-Sahara, mit 266 000 km^2 etwa so groß wie $^2/_3$ der Fläche Bundesrepublik und reich an Bodenschätzen (geschätzte Phosphatlager von 10 Mrd. t, Erdölvorkommen, vermutete Uranlager), war bis 1975 spanische Kolonie. Seit den frühen 70er Jahren hatte Marokko mit beträchtlichem diplomatischen Aufwand den Nachweis zu führen versucht, daß die West-Sahara, die im 19. Jh. Marokko gegenüber tributpflichtig gewesen war, integraler Bestandteil des Landes sei. Ein Urteil des Internationalen Gerichtshofs in Den Haag stellte 1975 allerdings fest, daß sich aus dem einstigen Abhängigkeitsverhältnis keine territorialen Ansprüche ableiten ließen.

Die Marokkanisierung der West-Sahara begann 1975 mit dem ›Grünen Marsch‹: 350 000 marokkanische Zivilisten, darunter viele Arme und Arbeitslose, zogen damals in die spanische Kolonie ein. Der Coup, in der marokkanischen Geschichtsschreibung als Friedensmarsch gefeiert, war von langer Hand vorbereitet und logistisch bestens organisiert. Hassan II. rechnete damit, daß Spanien, wenige Wochen vor dem endgültigen Rückzug aus der Kolonie, einen militärischen Eklat zu vermeiden suchte und den letzten verbliebenen Legionären nicht befehlen würde, auf unbewaffnete Zivilisten zu schießen.

Dem ›Grünen Marsch‹ folgte die militärische Besetzung, die inzwischen in eine kräftezehrende Auseinandersetzung mit der saharouischen Volksbefreiungsarmee Frente Polisario übergegangen ist. Am 29. 2. 1976 rief die Polisario aus dem algerischen Exil die Demokratische Arabische Republik Sahara (DARS) aus. In einem Geheimabkommen von 1974 bereits vorweggenommen, teilten Marokko und Mauretanien die West-Sahara im April 1976 offiziell unter sich auf. Mauretanien zog sich 1979 aus dem zermürbenden und immer teurer werdenden Konflikt zurück. Noch im gleichen Jahr schloß es einen Friedensvertrag mit der DARS, der den Verzicht auf alle Territorialforderungen festschrieb, und nahm 1984 diplomatische Beziehungen mit dem Nachbarstaat auf. Nach dem Rückzug der mauretanischen Truppen erhob Marokko Anspruch auf die gesamte West-Sahara und marschierte in das Gebiet ein.

Die Polisario, 1979 in einer UNO-Resolution als einzige rechtmäßige Vertretung des saharouischen Volkes anerkannt, hat in den letzten Jahren mit einigem Erfolg eine Guerillataktik, eine Politik der wohlgezielten Nadelstiche verfolgt, die den Phosphatabbau um Bou Craa zu blockieren versucht. Der West-Sahara-Konflikt kostet Marokko nach Schätzungen ausländischer Korrespondenten jährlich zwischen 400 Mio. und 600 Mio. US-$ – gewaltige Mittel also, die die hochmodernen Waffensysteme, die Stationierung einer in Krisenzeiten bis zu 150 000 Mann starken Armee sowie der Ausbau eines inzwischen über 2500 km langen, mit amerikanischen Radarsystemen ausgerüsteten Schutzwalls verschlingen.

Die Übergriffe des marokkanischen Militärs auf Zivilisten, die Massenflucht der saharouischen Bevölkerung vor allem ins algerische Tindouf, die wachsende diplomatische Anerkennung der Polisario (durch inzwischen 80 Nationen; seit 1982 ist die Polisario auch Mitglied der OAU), das belastete Verhältnis zum Nachbarland Algerien, das die Polisario unterstützt: all das hat sich für Marokko zu einer schweren Hypothek entwickelt. Mag sein, daß die von der UNO seit Jahren geforderten, 1989 in Marrakesch aufgenommenen Verhandlungen zwischen Hassan II. und einer Polisario-Delegation wenigstens einen Hoffnungsschimmer andeuten. Mag auch sein, daß die im gleichen Jahr in Marrakesch unterzeichnete Proklamation der Union des Arabischen Maghreb (Mitgliedsstaaten: Marokko, Mauretanien, Algerien, Tunesien, Libyen) »die Türen geöffnet« hat »für den Beitritt der DARS zu dieser Union, und damit auch für eine Lösung des West-Sahara-Konfliktes ohne Sieger und Besiegte«, wie es Mohamed Abdelaziz, der Generalsekretär der Frente Polisario und Staatspräsident der DARS, zuversichtlich formuliert hat.

Die einzige Konfliktlösung kann in der Tat nur eine politische sein – militärisch ist dieser Krieg von keiner Partei zu gewinnen. Ein von UNO und OAU seit Jahren angemahntes Referendum, nach dem das sahrauische Volk in freier Selbstbestimmung über seine politische Zukunft entscheiden soll, ist bisher vornehmlich an den marokkanischen Vorbedingungen und der Uneinigkeit über die Anzahl der Stimmberechtigten gescheitert. Freilich: Welches Volk sollte auch abstimmen, wo es ein Volk kaum noch gibt, wo Zehntausende saharouischer Flüchtlinge unter elenden Bedingungen in den Auffang-Camps um Tindouf hausen, bemüht, ihr Zusammenleben dort nach demokratischen Prinzipien zu organisieren.

Jeder Lösungsentwurf hätte außerdem zu berücksichtigen, daß der West-Sahara-Konflikt auch mit grundsätzlichen innenpolitischen Problemen der marokkanischen Monarchie in Verbindung steht. Mit der Marokkanisierung der West-Sahara hat Hassan II. in einer für ihn brisanten innenpolitischen Situation (Bauernunruhen, Brotaufstände in mehreren Städten) das Ideal eines Groß-Marokko formuliert: ein Ideal, das seinerzeit nicht nur nationale Begeisterung auszulösen vermochte, sondern auch von allen Parlamentsparteien einschließlich der marokkanischen Linken mitgetragen wurde. So gelang es dem König, innere Krisenpotentiale durch die Suggestionskraft eines außenpolitischen Fernziels zu neutralisieren.

Auf der pragmatischen Seite bindet der Konflikt große Armee-Kontingente fernab von den Zentren der politischen Macht. 1971 und 1972 hatte der König zwei Putschversuche von Teilen der Generalität überlebt; 1971 wurde das (erst 1970 eingesetzte) Parlament aufgelöst, eine Verhaftungswelle rollte über das Land; 1972, nach dem zweiten Attentat, sah sich die Opposition schweren Repressalien ausgesetzt, Todesurteile wurden vollstreckt, eine neue Verfassung trat in Kraft, die Parlamentswahlen wurden abermals verschoben.

Auch vor diesem Hintergrund ist die marokkanische West-Sahara-Politik zu sehen. Und so kann es nicht verwundern, daß Hassan II. bei den Direktverhandlungen mit der Polisario bisher wenig Kompromißbereitschaft signalisiert.

Smara

Smara ist die Hauptstadt (ca. 25 000 Einwohner) der 1976 gegründeten, 61 760 km² großen gleichnamigen West-Sahara-Provinz.

An der Stelle des heutigen Ortes befand sich einst eine bedeutende Etappenstation für die Karawanen von Mauretanien nach Marokko. 1902 gründete der als Heiliger verehrte Korangelehrte Scheich Ma el Ainin (1831–1910) Smara als Residenzstadt. Mehrere Jahre lebte der Prediger in der Stadt, die in dieser Zeit als heilig galt. Bei der französischen Strafexpedition 1913 wurde die Moschee des Heiligtums zerstört.

Die typische, sandverwehte Wüstensiedlung bestimmen die großen Straßenachsen, die Avenuen Mohammed V. und Hassan II. Der Stadtkern ist weitgehend schachbrettartig angelegt. Kleiner regionaler Souk, Arkadenläden, einstöckige Häuschen in verblichenem Ocker, etliche Neubauten. Der Sand nagt an den Ortsrändern und fegt durch die Straßen. Einzig die Ruinen des früheren heiligen Bezirks und die Zaouia sind die – mäßig interessanten – Sehenswürdigkeiten der Stadt.

Anreise und Verkehr: Über die P 43/P 42, 240 km südöstllich von Laayoune.

Sammeltaxis nach Tan Tan, Landrover-Sammeltaxis nach Laayoune.

Unterkunft: Bescheidene, nichtklassifizierte Hotels (Hotel Sables d'Or, Hotel Atlas, Hotel Errahia).

TIPS & ADRESSEN

Alle wichtigen Informationen rund ums Reisen – von Anreise bis Zoll – auf einen Blick.

Ein zusätzlicher Sprachführer hält die wichtigsten Vokabeln griffbereit.

INHALT

REISEVORBEREITUNG

Marokkanische Fremdenverkehrsämter

... in der Bundesrepublik Deutschland:
Graf-Adolf-Straße 59
40210 Düsseldorf
✆ 02 11/37 05 51/52, Fax 37 40 48

... in der Schweiz:
Schifflände 5
8001 Zürich
✆ 01/2 52 77 52, Fax 2 51 10 44

... im Internet
http://www.kingdomofmorocco.com

Diplomatische Vertretungen

... in der Bundesrepublik Deutschland:
Botschaft:
Gotenstr. 7–9
53175 Bonn-Bad Godesberg
✆ 02 28/36 79 50, Fax 35 78 94, 3 67 95 14
Geschäftszeiten Mo–Fr 9–15 Uhr

Generalkonsulate:
Adickesallee 65
60322 Frankfurt/Main
✆ 0 69/55 98 87 und
Cecilienallee 14
40474 Düsseldorf
✆ 02 11/45 10 41

Honorarkonsulat:
Prinzregentenstr. 89
81675 München
✆ 0 89/4 55 03 80

... in Österreich
Botschaft:
Opernring 3–5
1010 Wien
✆ 01/5 86 66 50, Fax 5 86 76 67

... in der Schweiz:
Botschaft:
Helvetiastr. 42, 3005 Bern
✆ 0 31/3 51 03 62-3, Fax 3 51 03 64

Einreisebestimmungen

Reisepapiere: Reisende aus der Bundesrepublik Deutschland, die an einer organisierten Rundreise teilnehmen, benötigen lediglich einen gültigen Bundespersonalausweis; ansonsten genügt ein Reisepaß, der vom Tag der Einreise an noch mindestens sechs Monate gültig sein muß. Österreicher und Schweizer benötigen weiterhin einen Reisepaß. Tip für Pauschaltouristen: Falls Sie lediglich mit einem Bundespersonalausweis nach Marokko eingereist sind, können Sie beim Wechseln von Travellerschecks Probleme bekommen – die meisten Banken bestehen auf der Vorlage des Reisepasses. Sollten Sie länger als drei Monate im Land bleiben wollen: Besorgen Sie sich bei der Marokkanischen Botschaft schon vor der Abreise eine entsprechende Aufenthaltsgenehmigung – die Prozedur in Marokko kann nervenaufreibend werden!

Im Zuge der politischen Veränderungen der letzten Jahre gibt es derzeit weder mit israelischen noch mit südafrikanischen noch mit algerischen Sichtvermerken im Paß Probleme bei der Einreise. Nur in extremen Fällen (z.B. Leute mit ›hippie-ähnlichem Aussehen‹) ist Reisenden die Einreise verweigert worden – dies betrifft fast ausschließlich Jugendliche, die in Tanger oder Ceuta die Fähre verlassen; die Flughafenkontrollen beschränken sich zumeist auf Stichproben. Zu den Einreiseformalitäten gehört das Ausfüllen einer *Carte d'Embarcation*, die u. a. die Angabe einer Adresse im Lande verlangt (es genügt, falls Sie noch nicht fest gebucht haben, eine beliebige Hoteladresse zu nennen).

Devisenbestimmungen: Die Landeswährung darf weder ein- noch ausgeführt werden. Dagegen ist die Einfuhr von Devisen in unbegrenzter Höhe möglich, allerdings muß bei Beträgen über etwa 3000 DM (15 000 DH) eine ›Deklaration der mitgeführten Zahlungsmittel‹ ausgefüllt werden; diese Bescheinigung ist bei der Ausreise am Zoll wieder vorzulegen. Überschüssige Landeswährung kann bis zur Hälfte der insgesamt gewechselten Summe wieder zurückgetauscht werden. Die Vorlage der Wechselquittungen ist erforderlich; daher sämtliche Bescheinigungen aufbewahren!

Kraftfahrzeugpapiere: Mitzuführen sind der Führerschein und die internationale grüne Versicherungskarte. Achten Sie darauf, daß die Versicherungskarte für Marokko gültiggeschrieben ist, andernfalls muß an der Grenze eine relativ teure Versicherung abgeschlossen werden. Obschon die Mitnahme des Kraftfahrzeugscheins nicht vorgeschrieben ist, empfiehlt es sich, dieses Dokument parat zu haben, da seine Vorlage bei den recht häufigen Polizeikontrollen immer wieder verlangt wird.

Viele marokkanische Autofahrer sind nicht versichert – Grund genug, vor Reiseantritt einen Auslandsschutzbrief und/oder eine Reisekasko-Versicherung abzuschließen.

Fahrzeuge werden beim Grenzübertritt in den Paß eingetragen. Für Wohnwagen, Anhänger und Motorboote ist ein *Carnet de Passage* vorgeschrieben, das bei den Automobilclubs erhältlich ist.

Für erhebliche Verwirrung sorgte im Herbst 1993 eine Verfügung der marokkanischen Behörden, die die Einreise mit Kraftfahrzeugen älter als 10 Jahre kategorisch untersagte. Sowohl die Behörden in Tanger und Ceuta als auch die Marokkanische Botschaft in Bonn bestätigen offiziell, daß dieser Erlaß inzwischen kassiert ist. Sollte Ihnen mit Hinweis auf das Baujahr Ihres Wagens die Einreise verweigert werden (und sollten Sie keine Lust haben, auf das dann oft übliche Bakschisch-Geplänkel einzugehen): Verweisen Sie auf die aktuelle Rechtslage bzw. verlangen Sie mit der gebotenen Höflichkeit, den Dienststellenleiter *(Chargé d'affaires)* direkt zu sprechen!

Zollbestimmungen: Zollfrei nach Marokko eingeführt werden können Artikel des persönlichen Bedarfs einschließlich Camping- und Sportausrüstung, zwei Fotoapparate (eine Filmkamera gilt als Fotoapparat), ein Kofferradio, ein Tonbandgerät, ein Plattenspieler, ein tragbares Fernsehgerät, eine Schreibmaschine, zwei

Musikinstrumente, 200 Zigaretten oder 200 g Tabak, 2 l Wein oder $^3/_4$ l Spirituosen, Reiseproviant. Surfbretter, Fahrräder und Boote müssen am Zoll angemeldet werden und werden zumeist durch Stempel im Paß eingetragen.

Zollfrei ausgeführt werden darf alles, was legal eingeführt wurde, zusätzlich Reiseandenken des Kunsthandwerks sowie zehn Fossilien (vgl. Stichwort ›Zollbestimmungen bei der Ausreise‹, s. S. 241). Die Ein- und Ausfuhr von Waffen (Sonderregelungen für Jagdwaffen!), Funkgeräten und besonders Drogen ist streng verboten! Haustiere benötigen ein amtstierärztliches Gesundheitszeugnis sowie eine Impfbescheinigung gegen Tollwut.

Gesundheitsvorsorge

Für Reisende aus der Bundesrepublik, der Schweiz und Österreich besteht derzeit keine Impfpflicht. Empfehlenswert sind aber Schutzimpfungen gegen Typhus/Paratyphus, Tetanus, Polio und Hepatitis A (Gelbsucht). Da bei Erstimpfungen gegen Typhus/Paratyphus und Tetanus mehrere Impfgänge erforderlich sind, sollte man mit der Gesundheitsvorsorge frühzeitig beginnen. Die Impfungen können in den städtischen Gesundheitsämtern oder in den Hygieneinstituten von Universitäten vorgenommen werden.

Marokko wird als beschränkt malariagefährdet ausgewiesen; im Sommer kann eine Malaria-Prophylaxe daher durchaus sinnvoll sein. Auch Cholera-Fälle sind örtlich nicht auszuschließen. Erkundigen Sie sich über die eventuell betroffenen Regionen beim Gesundheitsamt.

Die Reiseapotheke sollte unbedingt Medikamente gegen Durchfallerkrankungen (Kohletabletten, Imodium) und Magenverstimmungen enthalten, außerdem Schmerz- und Grippemittel. Empfehlenswert sind ein Antiallergikum gegen Insektenstiche und Ausschläge, Sonnenöl mit hohem Lichtschutzfaktor, Jodtinktur, eine antibiotische Wundsalbe und eventuell ein Antibiotikum gegen schwere Infektionen.

Seit dem Inkraftreten der Blüm'schen Gesundheitsreform gelten die Leistungen nach dem deutsch-marokkanischen Krankenversicherungsabkommen nicht mehr. Es empfiehlt sich daher, zumal bei längeren Aufenthalten im Lande, eine Auslandskrankenversicherung abzuschließen. Krankenhausbehandlungen in Marokko sind in der Regel kostenlos. Die Konsultationen privat praktizierender Ärzte werden nach der Gebührenordnung abgerechnet; die Honorare sind zumeist sofort zu begleichen. Voraussetzung für eine Erstattung der in Marokko vorgestreckten Summen ist in jedem Fall eine detaillierte, französischsprachige Abrechnung mit Stempel, Datum und Unterschrift des behandelnden Arztes. Gleiches gilt für Medikamente, die vom Patienten selbst bezahlt werden.

Reisekasse

Aus Sicherheitsgründen sollte man möglichst nur wenig Bargeld mit sich führen. Eurocheques oder Travellerschecks (die Kaufgebühr beträgt 1 % des Wertes) können in fast allen größeren Banken sowie in Hotels gehobenen Standards eingetauscht werden. Ergänzt werden sollten die Schecks durch einen geringen Bargeldbetrag in kleineren Noten (vorzugsweise DM, FF oder US-$), um auch jederzeit an abgelegenen Orten oder an Sonn- und Feiertagen in Geschäften oder Hotels kleinere Summen wechseln zu können.

Reisegepäck

Individualtouristen tun gut daran, ihr Gepäck strikt auf das Notwendigste zu beschränken: Alles Überflüssige und Sperrige ist bei Busfahrten und auf Hotelsuche überaus hinderlich. Die Gepäckstücke sollten möglichst kompakt und handlich sein; feste Reisetaschen mit Umhängegurt und separat verschließbaren Fächern sind am praktischsten. Ein kleiner Rucksack reicht für die Utensilien, die man auf Tagestouren benötigt.

Wertsachen trägt man sinnvollerweise in einem Geldgürtel und/oder Brustbeutel am Körper. Brillenträger sollten unbedingt eine Zweitbrille mitführen. Für Reisende mit geringen Französischkenntnissen ist ein Wörterbuch oder ein Sprachführer äußerst hilfreich.

An Kleidung ist eine leicht waschbare, strapazierfähige Baumwoll- oder Leinenausstattung am sinnvollsten. Im Winter ist – insbesondere für die sehr kalten Atlas-Regionen – warme Kleidung erforderlich (ebenso für Touren in die Wüste, wo es nachts sehr frostig werden kann). Für Winter und Frühjahr empfehlenswert ist ein Regenschutz. Achten Sie darauf, daß Wanderschuhe gut eingelaufen sind!

Reisezeit

Reisen nach Marokko können das ganze Jahr über unternommen werden. Besonders günstige Reisezeiten sind Frühjahr und Herbst. Für Touren in den Süden des Landes sind die Wintermonate empfehlenswert, allerdings sind die Touristenzentren Agadir und Marrakesch gerade zwischen Weihnachten und Neujahr oft hoffnungslos überfüllt.

Der Winter präsentiert sich an der Mittelmeerküste und in der nördlichen Zentralebene oft recht kühl und regnerisch; viele Atlas-Regionen sind wegen hoher Schneefälle unzugänglich, die Pässe (etwa Tizi n' Tichka, Tizi n' Test) können zeitweilig gesperrt sein.

Der Hochsommer ist an den Küsten und in den Bergen vergleichsweise angenehm; extreme Hitze mit Tagestemperaturen bis 50 °C herrscht im Süden, in den West-Sahara-Gebieten und im Landesinneren. An der südlichen Atlantikküste (etwa ab Agadir, saisonal auch schon ab Essaouira) kann das ganze Jahr über gebadet werden; an den übrigen Küstenabschnitten meist von April bis Oktober. Erkundigen Sie sich schon während der Vorbereitungen, ob Ihre Marokkoreise in den Islamischen Fastenmonat Ramadan fällt. Einmal davon abgesehen, daß der Ramadan seinen ganz eigenen Zeitrhythmus hat (s. S. 70) – für Touristen bietet dieser Monat sowohl Vor- als auch Nachteile: Üppige nächtliche Gelage, überhaupt ein ausgelassenes Nachtleben sowie bessere Möglichkeiten, marokkanisches Familienleben kennenzulernen stehen den strikt eingeschränkten Öffnungszeiten von

Behörden und Geschäften, einem bisweilen etwas nachlässigen Hotelservice sowie der Unmöglichkeit gegenüber, sich als Tourist tagsüber in aller Öffentlichkeit den Bauch vollzuschlagen!

ANREISE

... mit dem Flugzeug

Marokko verfügt über sieben internationale (Casablanca, Tanger, Agadir, Fès, Rabat, Marrakesch und Oujda) sowie acht nationale Flughäfen. Der mit Abstand größte Airport mit Verbindung zu allen Kontinenten ist Casablanca-Mohammed V. Linienflüge der Royal Air Maroc (RAM) oder der Lufthansa nach Casablanca, Tanger und Agadir gibt es ab Frankfurt, Düsseldorf, Genf, München, Wien, Zürich, Amsterdam, Brüssel und von verschiedenen französischen Flughäfen.

Büros der Royal Air Maroc in der Bundesrepublik:
Kaiserstr. 12, 60311 Frankfurt/Main,
✆ 0 69/9 20 01 40,
Fax 069/92 00 14 60
und Konrad-Adenauer-Platz 12,
40210 Düsseldorf,
✆ 02 11/13 23 36/37.

Die internationalen Luftfahrtgesellschaften bieten Flieg- und Spartarife sowie sogenannte Campingflüge an; die Tickets sind in der Regel vier Wochen gültig, bei einer Gültigkeit bis 90 Tage werden Aufschläge zwischen 100 und 150 DM berechnet. Günstiger sind im allgemeinen Charterflüge (meist Bestandteil einer Pauschalreise), die in der Hochsaison vor allem nach Agadir und Marrakesch angeboten werden. Es lohnt sich, möglichst viele Angebote zu vergleichen, vor allem auch die der Spezialisten für Billigflüge. Die LTU fliegt Agadir von Düsseldorf, Frankfurt, Hamburg, München und Stuttgart an; Kosten für Hin- und Rückflug je nach Saison zwischen 650 und 800 DM. Mit der TUI kann man von 14 deutschen Flughäfen nach Agadir fliegen; Kosten für Hin- und Rückflug je nach Saison zwischen 650 und 830 DM. Die Preise für Charterflüge nach Marrakesch (von sieben Flughäfen in Deutschland) liegen zwischen 685 und 840 DM (Hin- und Rückflug). Ermäßigte Flüge ab Frankfurt (nach Tanger, Casablanca, Agadir, Marrakesch) bietet Royal Air Maroc, ab Brüssel (nach Casablanca) die Sabena.

... mit der Bahn

Im Sommer verkehren täglich zwei Direktzüge von Paris (Gare d'Austerlitz) zum spanischen Fährhafen Algeciras (über Bordeaux und Madrid). Die Fährverbindung nach Tanger, auf diesen Zug abgestimmt, hat direkten Bahnanschluß weiter nach Casablanca (Gare du Port). Die Fahrtzeit von Paris nach Tanger beträgt etwa 40 Stunden, bis Casablanca etwa 48 Stunden.

Anschlüsse an diese Zugverbindung bestehen ab Frankfurt (nach Paris Gare de l'Est) und Köln (nach Paris Gare du Nord); der Fahrpreis liegt ab Köln bei 350 DM einfach bzw. 645 DM hin und zurück (jeweils ohne Liegewagenzuschlag), für Jugendliche unter 26 Jahren bestehen über Interrail-, Eurotrain- oder Transalpino-Tickets erhebliche Ermäßigungen.

... mit dem Bus

Zwei- bis dreimal wöchentlich verkehren Europabus-Linien, die etliche deutsche Großstädte (darunter Berlin, Hamburg, Frankfurt, Dortmund, Düsseldorf, Köln, Bonn, München, Stuttgart, Mannheim, Heidelberg, Karlsruhe) über Lyon und Barcelona mit dem Zielort Malaga verbinden. Direktbusse der marokkanischen Gesellschaft CTM-LN fahren zweimal wöchentlich von Paris und Lyon nach Tanger, Casablanca, Marrakesch, Agadir und Tiznit. Die Busse werden von zwei Chauffeuren in fliegendem Wechsel gesteuert, Fahrtzeit von Paris bis Agadir ca. zweieinhalb Tage, die einfache Fahrt kostet ca. 250 DM; Auskunft und Buchung bei Eurolines, Avenue de Charles de Gaulle, 75019 Paris, ✆ 00 331-1-49 72 51 51.

... mit dem Auto

Zum südspanischen Fährhafen Algeciras führen zwei Autobahnstränge. Von Norddeutschland aus empfiehlt sich die Route über Liège, Paris, Tours, Bordeaux, Burgos, Madrid, Cordoba und Sevilla, von Süddeutschland sowie von der Schweiz und Österreich aus die Route über Lyon, Nîmes, Perpignan, Barcelona, Valencia, Alicante, Murcia, Granada und Malaga. Die Autobahnen in Frankreich und Spanien sind gebührenpflichtig (für die Nordroute im normalen PKW-Tarif etwa 130 DM, für die Südroute etwa 150 DM).

Die wichtigsten Fährverbindungen zwischen Südspanien und Marokko sind die Linien von Algeciras nach Ceuta (die kürzeste und billigste Verbindung) sowie von Algeciras nach Tanger. Eine Vorausbuchung ist in der Regel nicht nötig; vor allem an den Juli- und Augustwochenenden kann es am Fährhafen von Algeciras zu längeren Wartezeiten kommen. Über die aktuellen Fahrpläne und Tarife informiert der ADAC, der auch eine recht gute Straßenkarte sowie ein Faltblatt mit nützlichen Reiseinformationen bereithält.

Die verschiedenen Fährgesellschaften unterhalten Agenturen in allen von ihnen angelaufenen Häfen (Kraftfahrzeugpapiere s. S. 220).

UNTERWEGS IN SÜDMAROKKO

... mit dem Flugzeug

Marokko verfügt über ein dichtes Binnenflugnetz, Zentrum der Inlandverbindungen ist der Flughafen Casablanca-Mohammed V. Die meisten Inlandverbindungen wickeln die Royal Air Maroc und deren Tochtergesellschaft Royal Air Inter ab. Binnenflüge bieten die internationalen Airports (s. S. 223) an; die wichtigsten nationalen Flughäfen sind Tetouan, Melilla (spanische Enklave, Flüge nach Spanien), El Hoceima, Taza, Kenitra, Khouribga, Taroudannt, Er Rachidia und Ouarzazate sowie in der West-Sahara Tan Tan, Smara, Laayoune und Dakhla.

Die Flugpreise liegen im Vergleich wesentlich unter den europäischen; für Kinder bis zu 12 Jahren gibt es außerdem Ermäßigungen. Auskunft über die Flüge der Royal Air Inter erteilen die Büros der Royal Air Maroc (Zentrale: 44, Avenue des Forces Armées Royales, Casablanca, ✆ 02 / 31 41 41).

... mit der Bahn

Das marokkanische Schienennetz ist mit etwa 2500 km nur wenig ausgebaut; es verbindet vor allem den Nordosten des Landes mit dem Südwesten (Oujda–Fès–Rabat–Casablanca–Marrakesch), ist also für Reisende im Süden Marokkos kaum von Bedeutung. Geplant ist der Ausbau der Strecke Marrakesch–Agadir–Laayoune.

Die meisten Züge verkehren zwischen Casablanca und Rabat, Casablanca und Marrakesch sowie Casablanca und Meknes / Fès (einige davon weiter bis Taza und Oujda). Außerdem Zuglinien Tanger–Meknes / Fès sowie Tanger–Marrakesch, Fès / Meknes–Marrakesch, Casablanca– Tanger und Casablanca–Safi.

Die Reisegeschwindigkeit ist bescheiden: Schnellzüge *(Rapids)* legen je nach Strecke 50 bis 80 km/h zurück, der *Ordinaire* kommt bisweilen über 30 bis 40 km/h nicht hinaus. Nachtzüge führen zuschlagpflichtige Liegewagen, Platzreservierungen sind möglich.

... mit Bus oder Sammeltaxi

Das Busnetz des Landes ist ausgezeichnet ausgebaut, auch abgelegene Orte sind mit dem Bus erreichbar, zwischen den großen Städten gibt es täglich mehrere Verbindungen. Seit neuestem sind auch die West-Sahara-Gebiete durch eine Buslinie von Agadir nach Dakhla in das nationale Busnetz integriert. Die Fernbusse erreichen auf Langstrecken (außer Bergstrecken!) recht hohe Reisegeschwindigkeiten, die Tarife sind ausgesprochen niedrig (sie liegen, je nach Gesellschaft, um die 5 bis 6 Pfennige je Buskilometer), die Fahrpläne werden zumeist recht zuverlässig eingehalten. Neben der staatlichen Busgesellschaft CTM-LN (Compagnie de Transports Marocaine – Lignes Nationales; Zentrale: CTM-LN, 303 Bd.

Roudani, Casablanca) existieren etliche private Gesellschaften. Die CTM-LN befährt vor allem die Hauptrouten; in Südmarokko wird sie von der Satas vertreten (Société Anonyme des Transports Automobiles du Souss; Zentrale: Satas, Av. Moukaouma, Agadir).

Die Busbahnhöfe liegen meistens am Rand der Altstadt oder im Zentrum der Neustadt; die diversen Gesellschaften fahren in der Regel, in den Großstädten freilich nicht immer, den gleichen Busbahnhof an. Die Schalter der einzelnen Linien liegen meist dicht beieinander, bei den neueren Busbahnhöfen sind sie innerhalb eines Gebäudes untergebracht. Die Tickets können am Schalter oder auch im Bus erstanden werden, eine Vorausbuchung ist – von den auf Langstrecken von der CTM-LN eingesetzten Expreßbussen abgesehen – zumeist nicht erforderlich. (Tip: Erkundigen Sie sich, bevor Sie einen Nachtbus buchen, ob der Wagen mit einem Videorecorder ausgerüstet ist; falls ja, dürfte es um den Nachtschlaf geschehen sein.)

Die als **Sammeltaxis** (Taxi-Collectif) genutzten Limousinen, überwiegend ältere Mercedes- oder Peugeot-Kombis mit einer dritten Sitzbank im Fond, sind auf dem Land und in Südmarokko (etwa südlich von Tan Tan) wichtige Ergänzungen des Überland-Busnetzes. Die Sammeltaxis warten zumeist an den Busbahnhöfen oder den Marktplätzen; sie starten erst, wenn sämtliche Plätze besetzt sind – oder wenn jemand bereit ist, für die noch freien Plätze zu zahlen. Befördert werden, je nach Geschäftssinn des Fahrers, bis zu zehn Personen einschließlich Gepäck. Die Tarife liegen 50 bis 100 % über den jeweils entsprechenden Buspreisen. Im Süden des Landes werden häufig Landrover als Sammeltaxis eingesetzt.

... mit dem Auto

Das marokkanische Straßennetz, wenngleich überwiegend nicht asphaltiert, gehört zu den dichtesten und besten in ganz Afrika. Geländegängige Fahrzeuge sind lediglich für abgelegene Gebirgsregionen, extreme Steigungen und einige Wüstenpisten erforderlich.

Von wenigen Ausnahmen abgesehen (so gilt die Vorfahrtsregel Rechts vor Links auch im Kreisverkehr und für viele Nebenstraßen; Rechtsabbiegen ist auch bei roter Ampel möglich) entsprechen die Verkehrsregeln den mitteleuropäischen. Die Verkehrsschilder sind normalerweise auf Arabisch und Französisch beschriftet. Die marokkanischen Autofahrer zeichnen sich nicht eben durch Umsicht und Rücksicht aus (die Ausnahme bestätigt die Regel), ein defensiver Fahrstil ist daher geboten. Unbeleuchtete LKW, ungesicherte Baustellen, Schlaglöcher, sorglose Fußgänger, Tiere auf der Straße, schlingernde Eselskarren – dies sind nur einige der Hindernisse, die besonders Nachtfahrten recht anstrengend machen.

Das Tankstellennetz in den Städten, an den Hauptstraßen und an der Atlantikküste ist recht dicht; in den Atlas-Regionen, im südlichen und östlichen Wüstenvorland sind Tankstellen freilich sehr selten.

Die Preise (regional schwankend) für Normalbenzin 89 Oktan (Essence), Superbenzin 96 Oktan (Super) sowie bleifreies Benzin mit 95 Oktan (sans plomb) liegen bei etwa 7 DH (1,30 DM) pro Liter; für Diesel (Gasoil) bei etwa 4 DH (0,75 DM) pro Liter. Bleifreies Benzin wird gegenwärtig an insgesamt etwa 65 Tankstellen verkauft.

Autoreparaturen sind wegen der niedrigen Löhne meist relativ billig, die Mechaniker gleichen Geräte- und Werkzeugmangel oft durch erstaunliches Improvisationstalent aus. Die meisten im Land zugelassenen Autos sind französische Fabrikate, so daß die Suche nach Ersatzteilen für deutsche Marken recht schwierig sein kann. Es empfiehlt sich deshalb, wenigstens die gängigen Verschleißteile wie Keilriemen, Zündkerzen, Kleinteile für Elektrik, Ölfilter und Glühlampen mitzuführen, außerdem ausreichendes Werkzeug, gutes Kartenmaterial sowie einen Reservekanister.

Bei einem Unfall sollten Sie auf einem möglichst französischsprachigen polizeilichen Unfallprotokoll bestehen; im übrigen empfiehlt sich der Abschluß eines Auslandsschutzbriefes und/oder einer Reisekaskoversicherung. (Automobilclubs: Touring Club du Maroc, 3, Avenue des Forces Armeés Royales, Casablanca, ✆02/27 92 88, 26 52 31; Royal Automobile Club Marocain (RACM), 3, Rue Lemercier, Casablanca).

Mautpflichtige Autobahnteilstrecken bestehen derzeit von Larache bis Casablanca sowie von Fés (über Meknes) nach Rabat.

Leihwagen in Marokko sind teuer, Preisvergleiche und gegebenenfalls hartes Verhandeln in jedem Fall lohnend. Die gängigsten Mietwagen sind die Fabrikate Renault 4 und Fiat Uno; daneben werden auch Minibusse, Landrover (vor allem in Ouarzazate, Er Rachidia und Erfoud) sowie Motorräder (vor allem in Agadir) angeboten.

Lokale, nationale und internationale Autovermieter unterhalten in den Großstädten und Tourismuszentren (in Südmarokko vor allem in Agadir, Marrakesch und Ouarzazate) zahlreiche Agenturen. Die Tarife sind in der Regel aus einer Tagespauschale (für einen R 4 etwa 40 DM) sowie einer festen Summe pro Kilometer (etwa 0,40 DM) kombiniert; dazu kommt eine Versicherungspauschale und, oft nur im Kleingedruckten ausgewiesen, ein Mehrwertsteuersatz von 19 % des gesamten Rechnungsbetrages. Gelegentlich wird die Hinterlegung einer Kaution verlangt. Es empfiehlt sich, Dreitages- oder Wochenpauschalen ohne Kilometerbegrenzung auszuhandeln (Preis für R 4 GTL für drei Tage ca. 460 DM, für sieben Tage etwa 830 DM, incl. Versicherung und Steuer). Bei größeren Firmen besteht zumeist die Möglichkeit, den Wagen an einem anderen Ort als dem Mietort abzugeben; erkundigen Sie sich, ob dafür spezielle Gebühren berechnet werden.

Bedenken Sie, daß es für Tagesausflüge häufig günstiger ist, ein Sammeltaxi mit Fahrer zu einer festen Pauschale zu mieten.

UNTERKUNFT

Hotels

Über die klassifizierten Hotels des Landes, Feriendörfer, Appartements und Campingplätze informiert ein detaillierter Hotelführer (›Guide des Hotels‹) und eine Preisliste für die Dienstleistungen in den klassifizierten Hotels (*-****, *****-Hotels können die Preise selbst festlegen!), die in unregelmäßigen Abständen vom Tourismus-Ministerium in Rabat neu aufgelegt werden (kostenlos in den *Syndicats d'Initiative* und beim Marokkanischen Fremdenverkehrsamt in Düsseldorf erhältlich). Die ONMT (nationale Tourismus-Organisation) stuft jährlich die Hotels (ausgenommen die sehr einfachen Unterkünfte) in fünf Kategorien ein, von * für die unterste Klasse bis zu ***** für Luxushotels. Die zulässigen Höchstpeise der einzelnen Kategorien sind landeseinheitlich festgelegt und müssen an der Rezeption aushängen. Das Schema dieser Klassifizierung entspricht für die Luxushotels in etwa europäischem Standard. Innerhalb einer Kategorie kann die Qualität allerdings erheblich schwanken: Dies gilt vor allem für die billigeren Hotels der *- und **-Kategorie.

Manche der nichtklassifizierten Billighotels können es durchaus mit den *-Häusern aufnehmen, in einzelnen Fällen übertreffen sie diese sogar an Komfort. In anderen Etablissements wiederum ist Sauberkeit eher angepeiltes Fernziel denn Realität. Bei den Billighotels ist es durchaus üblich – zumal bei längeren Aufenthalten –, den Zimmerpreis auszuhandeln.

Auskünfte über Jugendherbergen erteilen die Union Marocaine des Auberges de Jeunesse, 6, Pl. Admiral Philibert, Casablanca, oder auch die Direction de la Jeunesse et des Sports, Av. Mohammed V., Rabat.

ESSEN & TRINKEN

Die marokkanische Küche

Die schmackhafte marokkanische Küche vereint berberische, andalusisch-arabische und jüdische Komponenten, die sie mit raffinierten Gewürzmischungen harmonisiert. Die meisten Souks in Marokko weisen etliche Gassen mit Gewürzständen auf, wo man sich einen Überblick über das breitgefächerte Sortiment verschaffen kann.

Der Koran verbietet den Muslimen den Genuß von Schweinefleisch, entsprechend dominieren Hammel, Kalb und Lamm im Fleischangebot; daneben wird Geflügel, Rindfleisch, bisweilen auch Kamel- oder Gazellenfleisch aufgetischt. Liebhaber von frischem Seefisch und Meeresfrüchten werden in Marokko zweifellos auf ihre Kosten kommen.

Einige typische Gerichte

Couscous: Hirse- oder Hartweizengries mit diversen Gemüse- oder Fleischbeilagen; marokkanisches Nationalgericht. Auch in einer süßen Variante mit Rosinen, Zucker und Zimt.

Tajine: in Olivenöl geschmortes Eintopfgericht mit Fisch, Hammel- oder Rindfleisch; diverse Gemüsebeilagen, gelegentlich auch mit Datteln, Pflaumen oder Mandeln.

Kefta: die marokkanische Frikadelle; zumeist in Olivenöl gebratene Hackfleischklößchen.

Mechoui: gerösteter Hammel am Spieß; ein traditionelles Familienfestmahl.

Kebab: an den Essensständen meist als ›Brochettes‹ gehandelt; kleine Fleischspießchen (überwiegend Rind-, Lamm- oder Hammelfleisch); oft von recht dürftiger Qualität.

Harira: ein weiteres Nationalgericht; Suppe mit Linsen, Bohnen oder Erbsen, gelegentlich auch mit Hammelfleisch.

Merguez: Bratwürste aus Hammel- oder Rindfleisch, pikant gewürzt.

Getränke

Das marokkanische Nationalgetränk ist der Pfefferminztee *(Thé à la menthe)*, eine Kombination aus grünem chinesischen Tee mit frischer Minze, meist stark gesüßt. Kaffee wird schwarz, *au lait* (mit Milch) oder als *Café nous-nous* (halb Kaffee, halb Milch) serviert. Als Erfrischungsgetränke empfehlen sich die köstlichen, überall an den Marktständen frisch gepreßten Fruchtsäfte; Mineralwässer gibt es in stiller *(Sidi Harazem)* oder sprudelnder *(Oulmès)* Version.

Alkohol

Der Koran untersagt den Muslimen den Genuß alkoholischer Getränke, ein Diktat, das inzwischen besonders unter den Jugendlichen der Großstädte immer mehr ignoriert wird. Für Alkoholausschank ist eine Lizenz erforderlich; abseits der touristischen Zentren haben nur wenige Geschäfte und Restaurants alkoholische Getränke im Angebot. Fündig wird man am ehesten in den großen Hotelkomplexen und in den Supermärkten der von den Franzosen angelegten Neustädte.

Wein wird vornehmlich in den Regionen um Meknes angebaut; der Löwenanteil der Weinproduktion ist für den Export bestimmt, Hauptabnehmer ist Frankreich. Einheimische Rot- und Weißweine, im Geschmack guten französischen Landweinen vergleichbar, sind in der Regel relativ alkoholreich; das marokkanische Bier (die gängigsten Marken: Flag, Stork), obschon besser als sein Ruf, ist gleichwohl nicht jedermanns Sache. Hochprozentige Spirituosen werden aus Europa importiert; sie sind entsprechend teuer.

ARABISCHER SPRACHFÜHRER

Französischkenntnisse reichen für eine Verständigung in Marokko völlig aus. Es wird aber stets einen guten Eindruck machen, wenn man einige arabische Worte – besonders die gängigen Grußformeln – beherrscht.

Die Umschreibung des Arabischen in die lateinische Schrift wird sehr verschieden gehandhabt. Die hier gewählte Schreibweise entspricht der französischen Transliteration, da diese auch in Marokko selbst verwendet wird (allerdings in verschiedenen Varianten). Im Norden des Landes wird gelegentlich noch die spanische Umschrift gebraucht.

Ausspracheregeln

sch entspricht dem deutschen sch
dh entspricht dem englischen th
e am Ende wird nicht gesprochen
eu entspricht dem deutschen ö
gue und **gui** werden ge bzw. gi gesprochen
h ist ein stark gehauchtes h, wird immer ausgesprochen
j und **dj** werden wie in ›Journalist‹ ausgesprochen
kh wird etwa wie ch in ›Nacht‹ ausgesprochen, nur stärker (ähnlich dem spanischen j)
ou entspricht dem deutschen u
q ist ein tief in der Kehle gesprochenes k
rh oder **gh** wird als Zäpfchen-r gesprochen
r ist ein Zungenspitzen-r
s gesprochen als stimmloses s (wie in ›Essen‹)
w entspricht dem englischen w
y entspricht dem deutschen i
z gesprochen als stimmhaftes s (wie in ›Süden‹)

Begrüßungsformeln und wichtige Redewendungen

Guten Tag, willkommen	marhaba
Gruß für alle Gelegenheiten	salam (Friede), förmlicher: assalam-eleikum
Guten Morgen	sebah el kheir
Guten Abend	msa el kheir
Gute Nacht	lila mebruka
Auf Wiedersehen	besslama
Bitte	afak
Danke	chukran, förmlich: barak allahu fik (Allah segne dich)
Verzeihung	sahmani
Guten Appetit	bismillah (im Namen Allahs)
Herzlichen Glückwunsch	mabruk
Ja	na'am
Nein	la
Achtung	balek
Entschiedene Verneinung	makash
Gut	uakha
Schön	mezian
Schlecht	duni
Wieviel?	ash-hal
Viel	ktir
Zuviel	bezzaid

Wenig	djuya
Genug	barka oder ikfi
Geld	flus
Geh weg	sir bzw. barra (sehr grob)
Komm her	iallah oder aji
Herr	sidi
Frau	lalla
Deutscher	Almani
Österreicher	Nimsaoui
Schweizer	Swissri

Im Maghreb verwendet man – auch in arabischen Texten – meist die europäischen Ziffern (die wir als ›arabische‹ bezeichnen, da sie von diesen abgeleitet sind); man muß sich die folgende Liste also nicht unbedingt einprägen!

Zahlen

1	wahed
2	tnin (Hocharabisch) oder sus/schusch
3	tiata
4	arba
5	khamsa
6	setta
7	seba
8	tmenia
9	tse'ud
10	achra
11	hadach
12	etnach
13	tiatach
14	arbatach
15	khamstach
16	settach
17	sebatach
18	tmentach
19	tsatach
20	achrin
21	wahed u achrin
22	tnin u achrin
etc.	
30	tiatin
40	arbain
50	khamsin
60	settin
70	seba'in
80	tmanin
90	tsa'in
100	mia
200	mitin
300	tiata mia
400	arba mia
etc.	
1000	alef

Zeitangaben

Abend	achiya
Morgen	sebah
Nacht	lil
Stunde	sa'a
Heute	el yum
Gestern	yamess (gestern abend) elbarah (gestern am Tag)
Morgen	ghedda
Jetzt	daba

Die Wochentage

Sonntag	el had
Montag	el tnin
Dienstag	el tlata
Mittwoch	el arba
Donnerstag	el khemis
Freitag	el djemaa (›Versammlungstag‹)
Samstag	es sebt

Die Monate

1	moharrem
2	safar
3	rebia el ouel
4	rebia et tani
5	djoumad el ouel
6	djoumad et tani
7	redjeb
8	chaban
9	ramadan
10	choual
11	doul kada
12	doul hidja

Reisen

Tankstelle	mahal lisence
Werkstatt	mahal mechanik
Landstraße	triq
Stadtstraße	derb, zankat
Eisenbahn	sekka
Hafen	marsa
Auto	tomobil, arabiya
Bus	tobus
Polizei	poliss
Einfaches Hotel	fondouk
Besseres Hotel	hotel
Zimmer	bit
Doppelzimmer	oda bisriren
Gepäck	huaij
Wo?	feen
Ist das der Weg nach …	hadi trek…
Hier	hena
Weit	ba'id
Rechts	limin
Links	lechmal
Groß	kebir
Klein	seghir

Essen

Frühstück	ftur
Mittagessen	ghda
Abendessen	e'uscha
Durst	atach
Brot	khobz
Ei	bida
Fisch	huta
Fleisch	leham
Hammel	kebch
Honig	asal
Huhn	djaje
Kaffee	kawa
Milch	halib
Öl	zit
Orange	tchina, limousse
Salz	melha
Tee	ataye
Wasser	ma
Zucker	sokkar
Löffel	m'allqa
Messer	me'us
Teller	tobsil
Papier	kaghet
Seife	saboun
Streichholz	uquid

REISEINFORMATIONEN VON A BIS Z

Apotheken

Marokkanische Apotheken *(Pharmacie)*, zumindest in den Großstädten recht gut sortiert, liegen häufig an den Hauptverkehrsstraßen der *Villes Nouvelles*; sie sind an einem weißen Kreuz mit grüner Umrandung kenntlich. Die Medikamente, zumeist westeuropäische Präparate, werden in der Regel rezeptfrei abgegeben; sie sind oft erheblich billiger als in den Herkunftsländern. Die Apotheken führen auch die gängigen Hygieneartikel. Öffnungszeiten: Mo–Fr 9–12 und 14.30/15–20 Uhr, Sa meist 9–12 Uhr. In größeren Städten existiert oft ein Nacht- und Sonntagsdienst, über den ein Aushang informiert.

Auskunftsstellen

Informationsmaterial halten sowohl die lokalen Fremdenverkehrsämter *(Syndicats d'Initiative;* vornehmlich für lokale Infos) als auch die dem Tourismus-Ministerium in Rabat unterstellten Filialen des staatlichen Office National Marocain du Tourisme (ONMT; besser für Infos, die über den Ort hinausgehen) bereit.

Bettler

Krüppel, Blinde, Mütter mit Säuglingen an der Brust, dreiste Schnorrer – Bettler sehr verschiedener Couleur werden Ihnen in allen marokkanischen Städten begegnen. In islamischen Gesellschaften werden sie keineswegs verachtet, und das Almosengeben gehört zu den religiösen Pflichten. Selbstverständlich kann niemandem vorgeschrieben werden, wie er sich Bettlern – und damit: der oft verheerenden Armut im Lande – gegenüber zu verhalten hat; man sollte aber bedenken, daß es um die staatliche Sozialfürsorge in Marokko recht dürftig bestellt ist und daß vor allem Alten und Kranken oft nur die Möglichkeit bleibt, ihren Lebensunterhalt aus Almosen zu bestreiten. Bettelnden Kindern hingegen sollte man kein Geld geben: Das Betteln wird ihnen sonst lukrativer als jede andere Tätigkeit erscheinen, einfacher auch als Schulbesuch oder Berufsausbildung.

Diebstahl und Betrug

Etliche Diebstähle werden nicht zuletzt durch den Leichtsinn der Betroffenen provoziert. Am besten, Sie verwahren größere Geldbeträge (auch Reisepaß und Flugtickets) in einem Brustbeutel oder Geldgürtel. Hantieren Sie nach Möglichkeit in der Öffentlichkeit nicht mit größeren Devisenbeträgen oder ganzen Bündeln von Dirham-Hundertern, halten Sie ausreichend Kleingeld in einer separaten Geldbörse bereit. Deponieren Sie Wertsachen (etwa Kamera- und Fotoausrüstung) gegebenenfalls in einem Hotel- oder Banksafe und bedenken Sie Taschendiebe im Gedränge der Souk-Gassen und in öffentlichen Verkehrsmitteln.

Bewachte Parkplätze gibt es in der Regel überall dort, wo man als Tourist seinen Wagen abstellt. Autos werden, zumal in den Tourismuszentren, häufig aufgebrochen, für wenige Dirham achten die Parkwächter auf Ihre Karosse.

Die Grenzen zwischen Übervorteilung und Betrug sind, vornehmlich beim Handeln, dem Metier entsprechend, orientalisch fließend. Es empfiehlt sich, die Preise für alle Arten von Dienstleistungen (besonders, wenn man für einen Tagesausflug ein Sammeltaxi chartert) im voraus auszuhandeln; lassen Sie an derartigen Abmachungen nicht mehr rütteln. Zahlreiche Fremdenführer (Meister ihres Faches: die *Guides* in Marrakesch) werden versuchen, Sie in irgendeinen Souvenirladen zu lotsen und dort mit allerlei psychologischen Tricks unter Kaufdruck zu setzen!

In Marokko ist die Kriminalitätsrate erheblich niedriger als in Westeuropa. Die meisten Konflikte, in die ausländische Reisende verwickelt werden, entstehen im Zusammenhang mit illegalen Drogengeschäften.

Diplomatische Vertretungen in Marokko

...von Deutschland
Botschaft in Rabat;
7, Zankat Madnine, Postfach 235,
✆ 07/70 96 62/85/97, 70 84 15,
Fax 70 68 51.

Generalkonsulat in Casablanca:
42, Avenue des Forces Armées Royales,
✆ 02/2 31 48 72/74, 2 31 43 27,
Fax 2 31 20 47.

Vizekonsulat in Tanger:
47, Avenue Hassan II.,
Postfach 195,
✆ 09/93 87 00.

... von Österreich
Botschaft in Rabat:
2, Rue Tiddas,
✆ 07/76 40 03, 76 16 98,
Fax 76 54 25.

Konsulat in Casablanca:
45, Avenue Hassan II.
✆ 02/26 69 04, Fax 22 10 83.

... der Schweiz
Botschaft in Rabat:
Square de Berkane,
Postfach 169,
✆ 07/70 69 74, 70 75 12,
70 57 48, Fax 70 57 49.

Konsulat in Casablanca:
79, Avenue Hassan II.,
Postfach 13005,
✆ 02/26 02 11, 20 58 56/57,
Fax 2 05 48 55.

Konsularagentur in Tanger:
9, Rue Henri Regnault,
✆ 09/93 47 21.

Drogen

Obschon der Besitz, der Genuß von und der Handel mit Drogen offiziell unter Strafe stehen, wird im Norden Marokkos in großem Stil indischer Hanf angebaut. Reisenden, die in Tanger oder Ceuta ankommen und mit dem Auto über das Rifgebirge nach Süden wollen, werden Haschisch und Marihuana immer wieder hartnäckig angeboten. Zentren des Drogenhandels sind Tanger, Tetouan und Chefchaouen; besonders berüchtigt ist darüber hinaus die Region um Ketama. Bei Touristen wird Drogenbesitz mit drakonischen Strafen geahndet. Die Botschaften sind im Falle eines Falles meist machtlos – und Bestechungsversuche wirken zwar oft, aber keineswegs immer!

Feste und Feiertage

Neben dem gregorianischen Kalender ist in Marokko die islamische Zeitrechnung (beginnend mit dem Jahr 622 n. Chr.) von Bedeutung, in der ein Jahr zwölf Mondmonate zählt. Das islamische Jahr ist 10 oder 11 Tage kürzer als das gregorianische, die religiösen Feste werden für jedes Kalenderjahr nach dem Mondstand neu bestimmt.

Die wichtigsten religiösen Feiertage:
Achoura, das Neujahrsfest, fällt 1999 auf den 19. April, 2000 auf den 9. April.
Ramadan, der islamische Fastenmonat, beginnt 1998 am 20. Dezember, 1999 am 10. Dezember, 2000 am 30. November.
Mouloud, der Geburtstag des Propheten, fällt 1999 auf den 28. Juni, 2000 auf den 18. Juni.
Aid es Seghir oder **Aid el Fitr** (kleines Hammelfest), der Tag nach dem Ende des Ramadan, fällt 1999 auf den 21. Januar, 2000 auf den 11. Januar.
Aid el Kebir oder **Aid el Idha** (großes Hammelfest), das größte islamische Fest, fällt 1999 auf den 31. März, 2000 auf den 21. März.

Die exakten Daten werden nach dem Mondstand Jahr für Jahr von den Ulema, den islamischen Rechtsgelehrten, bestimmt; die o. a. Daten können sich daher noch um einige Tage verschieben. Daneben gibt es noch zahllose religiöse Regionalfeste zu Ehren von Lokalheiligen, die *Moussems.*

Die wichtigsten staatlichen Feiertage:
1. Januar: **Neujahr;**
3. März: **Fête du Trône;**
1. Mai: **Tag der Arbeit;**
14. Mai: **Jahrestag der Armeegründung;**
23. Mai: **Fête Nationale;**
9. Juli: **Fête de la Jeunesse** am Geburstag Hassans II.;
6. November: **Tag des ›Grünen Marsches‹;**
18. November: **Fête de l'Independance**, der Unabhängigkeitstag, anläßlich der Rückkehr von Mohammed V. aus dem Exil (1955).

Fotografieren/Filmen

Decken Sie sich bereits zu Hause mit Filmmaterial ein; Filme in Marokko sind relativ teuer, oft sind die Verfallsdaten bereits überschritten. Bedenken Sie, daß in einem islamischen Land das Abbild des Menschen traditionsgemäß mit einem Tabu belegt ist. Bei Personenaufnahmen – dies gilt besonders für ländliche Gegenden, wo Frauen oft extrem fotoscheu sind – sollten Sie stets die Erlaubnis zum Fotografieren einholen! Oft erwarten die Porträtierten ein Trinkgeld. Grundsätzlich ist es in unklaren Situationen besser, auf ein Foto zu verzichten. Betende Muslime sollten Sie auf keinen Fall aufnehmen, ebensowenig alles, was auch nur im entferntesten als militärisches Objekt gelten könnte (Häfen, Brücken, Flughäfen, Camps).

Frauen unterwegs

Reisende Frauen betreten in Marokko eine Männerwelt, in der sich ein ungebrochener ›Machismo‹ bisweilen in rüder Anmache äußert. Vornehmlich in den touristischen Zentren (Agadir, Marrakesch) sind Frauen häufig Belästigungen ausgesetzt, die auf Dauer außerordentlich nervenaufreibend sein können. Was bei derartiger ›Kontaktaufnahme‹ freundliche Neugier ist und was nicht, wird eine Frau, im besten Fall von einem feinen Instinkt für die Situation geleitet, wohl nur von Fall zu Fall entscheiden können. Resolutes Auftreten und entschiedener, auch lautstarker Protest bereiten dreisten Annäherungsversuchen in der Regel ein schnelles Ende.

In jedem Fall ist es angebracht, die Kleidung – auch und gerade die Garderobe für Strand und Strandpromenade – den strengen islamischen Moralvorstellungen weitgehend anzupassen. Das Verhalten europäischer Frauen, die gewohnt sind, sich frei zu bewegen, kann von Marokkanern leicht als provokant eingestuft werden. Sehr empfehlenswert zu diesem heiklen Thema ist die Lektüre von Christine Polloks Buch ›Kulturschock Islam‹. Die Autorin gibt eine Menge sinnvoller Tips für alleinreisende Frauen und informiert darüber hinaus detailliert über die Geschlechterrollen in islamischen Gesellschaften.

Fremdenführer

Fremdenführer werden Ihnen überall in Marokko begegnen, selbst in den unwegsamen Regionen des Hohen Atlas oder in den Dörfern des tiefen Südens. Es gibt die offiziellen, staatlich geprüften *Guides*, die sich durch Ausweis sowie Plakette legitimieren und zumeist in mehreren Sprachen recht fließend parlieren, sowie ein Heer illegaler Amateure, die mit allerlei Tricks auf Kundenfang gehen.

Wirklich sinnvoll ist ein Fremdenführer nur, wenn Sie für eine Stadt wenig Zeit haben und sich schnell einen Überblick verschaffen wollen. Es empfiehlt sich, das Fachwissen Ihres *Guide* und seine Sprachkenntnisse mit dem gebührenden Takt zu überprüfen; in jedem Fall sollten Sie Tarife (etwa 15 DM für einen halben, 20–25 DM für einen ganzen Tag) vorher aushandeln und, falls Sie in den Souks nichts kaufen wollen, dies unmißverständlich klarmachen!

Geld und Geldwechsel

Landeswährung ist der Dirham (DH), unterteilt in 100 Centimes. Im Umlauf sind Münzen zu 1, 5, 10, 20 und 50 c (sowie zu 1 und 5 DH); Banknoten gibt es zu 5 (selten), 10, 50, 100 und 200 DH. Die jährliche Inflationsrate liegt bei rund 10 %.

Fast überall im Land gibt es Banken, die Reise- oder Eurocheques akzeptieren. Lediglich in sehr abgelegenen Regionen kann es mit diesen Zahlungsmitteln zu Schwierigkeiten kommen. Außerhalb der Geschäftszeiten (s. Stichwort ›Öffnungszeiten‹, s. S. 238) können Sie Devisen (manchmal nur Bargeld!) auch in größeren Hotels und Restaurants sowie in privaten Wechselstuben umtauschen.

Überweisungen an marokkanische Geldinstitute aus dem Ausland – der Betrag wird in der Regel nur in Landeswährung ausgezahlt – dauern u. U. mehrere Tage; schneller geht es, wenn Sie das ausländische Geldinstitut beauftragen, die Einzahlung auf Ihren Namen durch ein Telex an die marokkanische Bank zu bestätigen.

Bewahren Sie sämtliche Wechselquittungen auf; Sie benötigen sie zum Rücktausch von Dirham in Devisen.

Wechselkurs (Stand Herbst 1998)
100 DH = 18,40 DM
100 DM = 544 DH

Gesundheit

Magen- und Darmbeschwerden sind die häufigsten gesundheitlichen Probleme, die Marokkoreisenden zu schaffen machen. Meiden Sie nach Möglichkeit, vor allem zu Beginn Ihres Aufenthalts im Land, ungeschältes Obst, Salate, Speiseeis und rohes Fleisch. Vorsicht ist auch bei Muscheln und – in abgelegenen Landesteilen – bei Leitungswasser geboten.

Die intensive Sonneneinstrahlung wird oft, vor allem wenn eine kühle Meeresbrise weht, unterschätzt; schützen Sie sich mit einem Sonnenöl mit hohem Lichtschutzfaktor, gegebenenfalls mit einer Kopfbedekkung. Bei starken Temperaturschwankungen (klimatisierte Hotelzimmer, Übernachtungen in der Wüste) drohen Erkältungen.

Wunden sollten sofort desinfiziert werden, bei Tierbissen sollten Sie möglichst umgehend einen Arzt aufsuchen (Tollwutgefahr!). Baden Sie nicht in stehenden oder langsam fließenden Gewässern und Oasenkanälen (Gefahr von Bilharziose und Hepatitis). Geschlechtskrankheiten sind in Marokko sehr verbreitet (s. auch Gesundheitsvorsorge, S. 221).

Aids ist im Land ein absolutes Tabuthema, verläßliche Zahlen dazu sind außerordentlich schwierig zu recherchieren. Mindestens in den Prostitutionszentren Tanger, Casablanca, Agadir und Marrakesch gibt es längst erhebliche, wiewohl offiziell geleugnete Aidsprobleme. Seit einigen Jahren haben sich mehrere – fast ausschließlich von Frauen geleitete – Beratungszentren und Selbsthilfegruppen etabliert.

Handeln

Das Handeln um Waren und Dienstleistungen ist in Marokko üblich (s. S. 166). In den staatlich geführten Kunsthandwerks-Kooperativen *(Ensemble Artisanal)* hingegen gelten Festpreise; eine gute Gelegenheit, sich vor größeren Anschaffungen eine Vorstellung von einem realistischen Preisniveau zu machen.

Moscheebesuche

Marokkanische Moscheen dürfen von Nicht-Muslimen grundsätzlich nicht betreten werden! Ausnahmen sind lediglich die Grabmoschee des Moulay Ismail in Meknes sowie einige nicht mehr benutzte Anlagen. Eine gewisse Entschädigung bieten die zugänglichen, in ihrer architektonischen Anlage den Moscheen verwandten Koranschulen.

Nachtleben

Vom Ramadan, der seinen eigenen Zeitrhythmus hat, einmal abgesehen, nimmt sich das Nachtleben in Marokko äußerst bescheiden aus. Lediglich die Touristen-Hochburgen warten mit Nachtclubs und Discotheken auf, welche zumeist den Vier- und Fünfsterne-Hotels angegliedert sind und im Preisstandard ungefähr auf mitteleuropäischem Niveau liegen. Zentrum des nächtlichen Amüsements – bis gegen drei Uhr in der Frühe – ist zweifelsohne Agadir.

Eintrittsgelder (oft mit Verzehrbons kombiniert) und Gesichtskontrolle durch Türsteher sind die Regel. Die meisten Cafés und Restaurants schließen gegen 22 Uhr; auch das bunte Treiben auf den öffentlichen Plätzen endet (selbst in Provinzhauptstädten) um diese Zeit.

Öffnungszeiten

Banken: Mo–Fr 8.30 oder 9–12 und 14 oder 14.30–16.30 Uhr. Sa und So in der Regel nur an internationalen Flughäfen und an den Landesgrenzen geöffnet.

Behörden: Mo–Fr 8.30–12 und 14.30–16.30 Uhr. In den Sommermonaten wird die Mittagspause länger ausgedehnt, dafür bleiben offizielle Dienststellen nachmittags oft bis etwa 17.30 Uhr geöffnet.

Geschäfte: Es gibt kein Ladenschlußgesetz, die Öffnungszeiten schwanken erheblich. Geschäfte in der Neustadt sind meist Mo–Fr 9–12 und 14.30 oder 15–20 oder 21 Uhr geöffnet; Sa 9–13 Uhr. Die Läden in den Souks legen meist eine längere Mittagspause ein, sind abends dafür bis gegen 22 Uhr geöffnet. Freitags bleiben viele Marktgeschäfte geschlossen.

Museen: Täglich außer Di 9–12 und 14–18 Uhr (manche schließen etwas früher).

Post: Im allgemeinen Mo–Fr etwa 8.30–12 und 14.30 oder 15–18.30 Uhr; Sa etwa 8.30–12 Uhr. In den großeren Städten sind die Telefonzentralen meist von 8–21 Uhr geöffnet, auch an den Wochenenden.

Beachten Sie, daß während des Ramadan erheblich eingeschränkte Öffnungszeiten gelten!

Polizei

Zu unterscheiden ist zwischen der Gendarmerie, die für Verkehrsangelegenheiten zuständig ist, und der Sûreté, die Kriminalfälle bearbeitet. Rechnen Sie in Marokko – nicht nur an den großen Austallstraßen – mit häufigen, bisweilen intensiven Polizeikontrollen; führen Sie bei allen Fahrten im Land außer den Autopapieren auch Ihren Reisepaß mit! Die Polizistenuniform verleiht ihren Trägern erhebliche Reputation und Macht; bedenken Sie, daß Sie bei Diskussionen mit der Polizei als Tourist immer am kürzeren Hebel sitzen! (Polizeinotruf in den Städten: ✆ 19)

Post

Die marokkanischen Postämter heißen PTT (Abkürzung für Poste, Télégraphe, Téléphone). Um lange Postlaufzeiten zu vermeiden, sollte man Sendungen aus Marokko per Luftpost *(Par Avion)* verschicken. Große Hotels sowie die meisten Tabak- und Schreibwarenläden verkaufen auch Briefmarken. Die gelben Briefkästen mit der Aufschrift *Postes* sind reichlich vertreten und werden gelegentlich auch geleert. Auf jeden Fall zuverlässiger: Post bei den Hauptpostämtern einwerfen oder aufgeben!

Radio und Fernsehen

Die elektronischen Medien unterliegen der staatlichen Aufsicht der Radiodiffusion Télévision Marocain (RTM). Die Deutsche Welle können Sie in Marokko auf mehreren Kurzwellenfrequenzen empfangen (u. a. tagsüber 31 m, 9545 kHz, abends auf 49 m, 6075 kHz; Programm über Deutsche Welle, Postfach 10 04 44, 50444 Köln). Auf Kurzwelle strahlt auch der BBC World Service aus (Empfehlung bei längerem Marokko-Aufenthalt: Halbjahrs-Programmheft bestellen bei BBC, POB 75, London WC B 4 PH).

Der erste Fernsehkanal sendet täglich um 19.15 Uhr Nachrichten in französischer Sprache. Das Unterhaltungsprogramm wird überwiegend mit französisch synchronisierten (oder französisch untertitelten) Spielfilmen bestritten; überaus beliebt sind – neben Fußballübertragungen – arabische Familienserien.

Sperrzonen

Offiziell gibt es derzeit in Marokko keine militärischen Sperrgebiete, die Strecken im Grenzgebiet zu Algerien (Zagora – Tamegroute – Tagounite – Mhamid im Dra-Tal sowie Erfoud – Rissani – Merzouga – Taouz im Tafilalet) sind ohne Ausnahmegenehmigung befahrbar, die Grenzübergänge (Saidia, Ahfir, Oujda, Figuig, Béchar) können problemlos passiert werden. Derartige Regelungen können sich abrupt ändern – etwa als Reaktionen auf Übergriffe oder Attentate, die der algerischen Heilsfront (FIS) angelastet werden. So hat Marokko etwa im Spätsommer 1994 als Reaktion auf ein in Marrakesch verübtes Attentat die Visumpflicht für Algerier wieder eingeführt und einige Grenzposten kurzfristig geschlossen. Falls Sie eine Weiterfahrt nach Algerien planen: Versuchen Sie, über Botschaft und Konsulate bzw., besser noch, über die örtlichen Polizei- und Militärdienststellen die aktuelle Sicherheitslage zu klären und besorgen Sie sich das algerische Visum bereits in Deutschland! Vermeiden Sie auf jeden Fall, das grenznahe Gelände auf eigene Faust querfeldein, auf unmarkierten Pisten zu erkunden – dies gilt auch für die West-Sahara-Regionen (Gefahr durch Minen!!).

Wie die Marokkanische Botschaft und die Behörden in Dakhla bestätigen, ist eine Weiterreise nach Mauretanien auf dem Landweg inzwischen möglich (nicht aber eine Einreise von Mauretanien in die West-Sahara!). Nach Erledigung der Formalitäten (Genehmigung von Sûreté, Gendarmerie, Präfektur) wird am Ortsausgang von Dakhla ein Fahrzeugkonvoi zusammengestellt, der in Polizeibegleitung in der Regel Di und Fr Richtung Nouadhibou (Mauretanien) startet. An der mauretanischen Grenze übernimmt eine mauretanische Militärstreife die Eskortierung; die Einreiseformalitäten (Visumpflicht für Deutsche!) in Nouadhibou können sich hinziehen. Wüstenausrüstung erforderlich!

In Nouadhibou besteht die Möglichkeit, Fahrzeuge per Zug bis Choum transportieren zu lassen; von dort passable Piste bis Atar, dann problemlose Weiterfahrt (ab Akjoujt Asphaltstraße) bis in die mauretanische Hauptstadt Nouakchott. Für die sehr schwierige Piste von Nouadhibou nach Nouakchott entlang der Atlantikküste benötigen Sie auf jeden Fall Wüstenausrüstung! Zwischen beiden Städten verkehren Landrover-Sammeltaxis, zudem besteht die Möglichkeit, in LKW's mitzufahren (auf dem Central-Souk in Nouadhibou erkundigen).

Stromversorgung

Vorwiegend 110–115 V Netzspannung; in den meisten größeren Hotels: 220 V.

Telefonieren

Telefonieren – dies gilt für Auslandsverbindungen wie für Inlandsgespräche – kann in Marokko zu einem Gedulds- und Glücksspiel ausarten. Öffentliche Telefonzellen sind selbst in Großstädten recht dünn gesät; anrufen kann man außerdem von den meisten Postämtern, größeren Hotels und manchen Cafés.

Fern- und Auslandsgespräche lassen sich in den Großstädten per Direktwahl herstellen, ansonsten werden sie von den örtlichen Postämtern vermittelt. Falls Sie von Ihrem Hotel aus ins Ausland anrufen wollen: Die Hotelrezeptionen bitten ihre Gäste für diesen Service oft mit horrenden Zuschlägen zur Kasse – erkundigen Sie sich daher vorab nach den Tarifen.

Die Vorwahl für die Bundesrepublik Deutschland ist 00 49, für Österreich 00 43, für die Schweiz 00 41 (danach die Null der Stadtvorwahl weglassen). Falls möglich, sollten Sie Auslandsgespräche auf das Wochenende verlegen: Von Sa 14 bis Mo 7 Uhr gelten um ca. 40 % reduzierte Tarife, an den Werktagen von 0 bis 7 Uhr; zwischen 22 und 24 Uhr telefoniert man um 20 % billiger.

Die Vorwahl für Marokko ist die 00 212, gefolgt von der Ortskennzahl ohne die Null und der Teilnehmernummer.

Verhalten im Alltag

Vergegenwärtigen Sie sich stets, daß Sie Besucher in einem islamischen Land sind, dessen Sitten und Moralvorstellungen von westeuropäischen Gepflogenheiten stark abweichen. Halten Sie sich in Gesprächen – vor allem, wenn Sie sich mit Unbekannten unterhalten – mit Kritik am Königshaus, an der marokkanischen West-Sahara-Politik sowie an der Religion strikt zurück!

Respektieren Sie als Mann die in islamischen Gesellschaften geltende Trennung der Geschlechter! Berücksichtigen Sie – vor allem als Frau – in

Ihrer Kleidung die landesüblichen Moralbegriffe; beachten Sie, daß alte Leute stets besonders respektvoll behandelt werden. Während des Ramadan sollten Sie tagsüber in der Öffentlichkeit nicht essen, trinken oder rauchen.

Für den Umgang mit Behörden benötigen Sie außerordentliche Geduld; wenn Sie in marokkanischen Amtsstuben den arroganten Europäer herauskehren, werden Sie mit einiger Sicherheit nie ans Ziel kommen.

Zeit

Bei Ihrer Ankunft in Marokko müssen Sie die Uhren um eine Stunde nachstellen; während der europäischen Sommerzeit beträgt die Zeitdifferenz zwei Stunden.

Zeitungen, Zeitschriften

Die wichtigsten französischsprachigen marokkanischen Tageszeitungen sind Le Matin du Sahara, Maroc Soir, Al Maghrib, Libération und L'Opinion (s. S. 84).

Französische Tageszeitungen und Wochenmagazine sind in den größeren Städten (Ausnahme: West-Sahara) erhältlich, englischsprachige Zeitungen lediglich in den Tourismuszentren. Ebenfalls nur dort liegen Die Zeit, Süddeutsche Zeitung, Frankfurter Allgemeine Zeitung, Stern, Spiegel und Bild-Zeitung aus. Am besten bedient wird der bundesdeutsche Zeitungsleser in Agadir: Die Gazetten aus der Heimat sind oft schon am Abend des Erscheinungstages vor Ort zu haben.

Zoll bei der Ausreise

Die Ausfuhr von Artikeln des persönlichen Bedarfs sowie von Souvenirs und Geschenkartikeln ist zwar keinen Beschränkungen unterworfen, doch gilt es, die europäischen Zollbestimmungen zu beachten. Danach liegt die Wertgrenze für die zollfreie Einfuhr von Souvenirs in der Bundesrepublik Deutschland bei 350 DM, in Österreich bei 650 öS und in der Schweiz bei 200 sFr. 200 Zigaretten, 1 l Spirituosen, 2 l Wein, 250 g Kaffee und 100 g Tee sind darüber hinaus zollfrei.

GLOSSAR

Ein Verzeichnis kunsthistorischer und regionalspezifischer Begriffe

Adrar	Gebirge
Agadir	Speicherburg
Agdal	Obstgarten
Ait	Die Söhne von ... (wird bei Berbern dem Stammesnamen vorangestellt)
Bab	Tor
Babouches	Pantoffelartige Schuhe
Bahr	Meer
Bajoud	Palmenkrankheit, Schlauchpilzbefall
Baraka	Heilige Kraft
Beni	Die Söhne von ... (wird bei Arabern dem Stammesnamen vorangestellt)
Bidonville	Slums (franz. für ›Kanisterstadt‹)
Bled	Land (im Gegensatz zur Stadt)
Borj	Festung
Burnus (selham)	Weites, schweres Übergewand
Cadi	Richter, Beamter
Caid	Stammesführer
Cheikh	Führer einer Stammesfraktion
Chergui	Heißer Wind aus der Sahara
Dahir	Erlaß
Dajet	See
Dar	Haus
Djebel	Berg
Djellabah	Langer Kapuzenmantel
Djihad	Heiliger Kampf (wörtlich etwa: sich einsetzen auf dem rechten Weg)
Djemaa	Versammlung, auch Name für Freitag und die Freitagsmoschee
Dra	Weites Übergewand der Saharouis
Erg	Sandwüste
Fantasia	Reiterspiel
Foggara	Unterirdischer Bewässerungskanal
Fondouk	Herberge, einfaches Hotel
Foum	Enges Tal
Guedra	Frauentanz im Süden
Hadith	Überlieferte Worte oder Handlungen Mohammeds
Hadsch	Pilgerfahrt nach Mekka
Hammada	Geröllwüste
Hamam	Dampfbad (›Türkisches Bad‹)
Haratin	Schwarze Oasenbewohner, Nachkommen der sudanesischen Sklaven
Harem	Frauengemächer
Igouramen	Heilige Person bei den Berbern

Imam	Vorbeter in der Moschee
Kasbah	Burg
Khammes	Pächter, Kleinbauer ohne eigenes Land
Khamsa	Fünf, auch Bezeichnung für Silberamulett (›Hand der Fatima‹)
Koubba	Grabstätte
Ksar (Plural: Ksour)	Befestigtes Dorf
Makhzen	Regierung
Mahdi	Gottgesandter Glaubenskämpfer, Erlöser
Marabout	Heilige Person, auch Heiligengrab
Mechouar	Versammlungshof, Paradeplatz
Medersa	Theologische Hochschule, Koranschule
Medina	Altstadt
Mellah	Judenviertel
Mesdjid	Moschee
Mihrab	Gebetsnische
Minarett	Moscheeturm
Minbar	Gebetskanzel
Moulay	Titel für hochstehende Personen (v. a. Angehörige des Königshauses)
Moussem	Fest für einen Lokalheiligen
Muezzin	Gebetsausrufer
Oued	Fluß, Flußbett
Qibla	Gebetsmauer, nach Mekka gerichtet
Riad	Innenhof
Ribat	Befestigtes Kloster
Scherif (Plural: Schorfa)	Leiblicher Nachkomme des Propheten Mohammed
Sidi	Herr (Anrede)
Souk	Markt, Marktstraße
Sunna	Sammlung der Hadithen, der überlieferten Worte und Handlungen Mohammeds
Tighremt	Wohnburg mit Speicher
Tizi	Bergpaß
Transhumanten	Teilnomaden
Ulema (Singular: Alem)	Islamische Rechtsgelehrte
Zaouia	Sitz einer religiösen Bruderschaft, auch Bezeichnung für Schule

LITERATURHINWEISE

Bènabou, Marcel: Warum ich keine meiner Bücher geschrieben habe, Frankfurt 1990.

Ben Jelloun, Tahar: Wege in den Maghreb, in: Merian-Heft Marokko, Hamburg 1987.

Ben Jelloun, Tahar: Der Gedächtnisbaum, Berlin 1989.

Buchholz, Hartmut/Köhler, Michael: Richtig Reisen: Marokko, DuMont Buchverlag Köln ,²1998.

Canetti, Elias: Die Stimmen von Marrakesch, München und Wien 1978.

Chirbes, Rafael: Mimoun. Roman, Berlin 1990.

Choukri, Mohamed: Das nackte Brot, Frankfurt 1986.

ders.: Zeit der Fehler, Frankfurt 1995.

Chraibi, Driss: Die Zivilisation, Mutter! Roman aus Marokko. Zürich ⁴1989.

Diouri, Abdelmoumen: À qui appartient le Maroc? (›Wem gehört Marokko?‹), Paris 1992.

El Khayat-Bennai, Ghita: Le monde arabe au feminin. (›Die arabische Welt in weiblicher Perspektive.‹), Eddif Maroc, Casablanca, o. J.

Faath, Sigrid/Mattes, Hanspeter (Hrsg.): Wuqûf, Beiträge zur Entwicklung von Staat und Gesellschaft in Nordafrika, Bd. 4/5, Hamburg 1991; vgl. auch Bd. 10/11, Hamburg 1997.

Gesellschaft der Freunde des Sahrauischen Volkes e. V., Hrsg.: Sahara-Info (Zweimonatszeitschrift).

Grande Encyclopédie du Maroc (La), 11 Bde., Rabat 1987/88.

Hassan II: Le Défi, Paris 1976.

Kunz, Rudibert/Müller, Rolf-Dieter: Giftgas gegen Abd el Krim. Deutschland, Spanien und der Gaskrieg in Spanisch-Marokko 1922–27, Freiburg 1990.

Laabi, Abdellatif: Kerkermeere. Bericht aus Marokko, Basel 1990.

Lewis, Bernard: Die politische Sprache des Islam, Berlin 1991.

Loti, Pierre: Im Zeichen der Sahara (-franz. »Au Maroc«, Paris 1890), Bremen 1991.

Mernissi, Fatima: Sexualität Ideologie Islam, München 1987.

Mrabet, Mohammed: Der große Spiegel, Zürich 1991.

Naamane-Guessous, Soumaya: Au-delà de toute pudeur. La Sexualité feminine au Maroc. (›Jenseits aller Scham. Weibliche Sexualität in Marokko‹), Eddif Maroc, Casablanca ³1988.

Neumann, Wolfgang: Die Berber, Köln ²1987.

Ollier, Claude: Marrakch Medina, Paris 1989.

Perrault, Gilles: Unser Freund, der König von Marokko. Abgründe einer modernen Demokratie, Köln 1992.

Pollok, Christine: Kulturschock Islam (früher unter dem folgenden Titel: Zwischen Kuß und Couscous, 2., überarbeitete Auflage), Bielefeld ²1990.

Popp, Herbert: Die Berber. Zur Kulturgeographie einer ethnischen Minderheit im Maghreb, in: Geographische Rundschau 2/1990, S. 70–75.

Scholl-Latour, Peter: Allah ist mit den Standhaften, Stuttgart ^{7}1985.
Statistisches Bundesamt Wiesbaden, Hrsg.: Länderbericht Marokko, Stuttgart 1994.
Yeught, van der, Michel: Le Maroc à nu (in der der deutschen Übersetzung etwa: ›Marokko, ungeschönt.‹), Editions L'Harmattan, Paris 1989.

ABBILDUNGS- UND QUELLENNACHWEIS

Alle Fotografien – bis auf die im folgenden genannten – stammen von Heiko Specht, Bildagentur laif, Köln.

Der Fotograf bedankt sich bei der Royal Air Maroc und bei Hyatt Voyager (Agadir) für die freundliche Unterstützung.

Abbildungen S. 20, 63: Eberhard Hahne, Köln
Umschlagrückseite Mitte: Fulvio Zanettini/laif, Köln

Bitte schreiben Sie uns, wenn sich etwas geändert hat.
Alle in diesem Buch enthaltenen Angaben wurden vom Autor nach bestem Wissen erstellt und von ihm und dem Verlag mit größtmöglicher Sorgfalt überprüft. Gleichwohl sind – wie wir im Sinne des Produkthaftungsrechts betonen müssen – inhaltliche Fehler nicht vollständig auszuschließen. Daher erfolgen die Angaben ohne jegliche Verpflichtung oder Garantie des Verlages oder des Autors. Beide übernehmen keinerlei Verantwortung und Haftung für etwaige inhaltliche Unstimmigkeiten. Wir bitten dafür um Verständnis und werden Korrekturhinweise gerne aufgreifen:

DuMont Buchverlag, Postfach 10 10 45, 50450 Köln
E-Mail: reise@dumontverlag.de

REGISTER

Personenregister

Orts- und Sachregister

DUMONT Reise-Taschenbücher

»Was den DUMONT-Leuten gelungen ist: Trotz der Kürze steckt in diesen Büchern genügend Würze. Immer wieder sind unerwartete Informationen zu finden, nicht trocken eingestreut, sondern lebhaft geschrieben... Diese Mischung aus journalistisch aufgearbeiteten Hintergrundinformationen, Erzählung und die ungewöhnlichen Blickwinkel, die nicht nur bei den Farb- und Schwarzweißfotos gewählt wurden – diese Mischung macht's. Eine sympathische Reiseführer-Reihe.«

Südwestfunk

»Zur Konzeption der Reise-Taschenbücher gehören zahlreiche, lebendig beschriebene Exkurse im allgemeinen landeskundlichen Teil wie im praktischen Reiseteil. Diese Exkurse vertiefen zentrale Themen der Geschichte, Kunst und des sozialen Lebens und sollen so zu einem abgerundeten Verständnis des Reiselandes führen.«

Main Echo